文春文庫

「危機管理・記者会見」のノウハウ

東日本大震災・政変・スキャンダルをいかに乗り越えるか

佐々淳行

文藝春秋

はじめに

本書は、二〇一〇年二月に文藝春秋より刊行した『わが記者会見のノウハウ――スキャンダル克服の秘訣』に大幅な加筆をほどこし、『「危機管理・記者会見」のノウハウ――東日本大震災・政変・スキャンダルをいかに乗り越えるか』と改題したものです。とりわけ二〇一一年三月一一日に発生した東日本大震災から六月二日の菅直人政権に対する不信任決議否決（但し、菅首相は一定のメドがついた段階での退陣を表明）までに見られた数々の「危機管理・記者会見」の失敗例（菅首相以下の閣僚・政治家や東京電力等々）や政変について、新たに第一章と第二章として四百字百五十枚を書き下ろしました。

単行本刊行時の内外の情勢は、二〇〇八年秋のリーマン・ショック以降の世界的な不況、そして二〇〇九年八月の総選挙で自民党が敗れ、民主党政権（連立）が誕生し、内外ともに大きく激動していました。

総選挙以降だけみても、高い支持率で発足した鳩山由紀夫内閣は首相自身の献金疑惑（母親からの子供手当？）や小沢一郎幹事長の政治資金規正法違反事件などにより、自民党内閣と何ら変わりない「政治とカネ」疑惑に沈み、リーダーシップの発揮もままならない状況に陥り、両者は辞任を余儀なくされ、新たに菅直人氏が二〇一〇年六月に首相に選ばれました。しかし、就任直後の二〇一〇年七月の参議院選挙で民主党は大敗します。その結果、参議院での過半数を失うという、衆参ねじれ現象もあって政界は混乱したままです。その後も中国漁船による尖閣諸島への領海侵犯事件でのビデオ隠しや沖縄普天間問題などの混乱、前原外相の外国人献金問題による辞任など、惨憺たる外交を露呈してしまいました。

そして冒頭に記したように、二〇一一年三月一一日に東日本大震災が発生しました。地震・津波による被災者は死者・行方不明者だけで二万四千人近くにも及びます。岩手・宮城などの海岸に面した住民や自治体は壊滅的な打撃を受けました。さらに福島第一原発事故により、環境や農業、健康、さらには、いつ帰れるのかわからない近隣住民の長期避難生活など多くの面でさらなる被害を広範囲に拡大しています。日本の経済や農業、漁業、畜産業などに与える影響を考えると、これはリーマン・ショック以上のものがあります。

また東北関東を拠点としていた日本の製造業関連の工場が停止したために日本のみならず世界のメーカーに多大な被害を与えてもいます。一刻も早く、日本が立ち直る必要があります。

ところが、こうした大地震のみならず原発事故をめぐって、民主党政権や東京電力の対応に関しては「危機管理」ならぬ「管理危機」的状況が長期間続いてしまいました。

地震発生前の今年の二月に私は『彼らが日本を滅ぼす』（幻冬舎）という本を刊行しました。その中で、「弱い平和主義者が戦争や大事件を呼ぶ」として「日本に国家危機管理上の大事件・大事故が起きるときには、平和主義者で、市民派で、弱くて、不決断で、ときとして無為無策で無能な、左翼かリベラルな内閣総理大臣が官邸にいる」「（菅直人政権が）後世から『不幸な時代』と呼ばれないことを祈るしかないのだろうか」と指摘しました。この「予言」は残念ながら的中してしまいました。

想起すれば、一九七五年、三木首相の時にクアラルンプール米大使館占拠事件が起こり国内のテロリストを超法規釈放してしまいました。一九九一年海部首相の時には湾岸戦争が勃発、村山首相の時に阪神大震災、オウム真理教地下鉄サリン事件が起きました。いずれも十分な危機管理が出来ないまま事態は推移していきました。

そして今、東日本大震災と福島第一原発事故です。

なぜ、政治家や企業のトップたちは、こういう未曾有の危機に直面した時、危機管理で失敗したり、記者会見から逃げたり、病気で倒れたり、雲隠れしたりしてしまうのでしょうか。私の長年の持論である「危機管理」の本質を理解していないからでしょう。少なくとも単行本刊行時に、拙著をお読みいただいていなかったのでしょう。

人は誰しも失敗をします。失敗をしないように準備をしつつ、失敗をした後のアフターケアにも対処の仕方によって、危機を低減することも可能なのに、そこでもまた失敗をしてしまう例もあります。

二二年前の一九七九年に刊行を開始した『危機管理のノウハウ①②③』（PHP研究所。その後『完本・危機管理のノウハウ』文藝春秋）でも、冒頭で①危機の予測及び予知（情報活動）②危機の防止または回避③危機対処と拡大防止④危機の再発防止――といった各段階に分けての「危機管理」がアメリカで盛んになり、その発想が民間の企業経営などにも適用・運用されるようになってきていることを紹介しながら、日本に於ける危機管理学を提唱しました。

〈子孫のために〝美田〟を残したいと思う。いま私たちが享受している自由と平和と繁栄を次の世代に伝えてやる義務がある。私たちの「父」の世代は、「祖父」たちが築き上げた民族的遺産を、誤った政策判断による戦争で蕩尽《とうじん》してしまい、私たちの世代が相続したものは「不利な遺産」だけだった。それを私たち戦後の責任世代は、平和的な手段で再興し、ふたたび日本は積極財産をもつ中産階級国家となった〉と当時、私は記しました。その思いは今も不変です。

「敗北や失敗は、人生最大の反面教師」でありますが、それをなるべくなら防ぎ、それでもそういう目に遭遇したならば、災い転じて福となすに転換すべきでしょう。太平洋戦争（大東亜戦争）に負けた後の日本がそうでした。東日本大震災の被害に苦しむ人々や自治体、企業関係者たちの再起のためにも再び日本人は決起すべきでしょう。

そのためにも、本書は、そうした過去の日本やさまざまな企業や私の危機管理上での成功と失敗例を赤裸々《せきらら》に描きます。それらをある時は「反面教師」として、ある時は「模範例」として見ていただきたいのです。

今や日本を代表する企業となったユニクロ（ファーストリテイリング）の社長（会長）である柳井正氏は、『成功は一日で捨て去れ』（新潮社）で、どの会社でも不正は起こりうるとしてこう述べています。

〈社会的責任を果たす以前に、「不正」にどう対処すべきかという問題がある。最近は会社の不正が発覚したら最後、一夜にして信用も何もかも失う事例が後を絶たない。「不正が発覚したら」というよりは、「不正を隠そうとしたら」という方が正しい。会社に社員が何万人もいれば、そのうち何人かは多かれ少なかれ不正をしていると思う。我が社も例外ではないだろう。ただ経営者がそれを隠そうとしたり、自分の知らない、あるいは関知しないところで発生した不正だということを公言すると、それだけで不信感が生ずる。ましてや、「我が社は大企業なので、これくらいのことは当然だ」のような傲慢不遜《ふそん》な態度が見えたら、絶対にダメである。

不正や不祥事が発生したら、「我々はこれを大きな問題として認識し、こういうふうに解決し、今後とも発生しないようにこのように予防策を講じる」と宣言する。こうすれば信用不安のような状態にはならないと思う〉

その通りです。しかし、有言実行は難しいでしょう。いざ不正発覚などや事故発生という危機に直面すると、鳩山由紀夫前首相や小沢一郎元幹事長や菅直人首相や東京電力の清水正孝社長のように理想通りの行動がとれなくなるものです。そこで、これからの日本を担う人々、政治家や指導者や大企業経営者のみならず中小企業のリーダーや入社したばかりの会社員やこれから社会に旅立っていくフレッシャーズや大学生など、若い人々にも、本書を読んでもらいたいと考えています。不祥事をおかしがちな若い芸能人にもです。きっと必ず役立つ時があるはずです。いや、普通の人にだって、対人関係や各種活動クラブでのいざこざ発生の時に役立つ情報が満載されています。

忙しいトップリーダーたちは、せめて本書の巻末講座（「記者会見の心得十カ条」など）だけでも読んでおけば、あっ、これはあの事例に当てはまるな、すると自分はどう対応すればいいのか……ということが瞬時に頭に閃《ひらめ》くことでしょう。

尚、本書をまとめるにあたって、フリーエディターの五反田正宏氏に大変お世話になりました。また、編集は文藝春秋の仙頭寿顕氏、事実関係の確認などに関して佐々事務所の三浦佳代子氏にもお世話になりました。この方々に深甚なる感謝の意を表します。

二〇一一年（平成二三年）六月二日　菅首相の〝退陣〟表明を聞きつつ

佐々淳行

目次

「危機管理・記者会見」のノウハウ——東日本大震災・政変・スキャンダルをいかに乗り越えるか

はじめに　3

第一章　東日本大震災という「国難」――「憂いなければ備えなし」　17

予言的中！　弱い総理の時に大事件発生／「帰宅難民」となった私／世界からの称賛と「統治能力《ガヴァナンス》」の低さ／再燃した船長釈放問題／自衛隊員たちには「特攻命令」なのか／学生時代のトラウマでその場しのぎの放水命令？／米粒とおが屑で放射線を防ぐとは

第二章　民主党が日本を滅ぼす！――「広報」と「勤務体制」　45

なぜ「政治主導」で安全保障会議を立ち上げなかったのか／「ノアの方舟」になった救援船／なぜ「国民保護法」を使わなかったのか／官房長官は原発広報官に非ず／記者クラブ制の弊害／お粗末な保安院の記者会見／呆れ果てた東電の記者会見／「陣頭指揮」の誤解／危機管理情報をすべて公表するな／ジュリアーニの忠告／みんな起きていてはいけない／二〇の委員会、一六人の参与／「トモダチ作戦」の米国と「領空・自衛艦スレスレ作戦」の中露／大きく構えて小さく収めよ／天皇が自衛隊にお言葉をかけて下さった

第三章　奇跡を起こすための弁論術――「敵地攻撃」と「ソフィスト的詭弁術」　99

危機管理交渉術としての「捨て身技」／敵地攻撃の成功例・豊田章男社長の訪米／すわ、防衛機密の流出か⁉／振り上げた拳をどう下ろす／「帝都防衛の仲間じゃないですか」／非論理こそ交渉の現場／詭弁を知って詭弁を見破れ／実践的討論・交渉術を研修させよ／言葉を学び、話術を磨くこと／雄弁と沈黙は相互補完の関係／雄弁の目的は説得

第四章　「守りの広報」と「攻めの広報」——〝PR〟の二つの意味　127

「偉い人」ほど失敗する／相手の立場で考えられるか／PRの二つの意味／「広報の専門家」はなぜ失敗したか／組織防衛の主役、コンプライアンス・オフィサー／ケネディ大統領暗殺事件の報道官との出会い／わが古巣への心配／コンプライアンス・オフィサーの条件／「悪い本当の報告をした者を誉めてやる」／福田内閣を救った記者会見／若いながらも冷静沈着／失敗して名を上げたカーター大統領／石原慎太郎氏への逆風／「反省しろよ慎太郎、だけどやっぱり慎太郎」／閉ざされた心に届いた謝罪／「守りの広報」を徹底して信頼回復／誰に向かって謝るのか／竹下総理の当意即妙／「なだしお」事件のネバー・セイ・ネバー

第五章　猛獣マスコミを手なずけるには——「情報の一元化」よりも「発表の一元化」が大事　167

新聞・テレビの影響力は低下していない／責任と犬と新聞記者は逃げると

追ってくる／社会部の記者は猛獣である／〝うなずき大臣〟の失敗／オフレコ破りは記者の自殺行為／官房長官にも問題がある／急務はネガティブリストの作成／記者会見の失敗と自民党の大敗／発表者は一人に集中する／ただ「一切しゃべるな」では口止めにならない／ネガティブ・リポートの発表／ネガティブ・リポートには終息報告が必須／老獪だった日曜日の記者会見

第六章　涙の記者会見は「男女格差」あり――グッドルーザーになるためには

〝朦朧記者会見〟の衝撃／記者会見は危機管理の第一歩／トップたちの墓場・記者会見／〝朦朧会見〟を奇貨とすべし／攻めて失敗した民主党・小沢一郎氏／お詫びにも反論にもノウハウがある／見苦しい皇室の政治利用／小沢対検察に見る「記者会見」の攻防／率直に詫びた人気アイドル／好印象を与えた謝罪の姿勢／酒井法子、美女の涙会見に男は弱い？／海老蔵は「加害者」か「被害者」か／謝り抜いてトップへ／インターネットの時代、記者会見はさらなる鬼門に／やはり人前での男の涙は禁物／空前の「マイナス広報」事件／情報が上に伝わらない組織／驕りから始まった凋落劇／情報操作の愚／ホリエモンの驕り／「良き敗者」は再起できる／実績のために犠牲となった命／「金を儲けるのは悪いことですか？」／ささやき女将の失態／「お化けでございます」／相次いだ県知事の「嘘」／違法性の有無が問題なのではない／間違った帝王学／擁護できないケースを峻別せよ／三者三様に発言した大失敗／民主党代議士のお粗末すぎる妄言の数々／財界の重鎮たちが犠牲に／最初に謝ればよかったのに／同族企業の無責任体制／記者会見の席上、長男に諫められた社長／些細な問題で自滅するな

第七章　わが失言の収支決算――イスラエル大使からの「物言い」　269

「言っていいこと、悪いこと」／かつては厳しい規制があったが／「言葉狩り」による禁止用語／「暴言」「失言」――舌禍の収支／私のテレビ生放送での失敗／初めての「失言」／イスラエル大使との対話／トップ会談による紛争の早期解決

巻末講座――「記者会見の心得」十カ条&武器としての「ソフィスト的詭弁術」十カ条＋α　291

不祥事によりトップ等が記者会見した主な事例　321

解説　高山正之　331

本書は二〇一〇年二月に小社より刊行された『わが記者会見のノウハウ』を改題し、第一章、第二章を新たに書き下ろし、それ以外の章も若干の加筆（削除）をしています

カバー&本文写真　文藝春秋・日本雑誌協会・東京電力・共同通信社
帯写真　佐藤晶子

「危機管理・記者会見」のノウハウ

――東日本大震災・政変・スキャンダルをいかに乗り越えるか

第一章　東日本大震災という「国難」――「憂いなければ備えなし」

●予言的中！　弱い総理の時に大事件発生

「はじめに」でも述べたように、私は東日本大震災の約一カ月ほど前、石原都知事と幻冬舎社長見城徹氏に勧められて『彼らが日本を滅ぼす』と題する本を同社から緊急出版しました。

その中で私は「重大な事件は、なぜか弱い総理のときに起きる」という、危機管理上のジンクスを挙げ、実例を紹介し説明し、「菅内閣のときに重大なことが起こらなければよいが……」と警告したのです。

ところが、不幸なことに、この予言は的中してしまったのです。

平成二三年（二〇一一年）三月一一日午後二時四六分、マグニチュード9の巨大地震が東北から関東地方を襲い、特に岩手、宮城、福島は高さ十メートルから二十メートルの巨大津波に襲われ、その大津波で福島第一原発の冷却装置が破壊され、一号機から三号機までで炉心溶融が起き、放射性物質による汚染が拡がり、チェルノブイリ級のレベル7と評価され、半径二〇キロ地域の住民が強制避難になるという、史上空前の「三重地獄」が東北地方を「廃墟」にしてしまったのです。

六月二日の時点で判明している人的被害は次の通りです（六月一日警察庁まとめ）。

死者一万五三一〇人。行方不明八四〇四人。避難者一〇万五二七人。

失われた国富は二〇兆円とも二五兆円ともいわれ、原発事故はまだ収束しておらず、被害は二ヵ月を過ぎた今でも計測不能という大惨事となりました。

戦後の大災害の記録は、村山富市内閣時の平成七年（一九九五年）一月一七日の阪神淡路大震災の死者六四三四人、国富の喪失十兆円と言われています。でも東日本大震災は、人的被害だけでも阪神淡路大震災の四倍近いのです。

今回、東日本大震災の時、政権に在ったのは菅直人氏でした。この菅内閣の国家危機管理ぶりはどうだったのか。また記者会見での対応はどんなものだったのか。本書ではそれを検証していきます。尚、東日本大震災の危機管理全般については、本書刊行後に緊急出版される予定の拙著（仮題『ほんとうに彼らが日本を滅ぼす』幻冬舎）でも論及します。併せてご覧いただければ幸甚です。

●「帰宅難民」となった私

まず、その運命の日、私はどうしていたかを記します。

二〇一一年三月一一日午後二時四六分。その時、私は渋谷の佐々事務所で「超人大陸」のビデオ取材に応じている最中でした。「超人大陸」とは、インターネットを通じて識者の意見を動画で発信するNPO（カルチャー・ショック・クラブ）による番組サイトです。その担当者である関屋桂子さんに、菅直人内閣についてのインタビューを受け撮影をしていたところでした。

佐々事務所は築三〇年以上のビルの三階にあります。約一五坪の狭い事務所はギシギシと不気味な音を立てて大きく長く横揺れを始め、ビデオカメラの三脚も揺れていました。

棚の書類、資料ファイル、本が床に落ち始め、関屋さんも不安の表情を浮かべました。もう少しでインタビューも終了するところでしたので、「最後まで撮っちゃいましょう」と二人で頷きあい、撮影を終了した頃、地震も収まりました。

「大きな地震でしたね」

「震度四ぐらいでしたかね。大きかった」

そして取材は終わり、待ち構えていた次の取材者、雑誌『歴史通』の「天皇――最高の危機管理機構」という聞き書きの取材に来ていた文藝春秋の元『諸君!』編集長で取締役だった立林昭彦氏と桜井裕子女史がお見えになりました。

「そもそも天皇制とは一世紀に一度ぐらい日本民族を救うための国家危機管理の機構なんです。日常は『権威』として崇め、非常事態になると『権力』をもって頂いて、普通の人や政治家には出来ない決断と指揮命令をして頂き、危機を克服したら又『権威』として『権力』を持たない存在になって頂く。これが何世紀にもわたって大切にしてきた日本独特の統治機構であります……」と口述していた時、午後三時一五分頃、第二の激しい震動が始まり、再び事務所は不気味な横揺れが長く長く続きました。

メモを取っていた桜井女史は腰を浮かします。立林氏と私は、「男の美学」でやせ我慢というか、泰然たるフリをしながら対話を続ける。事務所内に居た妻は書棚からクリア・ファイルなどがお二人の頭上に落ちないよう懸命に支える。秘書の三浦佳代子さんは、ニュージーランドのクライストチャーチの建物崩壊の悲惨な画像が頭に浮かんだのか「一旦外へ出ましょう」と助言する……という騒ぎでした。

確かに、窓から見ると、道路には多くの男女が恐ろしげに揺れ動く渋谷のビル群を見上げていました。

いつもは妻の運転するマイカーで出勤するのですが、この日は日本テレビの朝の番組「ズームイン!!SUPER」が三月末に終了することになっていて、夜、スタッフたちとのお別れパーティが予定されていました。延べ六年間、レギュラーゲスト出演していた私も招かれていて、マイカーは邪魔になるからと、その日に限って世田谷の自宅から渋谷の事務所までタクシーを利用しました。

何とか取材を終えた立林さんは、徒歩で次の予定場所に向かい、桜井さんも幸い自宅がそう遠くなかったため歩いて帰宅。先程の関屋さんは渋谷駅で電車の運転再開をしばらく待ったものの見込みが立たないと佐々事務所に戻ってきていました。私はといえば、タクシーを呼ぼうとしても電話が不通状態。たちまち私たちは「帰宅難民」になってしまいました。

戦時中、私は頻発するようになった米海軍機動部隊の艦載機F6Fの昼間機銃掃射を受け、山手線、中央線、玉川電車、井の頭線が運転中止になるという危機を十指に余る回数経験しています。当時吉祥寺の成蹊高校（旧制七年制）の尋常科三年生（中学三年生）でしたので、吉祥寺から水道道路を、あるいは下高井戸や下北沢、渋谷から茶沢通りや玉川通りを、徒歩で世田谷の自宅まで帰宅するのは日常茶飯事でした。当時の私は勿論健脚で、徒歩帰宅のインセンティブは、前方を歩いている人々を何人追い抜くかの新記録を作ることでした。

歳は取りたくないものです。昔だったら渋谷からなら自宅まで一時間ちょっと歩けば済む。「帰宅難民」なんて考えられないことでした。

しかし、七年前、老人病である「脊柱管狭窄症」に見舞われ、内視鏡で三カ所の腰椎手術を受け、その後遺症として間欠性跛行《はこう》となった私は、百メートルも歩くと筋肉疲労で歩けなくなるという「要介護三」の身になり、災害弱者になっていたことを、今回の大地震で強烈に思い知らされました。

私は、日本国際救援行動委員会（ＪＩＲＡＣ）の理事長として、還暦から古希までの十年間に、シベリア九回、カンボジア一四回、合計八五〇名の学生らを直率した海外遠征の実績を誇る海外ボランティア指導者として活動してきました。しかし、二〇〇四年一二月二六日のインド洋大津波の時、タイやインドネシアに救援に行かねばと思った途端、もはや自分自身が泳げず人助けをするどころか災害弱者として救助を受ける立場に変わっていたという事実に気づき、とても寂しい思いをしたものでした。

それが今、現実に渋谷で「帰宅難民」としてニッチもサッチもいかない羽目になろうとは、本当に愕然としたものでした。

電話もメールも繋がりづらい状態で、パーティも恐らく中止と判断したものの、タクシーも呼べず道端に出ても拾えず、事務所で一夜を過ごす覚悟をしました。

関屋さんと三浦さんは歩いて帰る決心をして事務所を去り、私は妻と二人で籠城、仮泊の準備をしていたところ、長男が心配して歩いて訪れてくれました。そして妻から車のキーを受け取り、自宅まで歩いていき、車を運転して事務所に戻ったのが午後一〇時。「やれ、助かった」と思いきや、渋谷警察署の前で約二時間半、一センチも動かない車の大渋滞。246号は絶望的と判断して、バックしあらゆる裏道を迂回転進したものの全部ダメ。何とか自宅にたどり着いたのは、なんと午前三時でした。

大地震発生から約一二時間の「帰宅難民」の体験でした。東北地方の被災者の方々の悲惨な体験に較べれば、こんなことは全く取るに足らぬ「余波」です。だが、このささやかな災害余波体験で、私がしみじみ思い、とても嬉しかったのは、日本民族の「被統治能力＝ガヴァナビリティー（governability）」の類いなき高さです。

五時間、私たちは車の大渋滞の中にいたわけですが、その間、誰もクラクションを鳴らすことなく、ジーッと落ちついて待ちつづけていました。これがニューヨークだったら、耳を聾するばかりのクラクションの大合奏となり、待ちきれず車外に出た運転手の罵り合い、怒号、殴り合いが起きたことでしょう。

私は一九六七年に文化大革命と紅衛兵暴動による香港大暴動を経験しました（『香港領事佐々淳行──香港マカオ暴動、サイゴン・テト攻勢』文春文庫参照）。英政庁は実に見事な危機管理ぶりを示しましたが、亜熱帯地なのに四日に一度、しかも僅か四時間の給水で、丸三日は水道が停まるという水飢饉。外出禁止令、連日の中共シンパによる街頭武装闘争、八千件に及ぶ爆弾事件の最中、三千人の在留邦人は、実に冷静沈着、秩序を守り、日本人会同士で助け合いました。日本人学校は通学バスをチャーターし、散弾銃を持ったインド人のガードマンをバスのステップに立たせ、ついに一日も休校としなかったのでした。

私の作成した、中国軍侵攻の際、発動すべき非常時連絡通信網、集合場所、携帯品（ボストンバッグ一個）の対応方針も、地区別に旧陸海軍将校経験者を責任者として、いざとなれば英軍の保護の下にヴィクトリア港から海路沖縄に脱出する覚悟で、整々粛々と日常勤務をこなしました。本当に現地の日本人は立派なものでした。

また一九六八年一月三〇日明け方に始まったベトナム戦争中のベトコンの「サイゴン・テト攻勢」の時、私は偶然、東南アジア視察中でサイゴンに一泊だけのつもりで立ち寄っていたため、この大市街戦に巻き込まれ、在留邦人幹部と共に日本大使館に籠城して、戦況の報告とベトナム在留邦人八五〇名の安否確認を担当しました。日航や東京銀行の支店長さんら日本人会の幹部も実に冷静沈着。銃声、砲声、何処吹く風と淡々と安否確認を行い、戒厳令下、市街戦が続くサイゴンで八五〇名の在留邦人のうち四五〇名の安全を確認したのですから大したものでした。

三月一一日深夜から一二日未明にかけて、車の大渋滞の最中、誰もクラクションを鳴らさなかった都民に感動した私は、日が経つにつれ明らかになってきた宮城、福島、岩手の惨状に言葉を失いました。

私が取材の方々と事務所で東京としては珍しい震度5の大地震に首を縮めていた、あの頃に、マグニチュード9の過去最大の巨大地震、十メートル、場所によっては二〇メ

猛爆撃を受けたかのように……

ートルを越す巨大津波、福島第一原発の四基の原子炉事故という三大地獄が東北から北関東の太平洋沿岸部を襲っていたのです。

気仙沼、石巻、仙台など三一五港、漁港が壊滅的被害を受け、漁業と農業、製造工場、市町村自治体役場、銀行、各種学校、ライフラインの水・電気・ガス施設、仙台空港、畜産業から商業まで、洗いざらい根こそぎ大津波にさらわれるという二一世紀初頭最大の未曾有の大災害が同胞を襲っていたのかと、後になって私たちは知りました。

先述したように、戦後最大の天災は、阪神淡路大震災でした。死者六四三四名。十兆円の国富が灰になったとよく言われます。ところが、東日本大震災は、死者、行方不明者あわせて二四〇〇〇名近くでほぼ四倍、失われた国富は地震後三カ月近くを経過しても計り知れずという惨状です。

この「国難」とも呼ぶべき大災害に見舞われた日本民族、特に被災地東北の日本人は立派でした。他の国なら非組織的な暴動、略奪、強窃盗、婦女暴行、救援物資の奪い合い、横流しなど見苦しい人間の恥部が露呈するのが常識なのに、法秩序を守り、助け合い、忍耐し、政府の、同胞の助けを信じて黙って待っている多くの被災者たちは、家を津波にさらわれ、家族の遺体さえ拝めず、友人、親族、知人を失いながら、ライフラインの途絶えた避難所で長期間耐え続けているのです。

●世界からの称賛と「統治能力《ガヴァナンス》」の低さ

世界中が、その姿に驚嘆し、感動し、ODAや災害救助でかつてお世話になった日本を助けようと百数十カ国からあらゆる支援物資が寄せられ、ボランティアが来日しました。世界中のマスコミは、中国紙まで含めて一斉に危機に臨んだ日本民族の資質の高さを絶賛しました。

「自己犠牲『50人』最後の防御」「日本を核の大惨事から救う最後の頼みの綱」「フェースレス・50」(ニューヨーク・タイムズ3月16日付け)と、(顔のない)東電・下請けの現場の社員たちを激賞しました。

「今こそお返しの時。あの時市民の多くが日本からの支援に感謝した。その日本人が助けを必要としている。今こそ行動を起こそう」(ニューオーリンズ地元紙タイムズ・ピカユーン紙三月一二日付社説)。これは二〇〇五年八月、超大型ハリケーン「カトリーナ」に襲われ、壊滅的被害を受けたニューオーリンズの市民たちが、日本から二二〇万ドル相当の援助を受けたことに応えようとするものでした。

中国でも「非常事態にかかわらず、社会秩序は保たれ、被災者は救援物資を奪い合うことなく冷静に対応している」「中国人は日本人を見習うべきだ」と絶賛し、「日本人は災難に直面してもどうしてあんなに冷静なのか」(新京報3月13日付)と報じました。

「信号機が停電し、交差点に警察官も立っていないのに、ドライバーは互いに譲り合い、混乱は全くない。そこからは再建の希望が見える」(新華社通信)「日本人には、苦難に立ち向かう力があると信じている」「大災害でも冷静さを失わない文明的な人々」(ロシアインターネットサイトでの声)

この他枚挙に暇がありません。

このような諸国家諸国民の称賛を受けた東北日本人の立派さに較べて、菅直人内閣の「統治能力」(ガヴァナンス・governance)の低さ、未熟さ、後手後手ぶりは、一体どういうことでしょうか。アメリカ初め関係諸国の菅総理への不信、日本政府への軽侮ぶりは酷いものです。国民の信頼が如何に失墜したかは四月一〇日と二四日に行われた二度の統一地方選挙の結果(民主党大敗北)が如実に物語っています。

前半の東京都知事選では石原慎太郎氏が約二六一万票を獲得。二位の東国原候補に九二万票の大差をつけて圧勝。都民が「安心と安全」を約束する「強いリーダー」石原氏を選んだのを筆頭に、三重県知事選では、自民(みんなの党・公明)対民主の直接対決で民主候補は敗れました。

後半戦でも、愛知六区の衆議院補欠選挙では自民の丹羽秀樹氏が当選(民主は候補者も出せずに不戦敗)し、対決型市(区)長選でも三勝七敗でした。その他、各地

「強いリーダー」が圧勝!

方議員（県議・市議等）選挙でも第一党を占めることが出来ず議席数を減らしています。

間接民主制度の日本では、主権在民であっても、統治者を選ぶ機会は四年に一度（解散がなければ）の衆議院選挙、統一地方選挙、三年に一度の参議院選挙（半数改選）ぐらいしかありません。二年前の二〇〇九年の総選挙で有権者が犯した民主党への過剰期待という判断ミスは、二〇一三年予定の任期満了時の総選挙の時か、菅直人内閣が解散・総選挙に踏み切った時しか軌道修正する機会がないのです。

その意味で二〇一〇年の参議院選挙に続き、地震一カ月後に行われた二〇一一年四月の統一地方選挙で民主党が敗北し、主権者の民意が何処にあるかが明白になったのです。菅直人首相、枝野幸男官房長官の他にも、問責決議等によって一度は官房長官辞任を余儀なくされ党代表代行に左遷されたはずの仙谷由人氏が地震後のドサクサで官房副長官に任用されました。

彼への批判は無論のこと、同じく「強制起訴」故に党員資格停止で地元が被害を受けても動けない小沢一郎元代表、十数億円の「子供手当」を母親から貰って「脱税」していた鳩山由紀夫前首相、「密約」等を暴いたとしてはしゃいで日米関係を悪化させた岡田克也元外相・幹事長や小沢氏のコシギンチャク、左翼日教組の親玉、輿石東氏（参議院議員会長）など、こうした「民主党の七人衆」による、ここ二年間の民主党主導の政治の失政、とりわけ東日本大震災以降の危機管理能力の、あまりに酷い欠落ぶりに対する「不信任決議」「退陣要求決議」が国民によって統一地方選挙でなされたと見なしても言い過ぎではないはずです。あれは「国政選挙」だったのです。

二〇一〇年九月の尖閣諸島事件も忘れてはなりません。仙谷官房長官（当時）が「ビデオ流出の犯人は、国の機密を漏らした国家公務員法一〇〇条『守秘義務』違反の犯罪者で、調査を捜査に切り替え、逮捕した上罰則に処する」旨、記者会見や国会の場で公言したことは国民の記憶にまだ新しいことです。

一色正春海上保安官が名乗り出て、中国漁船・船長の領海侵犯、公務執行妨害の実態は国民に見せるべき映像であり、やむにやまれぬ気持ちで漏洩したと語った結果、逮捕状も出ず、東京地検も起訴できず、不起訴となったのです。「犯罪人」呼ばわりは失礼です。また、海上保安庁のことを「武器を持った集団」と形容する人も世にはいるようです。

「武器を持った集団」とは、マスコミ用語ではゲリラやテロリストたちの「武装勢力」に近いニュアンスを持つ表現です。ツパク・アマル（ペルー日本大使館占拠）、タリバン（アフガンの反政府武装勢力）、この前遂に米軍によって殺害されたビン・ラディンのアル・カーイダなどのテロリスト集団の通称です。

海上保安庁は、言うまでもなく日本の海上警察であり、行政機関です。仙谷氏は、一時柳田稔法務大臣が「失言」で更迭されたために法務大臣も兼務しました。そして自衛隊をも「暴力装置」と呼んで、参議院の問責決議を受けてその後の内閣改造では内閣・政府の要職であった官房長官から外され、民主党代表代行という党職に落ちた「失言大王」です。

多分、昔の安田講堂事件の頃は、学園封鎖の全共闘の一員として、当面の敵、警視庁機動隊のことを、当時の彼らの公式用語である「公的暴力装置」と呼んでいたに相違ありません。国会や記者会見での弁解の中で「マックス・ウェーバーの言葉」と言いましたが、元祖はレーニンです。

今、仙谷氏が「暴力装置」と罵った自衛隊が、国民の期待を一身に担って、陸海空二二万人の総兵力の五割、陸上自衛隊など一四万の定員のうちほとんど後方支援要員以外の総力を挙げて、被災後二ヵ月近く、日夜生存者の捜索から遺体収容、放射性物質を発散させている原子炉への注水から瓦礫の除去、救援物資の輸送など、本来自衛隊に課せられた任務を遥に越えてまで奮闘しています。予備自衛官（昔の予備役）も出動しました。官房副長官に復帰した仙谷氏は、一体どういう顔をして彼ら自衛隊員に謁見することが出来るのでしょうか。

金子みすゞさんの詩ではありませんが、「ごめんね」と謝るのが先決でしょう。

尖閣諸島事件もそうです。

●再燃した船長釈放問題

四月一九日付産経新聞は、一面で「中国人船長　起訴相当　尖閣衝突　那覇検審が議

決」と報じました。産経だけではありません。他紙も大小の差はあれ、報じているところです。その記事によれば、四月一八日、処分保留のまま釈放、中国政府機が迎えにきて離日した、尖閣事件の中国人船長　詹其雄《せんきゆう》（41）について検察審査会が「起訴相当」と決議したのです。

この検察審査会の決議は、那覇地検に再捜査を命じるもので、もし那覇地検が再び不起訴としても、丁度小沢一郎被告のケースと同様、もう一度那覇検察審査会が議決すると、船長は「強制起訴」されることになります。逃げ隠れは許されないことになります。

そうなった時、菅総理、そして仙谷官房副長官、江田五月法務大臣の「左翼三羽烏」は、どうなさるのですか？

江田法務大臣は、連合赤軍あさま山荘事件の死刑囚永田洋子の病死に際して「衷心よりご冥福をお祈りする。多くの人々を殺したというが、その経験から学んだことをもっと皆に聞かせてほしかった」という趣旨の、とんでもない法相談話を発表した前参議院議長です。

中国人船長は昨年九月、那覇地検次席検事の、所轄外の「日中関係を考慮する」という外交的配慮で取調べが中断され不起訴となり、かつ、仙谷氏の「これは那覇地検が決定したことで政治は介入すべきではないから私はこれを了とした」との一言で、閣議にもかけずに超法規的に釈放されました。

ご本人は中国に帰国し「英雄」になっています。「強制起訴」になったら外務省を通じて船長の引渡し、公判出廷を要求することになりますが出来ますか？　それをしなければ日本の司法の権威、独立国家としての裁判権はどうなりますか？

そういえば、今回の東日本大震災で、検察庁もへんな「超法規的措置」を取りました。三月一五日、福島県いわき市の三警察署に、地検いわき支部から処分の決まっていない送検済みの被疑者たちに次々と釈放指揮書が舞い込んできたのです。その数一二人。そして、福島地検本庁、郡山支部でも一九人にのぼり計三一人。福島県警には何の相談もなかったそうです。宮城の仙台地検も、県警からの要請を受けて二七人の被疑者を釈放し、三被告の勾留を取消しました。

江田法務大臣は、三月三〇日、衆議院法務委員会で「別に刑事施設に移送する余裕がなく釈放の理由は十分あったと思っている」と答弁し、釈放人数と罪名を、窃盗二四人、傷害九人、児童買春・児童ポルノ禁止法違反四人、強制わいせつ一人、建造物侵入四人、道交法違反四人、そして覚醒剤取締法違反六人等であると公表し、治安に問題はないとしました。

でも、大災害で怯えている人心に与えた影響は大きく、不安の声が上がっていたおり、福島地検が釈放した窃盗容疑者の一人が、福島市のコンビニに窃盗目的で立ち入り、建造物侵入の疑いで逮捕されたと発表しました。温厚な中野寛成国家公安委員長は、釈放に関して警察に相談もなかったとして不快感を表明していましたが当然の反応でしょう。

安易な容疑者放免は法秩序の破壊に繋がります。

それはともかくとして、尖閣侵犯容疑者の釈放の時点で仙谷官房長官を自民党は即問責すべきでした。仙谷氏は菅首相、前原外相が訪米中で国内不在の時に、閣議にもかけずに釈放した張本人だからです。

過去に於いて、自民党の三木武夫総理、福田赳夫総理は、海外赤軍派のハイジャック事件、クアラルンプール事件、ダッカ事件などの際に「人命は地球より重い」というキャッチ・コピーで獄中の殺人犯を身代金と共に超法規的に釈放したものです。その時はそれでも閣議決定をした上でのことでした。福田一法相が反対し抗議の辞任をしています。私ども当時のクライシス・マネージャーたちは、福田法相を心から尊敬したものです。

尖閣諸島事件の犯人の超法規的釈放は閣議決定に基づくものではありません。「独裁者」としての仙谷氏の独断専行でしかないのです。

●自衛隊員たちには「特攻命令」なのか

本書のテーマは「危機管理・記者会見のノウハウ」です。ですから本書では、菅直人内閣や東京電力などの東日本大震災への対応ぶりの中で、危機管理・記者会見の出来・不出来、言うべきではなかった失言、暴言の類を中心に論じていきたいと思います。

しかし、人命に関わる、とりわけ福島第一原発の核・原子力事故災害の被害を少しでも食い止めようと日夜現場で死闘を続けている自衛隊、警察、消防、東京電力関係者の現場の人々、下請けの作業員たちのために、自衛隊の部隊運用に関する問題点を本章では先ず衝きたいと思います。

というのも、それは現場の人々の運命と健康に大きく関わる人権上の問題だからです。

産経新聞の報道によれば、先述した通り、米国のメディア『ニューヨーク・タイムズ』は、現場で死闘を展開している「自己犠牲の『50人』」「『フェースレス・50』（顔のない東電・下請けの現場の社員たち）」を激賞しています。

その一方で、総力を結集できない菅内閣の危機管理能力に疑問を投げかけています。特に作業員たちの被曝線量について「だが、被曝限度を越えれば、作業員は現場を離れなければならない。さて、どうするのか？」と問いかけ、厚生労働省が同原発での緊急作業時に限り放射線の被曝限度を現行の百ミリ・シーベルトから二五〇ミリ・シーベルトに引き上げたことを挙げて、「暗黙のうちに自分を犠牲にすることを求められた人々だ」と同情を示していました。

政府の農畜産物（野菜、魚、肉、牛乳等）に関する原子力安全基準の数値は、甚だ厳しいものがあると言われています。これはむしろ緩和する必要があるのかもしれません。しかし、原発事故で体を張って危険な任務に従事している人々（自衛隊、警察、消防、原発関係者）などに対する安全基準はむしろ引き下げるのが「命を守りたい」「人命尊重」を絶叫してきた民主党（鳩山・菅内閣）の取るべき方向ではないのでしょうか。

自衛隊など危機管理職種は、労働基本権が制限されており、労働組合はなくスト権もありません。福島第一原発の現場で働いている下請け企業の労働者も労働法上の保護が薄いのが実情です。

三月一九日の読売夕刊は「被曝、時間と闘う作業員　炉心溶融防ぐ　カギ握る２７９

人」という大見出しで、ゴーグル、防護マスク、防護服、手袋、ブーツという放射線防護服で線量計バッジをつけた二七九人の作業員たちが被曝量八〇ミリ・シーベルトを超えるとブザーが鳴り、作業中止、交代となる実情を報じています。二〇名が一チーム。東電子会社の東電工業、日立製作所、ゼネコン鹿島などの妻子のない社員などから志願者を募り、彼らが世間から隔離された空間で炉心溶融を防ぐため涙ぐましい作業を続けている実情を報じています。四月一六日のアメリカABCテレビも現場の「フクシマ・フィフティーズ」を讃えてくれました。

原子力安全・保安院の西山英彦官房審議官は四月一八日の記者会見で「涙が出る思いで祈っている」と語りましたが、四月二〇日の東京新聞一面トップは「原発作業被ばく線量『救命時は無制限』検討　先月（三月）十七日ごろ首相ら見送り」と報じました。これは一体どういうことでしょう?

その記事によれば、政府は一時「志願して現場で救命活動にあたる民間作業員や公務員に限り、放射線被ばく線量を『限度なし』とする」ことを検討したというのです。実際、三月一五日には、自衛官、警察官、消防隊員たち、「危機管理職」の被曝限度を、百ミリ・シーベルトから二五〇ミリ・シーベルトへと二・五倍に引き上げることを決定しました。

菅政権の構成要素には、官公労、日教組など労働組合幹部のグループがありますが、労働者利益代表の日教組出身の輿石東参議院議員会長らは、自衛隊など官公労のメンバーではない「暴力装置」（仙谷氏）に対しては日頃の人権尊重の声をかき消してしまうようです。恐るべき「二枚舌」です。

この制限なし案が検討された時期（三月一七日〜一八日）は、福島第一原発の一号機から四号機の冷却機能が喪失し、水素爆発や建屋火災（一、三、四号機）や使用済み核燃料損傷（三、四号機）が報じられていた時期です。三月一四日に起きた三号機の爆発で自衛官や東電職員が負傷もしていました。自衛隊ヘリによる海水の空中投下も、警察・消防による地上からの放水も始まっており、明らかにチェルノブイリ原発事故のような炉心溶融の危機が高まっていた時に、この政府方針が検討されていたのです。

戦時中の特攻隊にも似た、こんな人命軽視策が、戦後民主主義を謳歌した全共闘世代の政治家によって真剣に検討されていたとは？　こんな人命軽視、人権無視が許されると読者は思いますか？

この人々の被曝線量を「無制限」にして作業員や隊員たちにガンや放射線性火傷などの健康被害が生じた場合の補償や治療、特別補償金、報奨などの優遇策まで討議されていたのでしょうか？　討議されていたのならそれを情報公開して頂きたい。提案したのは官邸ですか？　厚生労働省ですか？　誰ですか？

警察官、消防隊員の人権を無視した「特攻作戦」を提案した者の官・姓名の情報公開を要求します。

東京電力は約二カ月間、三つの原子炉が水素爆発の時点からすでに炉心溶融を起こしていたことを国民に隠していたのです。菅直人総理も枝野幸男官房長官も、「知らなかった」と言いますが、本当にそうなのでしょうか。

●学生時代のトラウマでその場しのぎの放水命令?

四月一二日、原子力安全・保安院は、それまで頑強に「レベル4」であって、チェルノブイリとは違うとしていた主張を引っ込め、チェルノブイリ級の最悪の「レベル7」であることを認めたのでした。そして四月一八日にはようやく「炉心溶融」の事実を認めました。

その発表に続いて、福島第一原発から半径二〇キロメートル圏内の地域からの強制避難、罰則を伴う立入禁止が布告・指示されました。

もし、菅・仙谷両氏ら民主党の政府関係者たちが「野党」だったならば、間違いなくこの強制退去は「居住の自由」「通行の自由」を保障する憲法第二九条「財産権はこれを侵してはならない」「財産権の内容は公共の福祉に適合するように法律でこれを定める」「私有財産は正当な補償の下にこれを公共のために用いることができる」に違反する「規制」だと批判したことでしょう。

しかし、強制避難は福島第一原発の放射性物質の流出が止まらない限り、起こりうる住民の健康被害や生命の危険を考慮すれば、止むを得ない措置です。自民党は政権政党であったことがあるため、これが苦渋の決断であると理解しているから、危機管理最中の「政治休戦」という良識に則って、政府への批判を控えていますが、菅内閣は説明責任を十分果たしていません。少なくとも菅総理自ら全国放映のテレビ記者会見で、憲法二九条の「財産権」の精神を説き、居住の自由や通行の自由という基本的人権と今回の措置の矛盾について説明し、「公共の福祉のため私権は制限される。だが、国が補償をします」と、国民の理解と協力を求めるべきでした。

こういう問題では、原子力安全・保安院の西山審議官だけの説明では国民は納得できません。

原子力安全・保安院や東京電力にしても、二号機の汚染水の濃度が通常運転中の原子炉内の水の約一千万倍と発表したり、後で正確には十万倍でしたといったような記者会見をするようでは、信頼性が保てません。原子力被害に関する情報公開は正確かつ迅速かつ分かりやすく行うべきなのです。

そもそも、東京工業大学出身で理系首相として「原子力のことは自分が一番分かっている」と豪語し、原子力の専門家である大学教授を五人も内閣官房参与に起用して勉強し対策を練っておられる由（但し、そのうちのお一人、小佐古敏荘氏は政府の子供に対する放射線量被曝の基準が甘すぎるとして抗議の辞任をされました）。その一番よく知っている総理自らが自分の言葉で国民に直接分かるように説明する「説明責任」を果して頂きたい。

危機管理においては「自分が何を知っているか」「何が出来るか」より「何を知っている誰を知っているか」「何が出来る誰を知っているか」が、より大切で、総理自らがこの大危機の最中に原子力の勉強を始められては、たまったものではないのです。もっと大事なことは「どんな技術が、どんな装備機材がどこにあるか」をよく分かっている官僚を使いこなすことなのです。それが指導者の「危機管理」の第一歩です。

一例を挙げましょう。冷却装置が津波で壊され、原子炉を放水で冷却する必要が生じた時の菅内閣の放水機材の選択、投入の仕方です。先ず「警視庁第一機動隊の高圧放水車」を手配しようとしました。

私は昭和四四年（一九六九年）、東大安田攻めを行った警視庁の警備第一課長でしたが、そもそも警視庁機動隊の放水警備車は、当時、街頭武装行動を全都にわたって繰返していた極左過激派学生たちを解散させるために水平に掃射するもので、仰角掃射はあまりなくて、放水の強さを維持できるのもせいぜい五〇メートルの範囲でした。

だから、ベニヤ板で防御されていた程度の東大安田講堂の窓でさえ、破れなかったのです。そこで消防庁に依頼して、本郷消防署の高圧放水車の投入を行ったところ、ベニヤ板張りの窓を次々と吹き飛ばせたのです。警視庁が現在保有する高圧放水車は百メートル放水だそうですが、それでも濃度の高い放射性物質が立ち込める福島第一原発への投入は、初めからダメであることは私には分かっていました。

次が自衛隊ヘリに海水を入れた容器を吊るして空中から投下散布する冷却法です。これも実は東大安田講堂で屋上にいる籠城学生たちに用いられた手法でした。

だが、実際にやってみると、ホバリングして投下しても自機のローターの風に吹き散らされて講堂の周辺に落水し、我々警官がビショ濡れになる始末でした。水と一緒に投下した催涙ガスも飛散して機動隊に襲いかかるというとんでもない事態となり、中止を命じた失敗例でした。

放射性物質を放出し続ける、建屋が壊れた原子炉の真上で長時間ホバリングなど出来

るわけがなく、この作戦は何回やっても失敗でした。

そしてようやくたどり着いたのが東京消防庁のハイパー・レスキュー部隊と、民間所有の五〇メートル屈曲生コン圧送機、通称「足長おじさん（キリン）」によるピンポイント注水でした。これは効果がありました。

このように「誰が何を出来るか、どんな装備、技術がどこにあるか」といったことの把握が出来ていませんでした。過去の経験則も不勉強。そのために燃料棒の溶融はどんどん進み、結局は一号機から四号機まですべて廃炉、半径二〇キロ圏内はいつ終わるとも知れぬ立入禁止区域となり「汚染地区（コンタミネィテッド・エリア）」というレベル7の最悪のチェルノブイリ事態となってしまったのでした。

私は、この冷却作戦を菅総理と仙谷官房副長官の「本卦帰り」だと思っています。というのは、あれは正に東大安田講堂攻めのイメージが、多分デモなどの時に放水を浴びてトラウマとしての負の体験を持つ両氏に強烈に焼きついていたからこその作戦行動だったのです。

しかし、ああした放水作戦が必ずしも成功したものではなく失敗例でもあったという事実を知らない故の試行錯誤が、原発事故対応でなされ、貴重な時間の浪費になってしまったとも言えます。

●米粒とおが屑で放射線を防ぐとは

四月四日、突然始まった放射能汚染水の海中への放出も、世界を震撼させました。海洋国で魚を好んで食べる日本人にとっても大きなショックでした。そのわずか数時間前、在京の大使館向けに簡単な説明会を行っただけで、しかも欠席した近隣諸国に何のことわりもなしに汚染水の大量放出を行ったのも褒められたこととは言えません。ロシアや韓国などから抗議を受けた時の松本剛明外相の応対もお粗末でした。

外相の「海は広いから周りの国々に汚染水が届くまでに薄まって危険はなくなる」という見解は、到底サミット先進国の外相の発言とは信じられないほど稚拙なものでした。汚染水を放出し続けると、魚介類、海草類に放射性物質が蓄積されます。福島第一原発では、意図的に放出した汚染水とは別に、より高濃度の汚染水も二号機から海中に流出していることが分かりました。そこでこの汚染水を止める努力がなされたのですが、原子力安全・保安院の西山審議官の説明を聞いて、私は仰天しました。水を含むと膨む高分子ポリマーに加えて「おが屑と新聞紙」を使って汚染水が海に流れるのを食い止めようとした云々と言うのですから。何という、その場凌ぎの原始的対応でしょうか。

これは、明らかに「原子力は安全である」という「原子力神話」に固執していたために、万が一の事故発生時に対する「ダメージ・コントロール（被害局限措置）」を考えていなかったからこそでしょう。「皆で危ないことは起こらないことにしましょう」「事故に備えての無人遠隔操作ロボットやＨＡＺＭＡＴ（ハズマット・ドイツ製対放射線&毒ガス&生物兵器化学防護車）を買ったりしておくと、反原発闘争を刺激する」などと対策を怠ってきた証拠です。

私は、昭和四九年（一九七四年）に起きた原子力船「むつ」の放射線漏洩事故の時の大騒ぎを思い出します。当時、警察庁警備課長だった私は、陸奥港で起こっていた「むつ試験航海反対闘争」警備のため、森山欽司科学技術庁長官に協力していました。放射線漏洩のために政府は上を下への大騒動となり、私は官邸に設置された対策本部に詰め、関係閣僚会議にもオブザーバーとして出席していました。

そしてある時、「ダメージ・コントロール成功」の報に胸をなで下ろしました。しかし、聞けば、原子力船むつは、設計ミスで原子炉の防御隔壁に隙間があり、そこから放射線が若干漏れたのでした。それを決死の覚悟で動燃（動力炉・核燃料開発事業団）の作業員が、「夜食のおにぎりにホウ酸を混ぜて、その米粒を隙間に練り付けて放射線を止めました」というので、皆ビックリしました。

私は菅首相と違って文系の人間ですから、原子力のことは何も知りません。ですが、放射線を防ぐには鉛の板などが有効だぐらいの常識はありました。科学技術庁の担当者は「米粒にはナントカ・カントカという成分があって、これが放射能を吸収するんです。他に何もなかったので……」と説明しました。

昔おにぎり、今おが屑と新聞紙。東海村ＪＣＯ臨界事故の時は、濃縮ウランをバケツとひしゃくですくっていて被曝！　科学技術庁は十年間、現場視察を怠っていたのです。

それにつけても、東海村では死者が出たので「事故」と呼んでいますが、今回の「レベル7」の福島第一原発を政府や電力会社などは「事象」と呼んでいます。というのも、津波や地震で原発内にいた作業員から死者が出たとしても放射能汚染による直接の死者が出なければ、それは「事故」ではなく「事象」という役所の内規があるからのようです。言葉の言い換えで少しでも悪いイメージを誤魔化そうとする官僚的用語です。

こんな「憂いなければ備えなし」という歴史のある原子力行政で本当に大丈夫なのでしょうか。

では汚染水の流出を止める技術や材料は今の日本にはないのかというとありました。政府に言ってもダメだという市民からEメールが私の事務所に入りました。

「おが屑と新聞紙とは情けない。地下鉄工事やトンネル工事をしているゼネコンなら、みんな『水中コンクリート』という瞬間凝固の素材を持っています。この会社のホームページにアクセスしてごらんなさい」とアドレスを教えてくれたのです。Kというゼネコンのホームページを見てみると、その技術が図解してあり、地下水が地下工事中に噴出した時の手法がそこにはありました。原子力・安全保安院はなぜそうしなかったのか？　悔やまれます。

福島第一原発事故は、「備えあれば憂いなし」の危機管理の鉄則に叶うどころか、当然「憂いなければ備えなし」でした。だからこそ「レベル7」の最悪の事態を生じたのです。同じことが尖閣諸島や北朝鮮核問題に対する菅内閣の姿勢にも言えるのではないでしょうか。

次章では、その菅内閣の危機管理不在の「管理危機」について詳しく論じていきたいと思います。

第二章　民主党が日本を滅ぼす！——「広報」と「勤務体制」

●なぜ「政治主導」で安全保障会議を立ち上げなかったのか

菅内閣は、東日本大震災発生の初動措置で、大きな判断ミスを犯しました。

それは昭和三六年（一九六一年）制定の「災害対策基本法」に基づいて「緊急災害対策本部」を設置し、昭和六一年（一九八六年）七月一日施行の「安全保障会議設置法」による「安全保障会議」を召集しなかったことです。

福島第一原発の冷却装置が津波にやられて作動せず原子炉が過熱し始めた時、「原子力災害対策特別措置法」を発動し、「原子力緊急事態宣言」を出したのは正解でした。でも、平成十六年（二〇〇四年）六月、民主党の前原誠司議員（前外務大臣）らが強く主張して超党派で成立した「国民保護法（正式名称・武力攻撃事態等における国民の保護のための措置に関する法律）」を何故発動しなかったのか。理解に苦しみます。

福山哲郎官房副長官は、三月三一日の参議院内閣委員会で、なぜ安全保障会議設置法を適用しなかったのかという野党の質問に対して、「安全保障会議は総理の諮問機関で時間がかかり、それより法律（災害対策基本法）に基づいた方が早いと判断した。安全保障会議の対象に災害や地震はなってない」と答弁していますが、これは誤りです。

私はこの法案成立にあたって、当時防衛施設庁長官として政府委員でもあったので詳細に成立過程を承知しています。国会での安全保障会議設置法審議の際に、「防衛問題以外の緊急事態とは何か」という質問に対して、①ダッカ・ハイジャックの如き国際的ハイジャック事件②ミグ25亡命事件の如き国際的大事件③大韓航空機撃墜事件の如き大事件と答え、さらに④関東大震災の如き人命の危険を伴う大自然災害と答弁したのでした。

安全保障会議は確かに政府の意思決定機関ではなく、国防会議設置法による国防会議を廃止して制定した諮問委員会ではありますが、休眠機関と言われていたかつての国防会議とは大きな違いがあります。

メンバーが一新され、内閣官房長官が所轄大臣で、その事務局長・補佐機関は当時新設された内閣安全保障室長（現・内閣危機管理監）です。その下に外務・防衛・警察・消防・海保などが入る「国家危機管理機構」なのです。当然、その任務は国防だけでなく、ハイジャック、テロ、特殊国際大事件、人命に関わる大自然災害といった国家危機管理・国難対処のための任務が定められています。

福山官房副長官には、官房長官所轄の法律である安全保障会議設置法に関する議事録を精読しておかれることをお勧めしたいと思います。

この審議過程で災害対策基本法との重複を指摘する質問もあったのですが、当時の後藤田官房長官は、はっきりと「普通の災害は従来通り災対法で対処するが『関東大震災』規模の大量の人命に関わる災害は安保室の担当とする」と答え、さらにどのような人物を初代室長とするかとの質問に対しては①ハイジャック事件捜査をやったことのある者②治安警備実施の経験者③海外勤務経験者、もしくは英語の話せる者④各省次官に夜間自宅に電話出来る者と答弁しました。

私は、周りの他省庁の政府委員たちから「佐々さん、当確だ」と肩を叩かれたものです。当時は阪神淡路大震災の起こる九年前のことですから、想定されたのが「関東大震災」でした。阪神淡路大震災発生の時には、その災害対策基本法による緊急災害対策本部すら設置されなかったのですから、今回は一歩前進とは言えるものの、やはりその被害規模は原発被災もある以上、安全保障会議設置が順当だったのです。

この災害対策基本法との重複の問題は、この法案が成立し、施行され、私が初代内閣安全保障室長に就任した直後の一九八六年一一月に早速現実のものとして生じたのでした。一五日から始まった大島三原山噴火がそれです。六日後の二一日には流れ出た溶岩が火砕流となって役場所在地の元町にジリジリと迫り、テレビで実況中継されました。全島民及び観光客一万三千人の避難を急遽検討しなくてはいけなかったのです。

この経緯については拙著『重大事件に学ぶ「危機管理」』『わが上司後藤田正晴』（文春文庫）に詳述していますが、簡単にここで触れておきます。

当時の災害担当庁だった国土庁は、この日の夕方から関係省庁を集めて緊急会議を開きましたが、甲論乙駁、その会議は午後一一時四五分まで続きました。官邸では中曾根康弘総理、後藤田正晴官房長官、渡辺秀央官房副長官、藤森昭一官房副長官、平沢勝栄官房長官秘書官、そして内閣安全保障室長の私と六名で国土庁の推移を見守っていました。優れた行政官であり、伊勢湾台風を三重県総務部長時代に体験もしている藤森副長官が「安保会議を立ち上げ準備ということで『伴走《ばんそう》』しましょう。国土庁の手に余ったら、正式に立ち上げて総理指揮、官房長官担当大臣、安保室長を事務局長とする国家危機体制に移行しましょう」という極めて実務的な提言をしました。

溶岩は元町に迫り、住民や観光客は逃げ場もない有り様でした。

後藤田官房長官は「国土庁は何をしているのか。まだ報告はないのか。このまま溶岩流が元町をのみ込んで海中に流れ込んだら恐ろしい水蒸気爆発が起こり、島民も観光客も吹っ飛ぶんだぞ。何を審議しているか議題を調べろ」と。

そこで警察庁代表を呼び出して聞くと、議題は「①災対本部の名称、大島三原山災対本部か、三原山噴火災対本部とするか②元号か西暦にするか（昭和天皇がご高齢なので万が一元号が変わるようなことがあればどうするか。しかし西暦表記は前例がない云々）③臨時閣議召集か、持ち回り閣議か④国土庁長官一任決議にするかどうか……」だというのです。

そういう議題だと後藤田さんに報告すると、一瞬絶句して「そんなことをしていると、人命が危ない。よし、内閣でやろう。安保室長、佐々君、キミ、やれ」と明確な命令が出ました。

しかし、私には法律上の指揮権はありません。安全保障会議が設置されたわけでもありません。あくまでも「伴走」です。半ば超法規的に内閣法第一二条の「官房長官の調整権」を借りるしかありません。それも消極的調整権であって会議召集権のような積極的調整権は安保室長にはないのです。

そこで平沢秘書官と手分けして「官邸に中曾根・後藤田、心配して待機中。ちなみに他省庁の警備担当局長は官邸に向かいつつあり」といったディスインフォメーションを流し、関連省庁の関係局長を官房長官室に集め、長官の号令一下、海上自衛隊、海上保安庁、警視庁機動隊、さらには夏季のみ就航の東海汽船のフェリー等も動員して約四〇隻の救出船舶団を組織し、出動要請を出し忘れていた鈴木俊一都知事に要請を出すよう示唆しました。国土庁が会議を終えた頃には、救援の船舶団は大島に向かい、翌二二日未明には東京に無事避難させたのです。

ところが、関係省庁からの指弾を私は浴びました。その後の国会では野党（公明党）に職権乱用、他省庁の権限干犯だと吊るし上げをくいましたが、中曽根総理、後藤田官房長官が庇ってくれました。

菅首相や福山官房副長官などに敢えて苦言を呈しますが、こういうのを官僚主義の弊害を正した本当の意味での国民のための「政治主導」というのです。この安保室長吊るし上げも国会議事録にちゃんと残っていますから取り寄せてご覧ください。

●「ノアの方舟」になった救援船

あと少し余談になりますが、この三原山噴火で忘れられないのがペットの保護でした。今回の東日本大震災でも犬、猫などのペットの処置や福島第一原発周辺二十キロ圏内に取り残された牛、馬などの家畜の生命をどう扱うかも問題になっています。津波に流されたものの無事救出された犬と、その飼い主との再会といった感動的なシーンもありましたが、多くは人命同様津波に襲われ瓦礫の下になり惨死しました。飼い主が死亡したり、生きていても避難所暮らしでどうすることもできない例も多々あることでしょう。ペットたちは生き残っても人間以上に哀れです。共食いでやっと生き延びている場合も少なくないようです。

取材陣を見かけると体をくねらせ、尻尾を千切れるように振って駆け寄ってくる犬たち。干草を時折やりに行くと擦り寄る家畜たち。へたり込んだ子牛。動物好きの人なら正視に耐えず、思わず目を逸らしてしまうことでしょう。避難指示の出ている原発周辺二〇キロ圏内の家畜はもはや餓死させるか順次殺処分しかないようです。しかし放置されている動物は牛三千頭、豚三万頭、馬百頭、鶏六三万羽……と言われています。「餓死」させるにせよ「殺処分」するにせよ、これらは「政治主導」の政府・内閣の方針なのでしょうか。農水省、経産省、厚労省といった役所の方針なのでしょうか。どちらにせよ、酷い話です。

戦時中、上野動物園の猛獣たちを軍の命令で殺処分したのは有名な話です。空襲などで檻が破壊されて逃げ出すと危険だからという理由ですが、象は皮膚が分厚く毒針も刺せず、毒入り餌も見破って吐き出して受け付けないので餓死させられたといいます。痩せ衰えた象は飼育人の姿を見ると、餌欲しさに必死になって皮膚のたるんだ骨ばかりの巨体で逆立ちなどの芸をしてみせたそうです。

当時から動物好きだった私は軍部の非情さに憤りました。「ノアの方舟」以来、人間は飼った動物を慈しむ義務があるはずです。どうしても見捨てるしかない時は、射殺か薬殺するのが慈悲というもの。軍人なら銃はあるんだろう。餓死などもっての外、ひと思いに射殺すべしだと思いました。

私は今回の地震が「戦争被害」と同様のものだと指摘してきましたが、ペットや家畜に対して戦時中と同様の措置を取ることを余儀なくされている点でも、やはりその被害の大きさがしのばれます。四月二四日、福島県が順次殺処分との方針を決めたため、どうやら薬殺で臨むことになるようですが、放射性物質の立ち込める広い地域での動物の捕捉は大変なことです。恐らく大部分は斃死《へいし》（行き倒れ）でしょうが……。

しかし、あの大島三原山噴火に伴う一万三千人の全島避難の際、一人のけが人も出さずに無事完了してホッとした時、安全保障室長の電話が鳴りました。受話器を取ると、それは日本動物福祉協会理事長の麻生和子さんでした。言うまでもなく吉田茂さんの令嬢で、麻生太郎元首相の御母堂です。

「佐々さん、テレビを見たら大島では犬たちが鎖に繋がれて吠えているじゃないの。犬たちも助けてあげなさい。あの姿は世界中に放映されるのよ。世界中の動物好きの人たちから批判されますよ」

一万三千名を救出することで手一杯だった私は内心閉口しました。私だって大の犬好き。人生の大半を愛犬たちと過ごした私も実は思いは麻生さんと同じでしたが、又船団組んで犬を救出するわけにもいきません。それに縦割り行政の日本では、どの役所がそういう場合のペットの救出をやるのかも直ぐには浮かんできませんでした。

しかし、私は「内閣安全保障室長」として、このペット救出問題を解決することに決めました。

先ず警視庁警備部長に電話をして「島に残る機動隊員を巡回させ、鎖に繋がれている犬たちを放せ。ドッグフードのピラミッドを島内各地に築け。経費は救援対策本部、つまり安保室に付けよ」と命じ、麻生和子さんにその旨復命しました。

「南極物語」のタロ、ジロ方式で臨んだわけです（註・南極船に乗せることの出来なかった犬を昭和基地に餌と共に残し、一年後に無事生き延びた二匹を回収。ペンギンが餌になったとも）。

ペットの保護に関してはもう一つ体験例があります。二〇〇〇年九月、三宅島噴火の際の全島避難の時です。時の都知事は石原慎太郎さん。

実はその前に私は東京MXテレビで知事と共に「大島の戦訓」と題した対談を行いました。先述したように大島三原山噴火災害の救出作戦の詳細を語り、「自衛隊は知事の出動要請がないと助けに行きたくてもいけないから、万一の時は自衛隊法第八三条による出動要請を忘れないで下さい。例えば、三宅島などで同じような噴火があれば人口は四〇〇〇人ですから海上自衛隊の輸送艦『おおすみ』を派遣しろと註文してください。おおすみは八九〇〇トンのヘリ空母型大型輸送艦ですから四〇〇〇人ぐらいなら甲板を使えば一隻で運べます」と助言しました。

知事は「いいことを聞いた。覚えておこう」と。収録の後、「ついでだけど、犬や猫などペットをどうするかも決めておくといいですよ。犬を鎖に繋いだままにして置き去りにすると動物愛護団体から抗議されるから」と付言もしました。

録画して大分たってから放映されたのですが、その直後何たる偶然か、三宅島が大噴火し、有毒ガスが流れ、全島避難ということになってしまったのです。

自宅でその緊急ニュースを見ていたら、フジテレビの日曜放送の「報道２００１」の御意見番だった竹村健一さんから電話です。

「佐々さん、一体どういうこと？　ＭＸテレビ見ていたら三宅島が噴火したらどうのこうのと言っていたのがほんの数時間前なのに、本当に噴火したやないか！」

「あぁ、これ、録画したのは大分前のことで、この偶然に私も驚いているところなんだ」

「いいから次の日曜日、私の番組に出てくれ……」と。

電話を切った後、テレビを見ていてさらに驚いたのは、救援のために「おおすみ」が出動したとのことで、その雄姿が画面に登場したことでした。

後で防衛庁の後輩に電話をしたら、「これまで随分知事から災害出動要請を受けましたが、『おおすみ』という艦名の御指名まで頂いたのは初めてでした」と笑っていました。

数日後、無事島民が東京の避難所に落ちついたとのニュースをテレビで見ていたら、何と牛や馬や豚や鶏までが船上に運び込まれているではないですか。都知事はペット救出の助言をもとに「ノアの方舟」を実践したのでした。被災者にとっても、飼い犬などペットと共に救出されたことは不幸中の幸いだったのではないでしょうか。

牛や豚などは本来は人間に食べてもらって成仏すると考えられます。しかし、放射性物質で汚染された動物を食べることも安全な地に連れ出すことももはや出来ません。二年前に、一三年パートナー・ドッグだったラブラドール・レトリバーのビリー君を失った私は、災害地を主人を求めて彷徨する大きな白いラブラドール・レトリバーの姿をテレビで見て引き取ってやりたいと思いましたが、どうすることも出来ません。私の脚では散歩に連れていくこともはや不可能なのですから。

為政者は、そういう動物を愛する被災者たちの心に感情移入できる人間性も要求されるのです。餓死させるだなんてとんでもない。そんなことを平気で断行したら菅内閣の非情さを国民に印象付けるだけでしょう。せめて、長い間苦しませずに薬殺してあげることが、人間の慈悲というものだと思います。

●なぜ「国民保護法」を使わなかったのか

今回、「安全保障会議設置法」を大島三原山噴火災害の時と同じように「東日本大震災」にも、せめて「伴走」させておけば良かったのにと思います。

「災害対策基本法」の「緊急災害対策本部」が発動されたのは、先述した通り、今回が初めてでした。阪神淡路大震災の時、村山富市総理（社会党）は一時、初の総理直接指揮に踏み切ろうとしたのですが、五十嵐広三官房長官（社会党）ら社会党系の面々が、自衛隊出動に強く反対し、そのため「閣僚全員参加の非常災害対策本部」設置にとどまったのでした。国土庁長官が責任者とされ、重要度としては二番目のレベルの非常災害対策本部長になったのでした。しかし、村山総理がやはり災害緊急事態の布告をして緊急災害対策本部長に就任するのが本筋でした。

しかし、そもそも今回の「災害対策基本法」に基づく「緊急災害対策本部」は、本来「経済戒厳令」の名で知られる「物価統制令」「買い占め禁止法」など災害に際して物流を阻害し、暴利を貪る行為を総理の強権で取締まる趣旨の条文に基づくものです。かつては通産大臣（現・経済産業大臣）が所轄大臣でしたが、今は総理が統括することになり、隠匿物資を摘発して配給ルートに乗せたり、売り惜しみを是正させ適正価格で拠出させるなどの命令を出すことが可能なのです。

ところが、今回の「東日本大震災」では、阪神淡路大震災や三原山噴火の時とは異なる危機が発生しました。福島第一原発事故です。三つの原子炉の「炉心溶融」です。

東海村ＪＣＯ事故の時、原子力問題は科学技術庁の所轄で動燃（動力炉・核燃料開発事業団）が担当していました。その後、橋本龍太郎内閣時代の行政改革で科学技術庁は文部省と合体し文部科学省となり、原子力の科学研究部門はその所轄となりましたが、資源・エネルギー・経済問題としての原子力行政は旧通産省（現経済産業省）の管轄となり、その下部組織である「原子力安全・保安院」が担当することになりました。そのために旧科学技術庁、現文部科学省は国家危機管理行政からはやや遠い行政・官庁となってしまったのです。

だから、今回の福島第一原発事故の危機管理は、海江田万里経済産業相の指揮系列に入ったのです。彼は優れた経済人でしょうが、危機管理の経験はなく、災害対策基本法上、仮に主管大臣であっても本部発足以来初めての炉心溶融事故を担わせるのは酷です。従って、今回の未曾有の三大災害（巨大地震・大津波・炉心溶融原発事故）による三大危機を「国家の危機」「国難」と捉えれば、やはり官房長官指揮の安全保障会議の対象と位置付けるべきでした。そして準用すべき法律は、もはや災害対策基本法や原子力災害対策特別措置法ではなく、先述したように二〇〇四年（平成一六年）、自民党・公明党連立の小泉内閣時代に、民主党も賛成して成立した「国民保護法」でした。これはその前に成立していた「武力攻撃事態対処法」を受けて、万一の危機発生の場合の「警報発令」「避難誘導」「緊急物資輸送」「被災者救援」について定めたものです。

以前の日本にはこういう法律がなかったためにいろいろな問題が発生しました。

例えば、ミグ25亡命事件以降、ソ連などの奇襲攻撃が懸念されるようになった時、その際に首相の防衛出動命令が出るまで待てない場合には、超法規で現場で対処することもありうると時の統幕議長だった栗栖弘臣さんが週刊誌で発言し、金丸信防衛庁長官に解任される事件がありました。しかし、これは法律の不備が一番の問題でした。

そのため、その後、一九七八年（昭和五三年）から三原朝雄防衛庁長官の下で「有事法制の研究」が始まり、警察庁から出向していた防衛庁審議官の私がその研究担当となりました。その後、官房長として、また内閣安全保障室長としても、危機に対処するためのこの有事法体制の研究を担当し続けたのです。

先ずは防衛庁所轄の法律の欠陥不備の修正、防衛庁以外の他省庁の所轄する法律との整合性（緊急出動した自衛隊の戦車が警察庁所轄の道路交通法の赤信号を無視できるか否か等）を研究し、防衛庁も他省庁もいずれの官庁も所轄していない事項（空襲警報、捕虜の扱い、国民の避難誘導等）の策定などに努めたのです。

日米安保条約第五条（米国の日本防衛義務）、第六条（日本の基地提供、後方支援の義務）も、長い間、それを実現する国内法がないままでした。その不備を埋めるのが「周辺事態対処法」「武力攻撃事態等対処法」でした。そして「国民保護法」も制定されましたが、この法律こそ東日本大震災で取るべき諸対策が全て含まれているのです。すなわち①警報②避難誘導③緊急物資輸送④緊急治療（トリアージ）⑤被災者の救援です。そしてその第百七条には「放射性物質等による汚染の拡大防止（原子力災害への対処）」も記載されています。

なぜこの「国民保護法」が東日本大震災で適用されないのか？　それは法律の正式名称が「武力攻撃事態等における国民の保護のための措置に関する法律」となっているから、自然災害は含まれないとするのが、先述したように民主党、菅内閣の見解です。では「等」とは何かと問うと、「等」とは「9・11テロのような大規模テロ」だと言います。正式の戦争ではなくとも、無差別テロなら適用されるというのでしょうか。

法律上「列挙」には、「限定列挙」と「例示列挙」とがあります。「限定列挙」とは、条文に書いてあるものしか認めず解釈で勝手に広げることは出来ません。「例示列挙」は必要に応じて同類同種のものは政治行政者の有権解釈で拡大解釈や準用が許されます。この「国民保護法」の「等」は明らかに「例示列挙」です。今の日本の東北の現状を見て下さい。ほとんど「戦術核による武力攻撃」を受けたに等しい惨状です。津波の被害はちょっとやそっとの武力攻撃では受けないほどの状況です。菅総理は、総理の権限で「国民保護法」の「武力攻撃等」の「等」には「東日本大震災は含まれる」と有権解釈して同法を適用すればよかったのにしなかった。勧める官僚もいなかった。ここで「危機管理」のボタンのかけ違いが始まったのです。

●官房長官は原発広報官に非ず

ところで、本書の題名は『「危機管理・記者会見」のノウハウ』です。本書の元は「はじめに」で記したとおり二〇一〇年に刊行された『わが記者会見のノウハウ』です。文庫版の本書では「第三章」以降がそれです。スキャンダルや事故を招いた政治家やタレントや会社の拙劣な記者会見での対応を中心に分析しました。今回の東日本大震災について文庫版のために書き下ろした本書の第一章と本章（第二章）は「危機管理のノウハウ」として主に分析してきましたが、ここで大震災で露呈した「記者会見」のお粗末ぶりについても簡単に触れておきます。

先ず、枝野幸男官房長官の記者会見での姿勢が問われます。三月一一日以降、長官は早朝から深夜まで一日も休まず、たった一人で菅内閣のマスコミ対応にあたっていました。その強靭な心身の耐久力は敬服にあたいします。その労を大いに多とします。でも、官房長官は、安全保障会議設置法の観点からすれば、ただの内閣広報官ではなく、国際的ＰＲ、外交、被災者救援、復興事業、雇用問題、経済事象（円高ドル安、株価）等々、総合的な国家危機管理の司令塔なのです。安全保障会議設置法制定時、属人的に後藤田正晴官房長官に寄せられ

念のためお尋ね。原発広報長官？

たような重大な期待と責務を担うべきなのです。

そのためにも、官房長官の下には三人の副長官がおり、内閣広報官、内閣危機管理監もいるのです。福島第一原発事故が鎮静化したなら、原発広報の任務をそうした補佐役に徐々に交代してもらって、国家危機管理全般の司令塔という本来の任務を果してほしいものです。

防衛大学校名誉教授の佐瀬昌盛氏が四月五日付け産経新聞の「正論」に「乱にあって別の乱を忘れるな」と題する一文を寄稿しています。名言です。もう一つの別の大地震が明日にも起こるかもしれない、二度目の大津波があるかもしれない、さらには北朝鮮のミサイル問題や尖閣諸島問題の再発があるかも知れない……ということを常に考えておくべきです。

また、会見での発言を注視拝聴しましたが、「……という報告を受けております」「しっかり（数度繰り返しながら）」「予断を許す状況には立ち至っていない」「報告をされている検出の放射線量によれば、直接に、直ちに健康に害を与えるものではありませんが、念のため水道水は飲用を控えること」「念のため、出荷を差し控えていただき、できるだけ摂食をしないようしていただくことが望ましい」……。

いかにも法廷弁護士らしい言質を取られない慎重さが感じられます。しかし、こんな答弁では「では、いますぐは別としていずれ健康被害が出るのか」「本来なら出荷してもいいし、多少食べるぐらいなら健康被害はないのか」といった反論も可能でしょう。記者会見の席ではそういう鋭い質問をする記者はいなかったのでしょうか？

●記者クラブ制の弊害

本章の冒頭で記したように、内閣記者会見の場でも、なぜ安全保障会議を立ち上げなかったのか、なぜ国民保護法を使わなかったのか、と記者団から鋭い質問がもっとなされてしかるべきではないでしょうか。後の章でも述べるように記者会見は丁々発止の言論戦の場でもあるのです。ただ、為政者、担当者の責任を声高に感情的に追及したり、それに対して言質を取られないために官僚的答弁でのらりくらり逃げていくだけでは、記者会見の意味はありません。記者会見は、吊るし上げを是とする人民裁判の法廷ではないのです。「正義」は簡単に判断できません。

例外はあるにせよ、概ね各社ともなぜか入社数年の不勉強極まる素人集団が詰めていて、愚問奇問を繰り返しています。各社の編集局長、政治部長などに「ホワイトハウスの記者のように超ベテラン大物記者にしたら？」と問うと、「官邸記者の必須の要件は国会と官邸の間を走って往復できる体力だから」と苦笑します。

よりよい社会作りのためにも、記者会見という民主主義ならではの舞台は重要なのです。言葉と論理をもっと磨いて、武器を使わないけれども、決死的な覚悟をもって「対決の場」である「記者会見」でやりあうのが民主主義社会だという認識をもっと多くの人に持っていただきたいと思います。

また、記者会見については、スポークスマンは現行の「記者クラブ制」のことを承知しておく必要があります。政治部も社会部も、官邸や各省庁などとの協定で甚だ排他性の強い、外国人記者やフリーの記者を締め出す「記者クラブ」なるものを多年にわたって堅持してきました。この点は近年少し改善されてきているようですが、でも、今回の東電と記者クラブの質疑応答を見ていますと、原子力のことを全く知らない記者たちと、原子力以外のことを何も知らない東電スポークスマンのすれ違いでトンチンカンな質疑の延々たる繰り返しで、視聴者には一向に分からない会見でした。

警視庁の記者クラブも長年の伝統で厄介なことになっていて、記者クラブが三つあります。①「七社会」（朝・毎・読・日経・東京・共同の六社で『七社会』）②記者クラブ（NHK・時事・産経・日本放送・文化放送・MXテレビ）③ニュース記者会（民放テレビ各社）と。広報マンはこの記者クラブの複雑なシステムを熟知していないとドジを踏むのです。

●お粗末な保安院の記者会見

次に原子力安全・保安院の記者会見です。最初に出てきたスポークスマン（中村幸一郎氏）は原子力専門の技術屋の審議官だったようです。だからか、記者会見では「非常に深刻な事態」「炉心溶融が進んでいる可能性がある」と語ったのでしょう。聞いていて、正直だな、この人、本当のことを言っているとは思いました。危機管理の要諦は「最悪に備えよ」「悲観的に準備し、楽観的に対処せよ」「ネバーセイネバー（絶対に〜ないとは決して言わない）」ですから。私はこの審議官を評価しました。

ところが、この審議官は一日で交代させられることになりました。

「チェルノブイリとは違います。絶対に炉心溶融はありませんから安心して下さい」という「楽観的」な姿勢を打ち出すことが菅内閣・経済産業省・東電の初めからの基本方針でしたから、技術者らしく本当のことを率直に話してしまう最初の審議官はすぐにお払い箱になったのでしょう。

その次の審議官（根井寿規氏）は最低でした。「配付資料の八頁を開けて」と語る、そのあまりに官僚的な姿勢に腹を立てました。

テレビ中継されていることは百も承知のはずです。そこに集まっている記者たちには「配付資料」はあるかもしれませんが、それを見ている視聴者には勿論そんなものはありません。国民に向かって話をしているという認識がこのスポークスマンには欠けていたのです。

我慢して記者会見の模様をテレビで見ていると、資料をめくりながら、しばし考え込んでしまったのです。生放送ですから見ているとイライラさせられます。あぁ、この人、記者会見に関してはド素人だな、こんな重大な危機管理発生時の記者会見などやったことがないんだと理解しました。

そうして、三人目として登場し、爾来ずうっと朝から晩までテレビに出て、すっかり国民にお馴染みになったのが西山英彦氏という、ちょっとしたキャラが立つ文系出身の審議官でした。

眼鏡をかけ、角張った顔で、淡々としてというか、ケロリとして、恐ろしいことを事も無げに口に出して、時々微笑するという方です。いつも「同じ髪形」故にカツラだと

急な大任で頭が痛い？

噂されもしました。時々、記者団が激昂するほどの誤報・訂正・取り消しなども繰り返しました。

「汚染水の放射性物質の濃度は、基準値の一万倍……」。そう言われても、どの程度酷いのか、大したことないのか視聴者には分かりません。そして翌日にはケロリとして「十万倍」と言うから、そりゃ大変だ、マイクロ・シーベルトとかミリ・シーベルトで言うとどれぐらいになるのかと問えば、「二京何十兆何百億」とか天文学的な数値を言います。

視聴者は「億」「兆」までは何とか付いていきますが「京《けい》」なんて単位は想像もつきません。一万倍で作業員が脚に化学性火傷を負ったというのだから、十万倍だとどうなる？　と心配していたら、その次の日には「一〇〇〇万倍」と訂正しました。

私は仰天しました。一〇〇〇万倍というと人間など溶けてしまうのでは……と心配していたらまた訂正で「やっぱり十万倍でした」と。ヨウ素とセシウムを間違えていたと言われてもよく分からないし、連日のミス、連日の訂正で大混乱でした。

原子力安全・保安院、いや、菅総理は、この打たれ強くてケロリとしてウソ、間違いを繰り返す西山審議官が、お気に召したとみえ、ずうっと出ずっぱりです。

我が家では西山氏に「加藤茶」というあだ名をつけました。チャップリンの名言に

「悲劇の極致は喜劇である」という言葉があります。東日本大震災という、千年に一度という悲劇上演中の舞台にクラウン（道化師）が登場したかのようです。一見、真面目くさった顔をする加藤茶は、とっぴょうしもない発言をして、ＫＹ（「空気が読めない」）を装い、笑いを取っていました。西山審議官も同様に、大真面目に一生懸命与えられた大役をこなしていてその労を多としますが、どこか滑稽なのです。てっきり、私はこの人は原子力の専門家で理系の人だから記者会見を担当しているのかと思ったら違っていました。東大法学部出身でハーバード大学修士を持つ文系の人で、原子力問題には素人だと聞いてびっくりしました。素人で原子力のイロハもよく分かっていないから、間違った事を言っても恥じることなく、強心臓なために起用されているみたいです。

●呆れ果てた東電の記者会見

五月二六日、菅総理は、フランスのドービルで開かれたＧ８サミット会議で「自然エネルギーで原発事故で減少したエネルギーを補い、その率を二〇％とする」と、本当に実現出来るのか、鳩山前総理の国連総会に於けるＣＯ２二五％削減の公約同様、人気取りの大風呂敷を広げました。

その留守中に、数日前から燻《くすぶ》っていた三月一二日夜の福島第一原発の第一号機への海水注入を官邸の指示で五五分中断したかどうかという益なき論争に、思いがけない大展開が起きました。

ご存じの通り、三月一二日の午後七時二五分から八時二〇分までの五五分間、東電は

「官邸で再臨界の危険性の議論が続いているため、政府判断が必要と思い、東電緊急時対策本部の判断で海水注入を中断した」と五月二一日に発表しました。

政府も、三月一二日午後六時過ぎに、班目春樹・原子力安全委員会委員長が首相に対して、海水注入は「再臨界の危険性がある」と回答したため、官邸が再臨界防止策の検討に入っていたと同日付けで発表しました。

すると班目氏が「学者としての名誉にかかわる」と激怒し、五月二二日になって、政府は、「班目氏は再臨界の可能性はゼロではない」と発言したにすぎなかったと修正しました。

そのため五月二三日、二四日、国会で追及されたのですが、菅総理は「注水を止めたことは全くない」と答弁しました。班目委員長も「再臨界の可能性はゼロではないということは、可能性はないと言ったことに等しい」と、愚かな論戦が続いたのでした。

ところが、五月二六日、東電は「海水中断はなく、吉田昌郎所長の判断で注水を継続していた」と、驚くべき事実を記者会見で発表したのです。そして武藤栄副社長は、「官邸にいる元役員から東電本店に『(菅直人)首相の判断がなければ、海水注入できない雰囲気、空気を伝えてきた』ので、官邸の判断を待つために注水の一時中断を決定し、吉田所長にもその旨を伝えたのに、実際は所長の独断で注水は続けられていた」というのです。東電は、その事実報告の遅れたことを理由に吉田所長の処分を検討するそうですが、私は処分に反対です。

というのも、これは三国志に出てくる「鶏肋《けいろく》の戒め」を想起させるからです。蜀と魏が戦っていた頃、劉備玄徳が指揮する蜀軍が善戦し、イライラしていた魏の曹操が幕舎で夕食を摂っていると、部下の夏侯惇が入ってきて「明日のご命令は」と指揮伺いをしました。すると、夕餉の鶏の柔らか煮の肋《あばら》をしゃぶっていた曹操が「鶏肋」と呟くのです。単に「今、しゃぶっているのは鶏の肋じゃな」という意味です。その呟きを聞いた夏侯惇は、分からないまま「鶏肋とはいかがせよとのご指示ですか？」と一言聞けばよかったのに「かしこまって候」と受けてしまい、早速軍議を開いて「曹操閣下の明日の軍令は『鶏肋』でござる。おのおのいかが致す」と諮問してしまったのです。

将軍たちが「さて？」と困惑していると、楊修というエリート文官が、「それは『撤退せよ』との意味でござる。鶏の肋は食らうには肉なく、この長い戦さと同様、無益なり。早々に撤退しようという謎でござろう」と賢《さか》しらに口を出す。一同は知恵者の楊修がそういうならと納得して陣払いの準備を始める。夕食を終えて幕舎から出てきた曹操は、全軍が撤退準備をしているのを見て「何事じゃ？」と言うと、「楊修の意見で、『鶏肋とは撤退の謎』というので……」と。怒った曹操は「楊修を呼べ」となり、彼は浅知恵で軍律を乱したとして処刑され、陣営の門の柱に梟首《きょうしゅ》されたという言い伝えがあります。

つまり、曹操が菅総理、楊修が副社長以下東電関係者といったところでしょう。総理が明確な指示を出せず、今回の事故でも海水注入は危険だから見合せるべきかどうかという判断を官邸で下せないために、山本七平氏の『「空気」の研究』（文春文庫）ではありませんが、官邸にいた元役員がKYとなり、官邸は注水の了解をしていない空気・雰囲気だと本社に伝え、それを重役たちが現地の吉田所長に伝えたのです。

こういう判断能力に欠けている中年太りの高級幹部のことを「金魚の立ち泳ぎ」と私たちは警察時代にあだ名していました。その心は、「上ばかり向いて泳ぐから」。現場の状況をそっちのけで、官邸の、菅総理の鼻息ばかりうかがい、明確な指揮命令でもないのに、雰囲気、空気をうかがって誤った判断で現場で働く部下たちの命にかかわる重大な命令（ここでは海水注入停止！）を勝手に出すのは愚か者のすることです。

現場を知らない上層部の無茶な命令を、現場を預かる指揮官は、自己責任に於いて、組織のため、部下のため、いや、その誤った命令を下した上司のためにも、握り潰すぐらいの度胸がなくてはいけないのです。私もしばしば現場で警備担当者であった時に、秦野総監のあまりに理不尽な命令を無視したことがあります。その詳細は別著に譲りますが、その口実としてよく使ったのは、湾岸戦争の時、補給司令官だったウィリアム・ガス・パゴニス中将の名著『山・動く』（同文書院インターナショナル）に出てくる米陸軍伝統の手法でした。そういう命令が出されたなら「通信不良、聞こえません」と言えばいいと。

トラファルガー海戦の時、慎重派の総司令官からネルソン艦長に「退却せよ」との旗《き》旒《りゅう》信号が発せられたのですが、彼は望遠鏡を見えない方の片目に当てて「俺には見えない」とうそぶいて、敵艦隊に突撃し、フランス・スペイン海軍を撃破しナポレオンの英国侵攻を阻止したのです。

今回の武藤副社長と吉田所長の関係もこれに似た構図があるのです。だからこそ、処罰されるべきは吉田所長ではなく武藤副社長の方でしょう。細野補佐官も「所長として困難を乗り越えるため（海水の注入継続という）決断をしたのはやむを得ないことだった」と評価しています。とはいえ、二ヵ月以上も国民に間違った情報を伝えてきた政府、東電の責任は大きいというしかありません。

また、賠償のためにあらゆる施設を売却する必要があるのかもしれませんが、東京電力が、自社の保養所などを被災者のために開放したという話をほとんど聞いたことがありませんでした。赤坂の旧プリンスホテルも解体するまでの数カ月の間だけでもと被災者に開放しているというのにです。四月になってようやく、福島県に社宅や研修所、保養所の提供を伝えたようですが、那須の御用邸の職員の風呂場などを早々に被災者に開放した宮内庁・皇室に比べて何たる格差でしょうか。

計画停電にしても、あまりの「無計画」停電で社会に大きな混乱を招きました。

●「陣頭指揮」の誤解

実はこの「計画停電」なる愚挙を断行するにあたっての菅総理の記者会見も惨めなものでした。事前に「国民に語りたいメッセージがある」と言いだしたので、私はもしかしたら憲法の一時停止という制定以降初の重大声明を出すのかと固唾を飲んでテレビの画像を見つめました。

想像するに、原発周辺住民の強制避難命令を憲法29条の公共の福祉の観点から合法にし、居住権の自由、通行の自由を制限し、私有財産権も補償の上で制限することになる

停電も入院も計画通り？

と宣告するのかなと思ったのです。

ところが、それは単なる「計画停電」を了承したとの宣言でした。しかも「詳細はこのあと経済産業大臣から」と言って、マイクの前から身を引く始末でした。枝野長官も少し喋ったかと思いきや、直ぐに海江田経産相に任せる始末。まさにブリューゲルの「抑圧の委譲」の典型でした。責任は海江田氏に押しつけられた形となったのです。

その「被害者」である海江田氏にしても、福島第一原発で命懸けの放水作業に従事していた東京消防庁ハイパーレスキュー部隊の隊員に対して「速やかにやらなければ処分する」と恫喝したという信じがたいニュースが流れました。その事実を知った石原都知事は激怒し官邸に乗り込み菅総理に抗議をしました。菅総理も海江田大臣にすぐ謝るように命じたのでした。

この問題の背景には「疲労」があったのでしょう。もしそうした暴言が事実であったとしても、海江田大臣に原発へ一刻も早く放水しなくては大変なことになるというあせりがあったからこそでしょう。臨戦状態ともいうべき苛酷な状況にあったのですから。

従って、むしろ、安全保障会議と国民保護法を適用せずに、クライシス・マネージャーを官房長官とせずに、国家的危機管理問題を、それまでそういうことをまったくやったことのない経済専門家の海江田氏に押しつけた菅総理のミスキャストこそ問われるべきだったのです。

石原都知事が、現場での任務を果たしたハイパーレスキュー隊員を前にして号泣しながら「みなさんの家族や奥さんにすまない。本当にありがとうございました。生命を賭して頑張っていただいたおかげで大惨事になる可能性が軽減されました」と語ったような、自衛隊、警察、消防、海保に対する感謝の念が、菅総理や枝野長官や海江田大臣にはないのです。

この騒動の後、都知事選で石原都知事は大量得票で再選され、民主党は統一地方選挙で惨敗しました。国民はちゃんと見ているのです。

石原都知事は選挙中も東北の被災地を視察しました。あくまでも都知事であり、今回の国難に関しての直接責任者・リーダーではありませんし、ある程度復旧が進み出してからの視察ですから問題はありません。しかし、菅総理は地震のあった翌日三月一二日に、いきなり「陣頭指揮をする」として防災服に身を固め、自衛隊大型ヘリで十数人の随行を連れて福島第一原発に飛んでいきました。この現地視察による四時間近くの指揮権の空白が原子炉の「ベント（排気）」をする措置を遅らせたとも言われました。

それはともかく、危機管理上の陣頭指揮というのは原理原則的にはトップが現場に行くことを意

菅官邸ニテカンカン怒ルベシ

味するのでは必ずしもありません。今回の場合、総理は官邸の地下一階にある危機管理センターでドッシリと腰を下ろして「我官邸ニ在リ」と旗印を立てることで十分だったのです。

御巣鷹山日航ジャンボ機墜落事故の時、中曾根総理は現地に赴きたいと言ったのですが、私はお止めしました。「なだしお衝突事件」の時も、竹下総理が横須賀に行くと言われたのですが、「総理の『陣頭』は、官邸の総理執務室です」と答えたものです。

村山総理も阪神淡路大震災の時、神戸に飛びたいと言ったのですが、「総理専用ヘリに少人数で搭乗して上空から視察する」「現地では地上に降りないこと。降りるとプロトコールとセレモニーが始まってしまい、知事、市長、県警本部長たちの現地での指揮運用の妨げとなる」と意見具申しました。

指揮中枢を離れるなら、留守中の全権を誰か、例えば後藤田正晴氏のようなシッカリした閣僚に委任していかないと、指揮命令に空白が生じることもあります。福島に行っている時に、首都圏直下型地震が発生したらどうするか。そういうことまで考えた上での「陣頭指揮」でないといけないのです。

こういう原理原則から言えば、①多くの随行者②地上に降り立った③指揮権を委譲していかなかった④ベントという重大決断が遅れた――という四つの理由で、菅総理が誤った陣頭指揮をしたためにかえって大震災直後の初動措置で後手後手に回ったことは大いなる失敗であったといわざるをえません。

私とて同じ失敗をしたことがあります。昭和四四年（一九六九年）一月一八日、東大安田講堂攻めの時、血気にはやり、突入する隊員たちの陣頭に立つことが勇気の証であり、機動隊の士気高揚になると確信して、私は地獄のような安田講堂に突入したのです。

すると指揮通信無線が「警備課長、現在地知ラセ、現在地知ラセ」と囁いているので、意気揚々と「現在地安田講堂内、用件ドウゾ」とやったら、相手は警備部長で「そんなところで何やってる。神田カルチェラタン闘争で機動隊が目茶苦茶にやられているぞ。全体の見えるところにいなきゃダメじゃないか」と怒鳴られ、外に飛び出して現場指揮車に戻ってみると、神田は一万人による暴動状態でした。

後日、秦野章総監は「現場で陣頭指揮すればさぞ隊員の人気は上がるし、高揚感はあるだろう。だがな、警備課長は全体の見えるところにいなきゃいかん。君は『陣頭』を取り違えていたよ。怪我するかもしれん。まだ第二次反安保闘争は始まったばかりだ。警備課長が殉職したり怪我したらあとはどうなる。機動隊員が投石や火炎瓶で傷つくとき、君は政治的に傷つき、マスコミで傷つくんだ。それが警備課長の『陣頭』だよ」と懇々と諭されたものでした。いわんや総理の「陣頭」は決して現場に赴くこととは限らないのです。

●危機管理情報をすべて公表するな

野党時代の民主党は、自民党政権の隠蔽体質を強く批判していました。与党となってからも情報公開や政府の透明性を極端に強調しています。震災後も菅総理自らが「入手した情報は一切隠さず国民にお知らせします」と記者会見などで語り、後から隠したなと攻撃されることを恐れるあまり、何でもかんでもすぐ発表して秘密は何もないという姿勢を取ろうとしています。

昔やっておられた市民運動のレベルなら、そういう透明性もいいでしょう。だが、国家には隠さなければならない秘密があります。外交機密、防衛機密、捜査上の秘密など、国益上秘密にしておくべき情報は山ほどあります。だからこそ、国家公務員法第一〇〇条に守秘義務などが明記されているのです。当然、今回の大震災に伴う危機管理のために必要な秘密もある筈です。人命、名誉、身体保護のためにどうしても秘匿する必要のあることが出てくるからです。

例えば、一般論としてこんな秘密がありえます。ラッシュアワーに「東京駅のトイレで怪しいバッグが置いてある」との通報があったとしましょう。この頃は沈静化してきましたが、オウムなどテロの嵐が吹き荒れていた時期や9・11テロ以降しばらくの間、警察には二四時間体制でNBC（核・生物・化学）処理班が待機していました。

通報を受けた処理班は、サイレンも鳴らさず、出来るだけ隠密に現場に急行し、検知器でその不審物件が何であるかを突き止めます。もしそれがサリンであったとしたら処理班が行うべき第一の配慮は、その事実を秘密にすることです。そして周辺の通行をさりげなく規制して、少しずつ規制線を広げ、安全な距離に民衆を移動させるべく、にこやかに穏やかに、サリンがあるとは言わずにサリン入りのバッグを隔離します。サリンがあるから避難して下さいなどという事実を暴露すれば、パニックに陥った群衆が我先にと逃げ出し将棋倒しになったりして大きな事故を招きかねません。それを防ぐためにも「秘密」にするのです。

アメリカの映画のように、サイレンを鳴らして特殊部隊が駆けつけるような愚はしません。ラッシュアワーの東京駅の構内放送で「サリンが見つかりました。皆さん避難して下さい」などと素早く「情報公開」したら一体どうなりますか？

菅内閣は「情報公開」「透明な行政」の美名の下に、経験不足故の未熟さから放射性物質の拡散について、無用の情報公開をして、日本中に、いや世界中に「風評被害」をもたらしました。最悪の例が「ホウレンソウの出荷停止」でした。枝野官房長官の「出荷はいいですが、摂食はしないように」という中途半端な発表は、ホウレンソウを作っている農家に甚大な「風評被害」を与えました。「ホウレンソウを三六五日食べて年間摂取量が八五〇キロに達すると、放射線量は人体に健康被害を与える量になります」という政府発表にしても、ポパイじゃあるまいし、年間八五〇キロ、一日平均二・三キロもホウレンソウを食べる人がいますか？

一言でいえば、「ホウレンソウは無害」だったのです。メンツがあるから政府は時間をかけて規制を解除し、出荷してもよく、食べても安全だと後ほど訂正しました。ホウレンソウの他に「コウナゴ」もそうです。小皿でちょっと食べるおつまみでしかない「コウナゴ」から規制値を上回る放射性物質が厚生労働省の検査で検出され、これを食べると健康に影響が出るということでコウナゴ漁は中止になりました。

しかし、かつて厚生大臣時代、菅さんは大腸菌Ｏ１５７への感染が流行した時、その媒体が「カイワレ大根」だという風評で打撃をこうむった農家の烈しい抗議を受けました。その際、パフォーマンスとしてテレビカメラの前で、カイワレ大根を食べてみせた経験から「風評被害」の恐ろしさをよく知っていたはずです。

それなのに「風評被害」の防止策をとることを訴えに官邸を訪れた農協代表たちが持ってきた大きなキュウリをカメラに写るように手にとって「これ、このまま食べても大丈夫ですか？」と問いかけていました。そのあと、二つに折って昔のカイワレのように一口食べてみせましたが、市民運動家ならともかく、一国の宰相がやることでは本来ありません。雰囲気を和らげるジョークのつもりだったのかもしれませんが、翌朝の新聞の中には、その他「原発周辺は一〇年、二〇年住めない」と総理が発言したこととあわせて（実際は松本健一参与の言葉だったとする報道もありましたが）「歩く『風評被害』」と酷評するものもありました。

こうした「風評被害」の元凶は、菅総理、枝野官房長官、西山審議官です。

海外では日本は東日本全体がチェルノブイリ状態にあるという「風評被害」が拡大し、観光客は激減、在日外国人、留学生も国外退去、各国大使館や外資系企業の本社は関西に避難し、海外の日本料理店は閑古鳥が鳴き、寿司屋にはガイガー・カウンター所持の客が来るという惨状です。こうした「風評被害」の元凶たちが、情報をよく精査した上で舌足らずになることなく適切に国民に公開しておけばよかったのです。徒《いたずら》に結果が出ればすぐ速報するのが民主主義ではないのです。恐怖心、不安心を煽るだけの単細胞的な「情報公開」は百害あって一利なしだったのです。

●ジュリアーニの忠告

今まで見てきたように、総じて、東日本大震災（福島第一原発問題）に於ける政府広報は失敗でした。何故か？　記者会見などに於ける原発問題のスポークスマンは先述したように①菅総理・枝野官房長官（及び政府関係者）②西山英彦原子力安全・保安院審議官③東京電力会長・社長及び東電関係者の三者でした。それが毎日「時差会見」をし、しかも三者三様に違ったことをいいあっていました。異口同音ならぬ「異口異音」です。互いに責任転嫁めいた悪口の言い合いや舞台裏の暴露合戦のようなものでした（共同記者会見として一元化されたのは四月二五日、大震災発生から四五日目のことでしたが、この会見では総理補佐官の細野豪志氏が仕切っていましたが、激しく東電を批判したことから紛糾し四時間に及んだりしました。次の日は三時間半。居眠りする記者まで出ました）。

例えば、菅総理の原発事故後の言動を振り返ってみましょう。

①大地震発生翌日、福島第一原発を現地視察。安全、大丈夫だと認識。

②建屋が吹っ飛ぶやいなや自ら東京電力本店に乗り込み、幹部らを面罵して「東電は百パーセントつぶれます」と脅迫じみた言動を展開。官邸に戻って「東電のバカヤロウが」と叫んだとのこと。

③爾来、記者会見でも、国会でも集中審議でも、常に「東電が……」「東電が……」を連発。何でも「東電」のせいにしてしまう。原発関連の質問の答弁は海江田経産相になるべく任せる。要は事故責任、対応処理は東電と経産省に委ねて、自分は総理の椅子

に居すわろうという魂胆がミエミエ。

この点について参考にすべきは二〇〇一年の9・11テロの時に見せたジュリアーニ・ニューヨーク市長の「ワン・ボイス論」です。当時前立腺ガンの治療中ということもあって、市長は骸骨のように頬がこけ、痩せ衰えて見えましたが、ヘルメットをかぶり、先頭の消防車のステップに乗り、文字通りの陣頭指揮を取りました。この場合は、被災地とオフィスが同一地域でしたから、いいでしょう。四万二千人の市警、一万五千の消防団員がその後に続き、何千というニューヨーク市民たちが拳を振り上げて「ジュリアーニ！」「ジュリアーニ！」と歓声を上げる有り様を、私はアメリカでテレビを通じてですが石原都知事と共に見たことを覚えています。

そのジュリアーニが日本経済新聞（二〇一一年四月二七日付）で、危機管理には強いリーダーが必要で指揮系統や情報を一元化しなければいけないと説き、広報も「ワン・ボイス」でなくてはいけないと指摘していました。ところが菅内閣は先述したように「スリー・ボイセス」状況でしたから混乱が続いたのです。

似たような状況がかつてありました。昭和六三年（一九八八年）七月に発生した「なだしお」（潜水艦）と遊漁船第一富士丸との衝突事件です。あの時、官邸に入ってくる情報は、防衛庁、運輸省、海上自衛隊、海上保安庁、警察庁と多種多様にわたり、衝突は第一富士丸の右舷だ、いや左舷だと海保と管区の報告が食い違ったり、行方不明者の数もまちまちで大変な混乱・混信状態でした。竹下総理は混乱する情報に顔をしかめ「これではキリがない。佐々さん、仕切ってください」と私に下命がありました。

本来、内閣安全保障室長には、こういう事故の指揮命令権はありません。しかし、前述した通り、内閣審議官は総理大臣の「政治主導」という名の特別命令があれば何でも出来るのです。

この竹下総理の特命がジュリアーニさんの言う「ワン・ボイス」の命令なのです。直ちに小渕官房長官に報告し、「官房長官の調整権を拝借します。竹下総理の指示で『なだしお』の情報報告を私が仕切ります」と。内閣法第一二条で官房長官に授けられている「調整権」によって、私は関係省庁の官房長に次々と電話して「ワン・ボイス」の仕切りを始めました。

「総理の命令により、箝口令を布きます。以後、各省庁は口を噤むこと。『なだしお』事故に関する政府記者発表は、今後、内閣官房長官と安全保障室長のみとする。記者の取材を受けたら『官邸から箝口令が出て、発言は小渕長官と佐々安保室長のみと決まったので、私は守秘義務によりノーコメント』。責任は佐々に回して、『文句があれば安保室長に言え』といって結構です」

これ以降、「なだしお」事故に関する情報は一元化（ワン・ボイス）され、記者会見もスムースに進行しました。

危機発生時には、こういう「ワン・ボイス」が記者会見を乗り切るためにも必要な手法なのです。菅内閣も今からでも遅くありませんからこれをやっていただきたい。

●みんな起きていてはいけない

そして東日本大震災対応のために心身の負担が長期間重くのしかかっている状況も改善するべきでしょう。菅総理、枝野長官、西山審議官も限界ではないでしょうか。心身の疲労は中高年のクライシス・マネージャーの最悪の敵です。放っておくと官邸はヒステリー集団の巣になりかねません。現時点では「ヤマタノオロチ体制」がお勧めです。ヤマタノオロチ（八岐大蛇）とは、日本神話に登場する伝説上の生物です。須佐之男命が大蛇を退治しにゆくと、いつも八つの頭のうち、二〜三の頭が起きているのでなかなか退治できない。そこで八つの瓶に酒を満たして飲ませ、八つの頭が皆眠ったのを見て首を斬って退治したと言われています。

危機管理上のヤマタノオロチ体制とは、平時は八つの頭が全部眠ってはいけない。交代で二〜三の頭は起きておれ、そして逆に有事には八つの頭が全部起きていてはいけない、交代で二〜三の頭は眠れというシステムのことです。

危機管理の経験の少ないリーダーは、自分も不眠不休、寝食を忘れ、職務に専念せねばと異常にアドレナリンを出して頑張ります。そして眠ったり休んだりしている者を見ると、「上役の自分が徹夜をしているのに眠るとはけしからん。皆起こせ」と叫びます。二〜三日ならそれでももつでしょう。ところが、東日本大震災対策本部のように原発事故の対応が長引き、行方不明者の捜索が長期間続く状況では、対策本部に詰めている関係者全員が睡眠不足、休暇不足でマイナス思考に陥り、怒りっぽくなり、喧嘩口論が絶えなくなります。

優れた指導者は、自分も含めて全員が交代で眠る計画表を作成し、まず、自分が率先して何時間か眠り、みんなを交代で休ませるようにします。九九〇日間に及んだ第二次安保警備では、警備第一課長の私が警備部長以下本部勤務の全員の睡眠時間割当表を作成し、全員交代で仮眠を取るようにしました。あさま山荘事件の一〇日間も、第一日目からその表を作ったところ、思い詰めて眠らないでいる長野県警幹部が、「何しにきたんですか。眠るとは何事」と怒りました。「あと五日も経つと、私のヤマタノオロチ表の意味が分かるよ」と答えたものです。

警察庁の警備局長が「不眠不休」タイプでした。軽井沢に電話をしてきて、私が眠っていると聞くと激怒して「局長の私が眠らないでやっているのに何事か。佐々君を現地に派遣したのはそこで居眠りさせるためではない」と怒られもしました。

ところが、数日後大変重要な案件でこちらから電話をすると、「局長は『もう限界だ。あとは参事官以下頼むぞ』と帰宅されました。参事官は『課長たち、あとは頼むぞ』と言って帰宅され、課長たちは補佐たちに、補佐たちは係長の私にあとを頼むと言って帰られ、かくは私、伊藤係長が警備本部に残っております」と。

よもや官邸がそんな状況ではありませんか？　コーリン・パウエル（湾岸戦争の時の統合参謀本部議長）が回想録でこう言っています。

「これはもうどうにもならないと思ったことも、一眠りしてから起きてみると、さしたることではないことに気づく」

官邸筋によると、菅総理の部屋に官僚が報告に入り、ブリーフィングを始めると「そんな話聞いてないぞ」と怒られ、「これが初めての報告です。お聞き下さい」と報告を続けると、「そんな話、私のところへもってくるな。枝野の（岡田の、仙谷の）ところへ行け」と門前払いされるという話です。官邸の皆さん、上から下まで極限状況なのではないですか？

●二〇の委員会、一六人の参与

鳩山前内閣の時からそうでしたが、菅内閣も内閣参与やら補佐官が多すぎ、東日本大震災後の復興をめぐっても会議に次ぐ会議だらけで、内閣が危機管理の司令塔としての機能を果たしているとは言えません。

中曾根首相・後藤田官房長官時代の一九八六年（昭和六一年）七月に創設された内閣五室制（内政審議室長・的場順三、内閣外政審議室長・国広道彦、内閣情報調査室長・谷口守正、内閣広報室長・宮脇磊介、内閣安全保障室長・佐々）の下では極めて機能的能率的に官邸が運用されていました。後は渡辺秀央官房副長官（政務）、藤森昭一副長官（事務）、古川貞二郎参事官（総務）、大蔵、外務、通産、警察の総理秘書官――以上一二名で全てを取り仕切っていたのです。それが今はどうですか。

政務担当の副長官が三名（二名増）、首相補佐官五名、内閣危機管理監、情報官、広報官（以上副長官相当官）、官房副長官補三名、内閣参与一四名、総理秘書官（補佐官と別に）五名。これだけで三三名。そして委員会が二〇。さらに内閣法を改正して原子力大臣と復興大臣ら閣僚三名、副大臣・政務官六名、総理補佐官五名を増員しようとしています。

当然のことながら、会議に次ぐ会議で何も決まらぬまま先送り。議論百出で会議は長時間化し、何も決まらない小田原評定（小田原評定の定義は「会スレド議セズ。議スレド決セズ。決スレド行ワズ」）。

一方、本来なら北朝鮮による韓国のヨンピョン島砲撃事件があった時点で開かなければならなかった安全保障会議は、東日本大震災で自衛隊を十万七千も動員し、福島第一原発で炉心溶融事故まで発生しているのに、未だに開かれていないままです。

中央防災会議も四月二七日まで一年以上休眠状態が続いていました。鳴り物入りで創設された東日本大震災復興構想会議は、復興税を主張する五百旗頭真防衛大学校校長と事業税、所得税の増税を説く仙谷官房副長官とが真っ向から対立したりして停滞気味です。仙谷氏はやはり「左巻き」の旧マルキストなのか「反資本家」「反ブルジョワジー」で金持ち憎しなのでしょうか。

菅総理が、「仮設住宅を六月までに」と国会答弁すると、関係省庁委員会が「それは無理」と否定する。すると「お盆までに」と修正。「ワン・ボイス」どころか支離滅裂です。

肥大化した官邸は機能不全に陥っています。考えてもごらんなさい。

学者は議論好きで自説を曲げず、厚いレポートを書いて皆に読ませようとし、発言の指名があると人の迷惑もかまわず、制限時間をオーバーして喋ります。特に菅総理の母校東京工大から来た原子力専門家三名がそうだそうです（すでにお一人が持論と政策が合わないと辞任したのは前述した通りです）。

二十の委員会が犇《ひし》めいていて、各委員会の定員が十名としても二百名。一人十分の発言時間制限で会議を一回開いても、一つの会議で二時間やそこらはかかるでしょう。それらに一々、総理や官房長官が出席していては大変です。閣議や関係閣僚懇談会もある。海外からの訪問客もある。もはや「内閣府」というより「会議府」でしょうか。

正に「船頭多くして船山に登る」です。

まだ一〇万人の被災者が避難所にいるのです。住は無論、衣食も不十分で将来への希望をなくし不安に脅え、余震、津波、放射性物質の恐怖もまだある。原発もまだこれから先どうなるか、さらなる爆発などもあり得る状況でしょう。「国難」の真っ最中だというのに、何という無為無策の内閣でしょうか。閣僚などの増員を考えるより、二〇もある委員会の即時解散、一四人の内閣参与の即時解任を、今からでも遅くないから断行すべきです。読者の皆さん、そう思いませんか。

数を増やせば知恵が増え能力が上がると考えているとすれば、菅総理はバカです。少数精鋭の一騎当千の参謀・軍師を抱えて事に臨むのが非常時の国家危機管理の機関意思決定の方程式です。要諦です。

かつて新総理官邸建設の時に参考にするために、後藤田官房長官の命令で、私は米英独伊の大統領・首相官邸の危機管理センターを視察したことがありました。

アメリカのホワイトハウスには驚きました。オーバル・ルームと呼ばれる大統領執務室から直通のエレベーターで下りられる地下二階に「第一シチュエィション・ルーム（緊急対応室）」がありました。先般丁度ビンラディン襲撃作戦の中継映像が送られた場所です。五月四日付産経一面でオバマ大統領やクリントン国務長官などが、そこで作戦の状況を見守っている写真が公開されていました。

アメリカでは同時に三つの大コンティンジェンシー（軍事紛争）に対応できるように、こうした「シチュエィション・ルーム」が三つあります。その他、コロラドのシャイアンマウンテン空軍基地にノーラッド司令部があります。ワシントンの第二、第三シチュエィション・ルームはホワイトハウスの隣りの行政府ビル「オールド・エグゼクティヴ・オフィス」にあります。

太平洋戦争勃発時、コーデル・ハル国務長官が野村吉三郎駐米大使から遅すぎる最後通牒を受け取った「コーデル・ハル・ルーム」が、シチュエィション・ルームにもなっています。

第一シチュエィション・ルームを見学して、その狭さに驚きました。楕円型の会議机にはせいぜい十名しか座れません。後ろに副官、秘書の椅子が十個ほどで、全部でせいぜい二十名。「随分狭いですね」と言うと「大事なことは少人数で決めるものだ。ここで重大な決定を下す時は、大統領、副大統領、国防長官、統合参謀会議議長、ＣＩＡ長官ぐらいで十分。隣に約七〇名のサポート・ルームがあって支援しているのです」とのことでした。ビンラディン襲撃の時も所狭しとオバマ大統領以下要人が詰めていました。

要は、大事なことを決める時は、六〜七名で即断即決するのが危機管理の会議なのです。

私は一九八六年（昭和六一年）以降、中曾根内閣以来麻生内閣まで、十五代の総理の危機管理アドバイザーを務め、それより多い数の内閣（改造があるため）に協力してきましたが、鳩山、菅内閣ほど、危機管理に無知で不勉強で経験不足な内閣を知りません。人間の組織を運用したり、人命を預かった体験がなく、人間として未熟で、しかも初めての総選挙での大勝で舞い上がって驕り昂り傲慢になって政権を運営しているためでしょうか。これほど危機管理に向かないド素人集団の内閣を見たことがありません。「政権交代」を叫び続けてやっと政権与党となった民主党。いわゆる先述の「七人衆」以外の四〇五名の民主党国会議員はこの世紀の危機に何をやっているのでしょうか。もう一度「原点」に戻って、改めて「政権交代」を声高に叫び、統一地方選挙で示された最新の民意（内閣打倒！）を汲んで「政権交代」を試みてはいかがでしょうか。

このままだと次の国政選挙（参議院・衆議院選挙）でも敗北間違いなしです。

時あたかも二〇一一年四月二六日、チェルノブイリ事故二五周年の追悼式典がメドベージェフ大統領も出席してウクライナで開かれました。二五年前、原発事故が発生したにもかかわらず、ゴルバチョフ大統領にその事実が知らされたのは三日後だったといいます。さらに悪いことに官僚的、独裁的な共産党幹部たちは、その「死の灰」が降り注ぐ中、全国各地で予定通り五月一日のメーデーを行い、多くの市民たちは何も知らされないまま被曝したのです。

ゴルバチョフはこうした秘密体質の党による独裁政治を変えねばと「ペレストロイ

カ」を決断したといいます。チェルノブイリ級の「レベル7」の福島第一原発事故を受けて暴露された民主党の危機管理無能の実態、そして、二〇一一年六月二日、内閣不信任決議案は否決（投票総数四四五票。賛成一五二票、反対二九三票）されたものの、終わるどころか新たに始まってしまった政治混迷を見るにつけ、日本の政界にも今こそ「ペレストロイカ」が必要でしょう。

●「トモダチ作戦」の米国と「領空・自衛艦スレスレ作戦」の中露

ところで「不幸中の幸い」という言葉があります。今回の東日本大震災でも、そういう状況はありました。それを幾つか論じておきたいと思います。

先ず阪神淡路大震災の時、村山内閣はアメリカからの救援の提言（空母インディペンデンスの応援派遣やアメリカ最大のボランティア団体「アメリケア」の救援物資の急送と医師団派遣）を愚かにも拒絶しました。もし受け入れていれば、空母の救命ヘリや艦内の病床を利用でき負傷者の救出に大きく貢献したはずです。借りを作りたくない、後で何を要求されるか分からない、さらには反米的気質を持つ社会党出身の宰相や官房長官では無理もない決定だったといえます。菅内閣がどうするか私は不安でした。

全共闘左翼の生き残りが総理で、反米反安保、非武装中立、親中の旧社会党系出身の代表代行もいた。前参議院議長の法務大臣も閣内にいます。小沢一郎氏や鳩山由紀夫氏らが「米軍は第七艦隊だけでいい」「海兵隊はグアムに行け」「普天間の代替は沖縄には置かない」「東アジア共同体で日本海を友愛の海へ」と、日米同盟を廃棄したいのかと思わせるような愚かな政策で「日米対等」化を目指していました。また愚かにも米軍の援助を拒否するかと思ったら、意外に素直に協力の申し出を受けました。

それからの同盟国アメリカの対日協力は素晴らしいものでした。

流石に前原誠司、松原仁両氏など松下政経塾出身の良識派や長島昭久氏などもいたせいで援助を受け取ることになったのでしょうか。

アメリカは西太平洋から回航した空母ロナルド・レーガン（十万トン）、佐世保を母港とする海兵隊の揚陸強襲艦エセックス（四万トン）、トートゥガ（一・七万トン）に、イージス艦六隻等を三陸沖に集結させました。そして、津波に洗われた仙台空港に海兵隊が落下傘降下してあっという間に土砂瓦礫を撤去復旧し、ロナルド・レーガンのヘリが救援物資を孤立した山間の家々に配達し、学校のドロ掃除をはじめ、行方不明者の大捜索も自衛隊と共にやってくれました。遺体の回収を熱望する日本人の習性を思いやっての異例のことでした。

それよりも何よりも有り難かったのは「乱にあって他の乱に備えよ」、すなわち日本が弱体化し、自衛隊の大半が災害活動に動員されて手薄になった防衛をアメリカが肩代わりしてくれたことです。

特にペンタゴンは、二〇一〇年、四年に一度の「QDR（クアドレニアル・ディフェンス・レビュー）」で、「中国はこれからのアメリカの軍事脅威。日米安保、米韓同盟の強化で対応する」と明確な意思表示をしました。二〇一一年の国防の方針もそのラインで、オバマ大統領や国務省の親中政策とははっきり一線を画しています。さらに空母カール・ビンソン（十万トン）もパナマ運河を通って太平洋に入ってきました。

一九九六年の台湾危機の折りに空母ニミッツが大西洋から回航されてきて、インディペンデンスと共に空母二隻体制で、一九七九年以来初めて台湾海峡を武装パトロールして中国の台湾武力解放というか台湾総統選挙への中共の威嚇（ミサイル発射）に対抗したことがありました。もしカール・ビンソンが参加して一時的にせよアジア近海で空母三隻体制となれば、それは空母六隻体制だった一九七五年のベトナム戦争以来のことです。

それはともかくとして、米軍の「トモダチ作戦」。もし弱っているトモダチ、ニッポンに下手に手を出したらオレが相手になるぜと、グイと日本を引っ張り守ってくれたのです。その証拠に、心配された尖閣諸島紛争再発も北朝鮮のノドン発射もない！　軍事力の効果とはそういうものなのです。ロシアも日本領空スレスレに活発に偵察機を飛ばしてきましたが領空侵犯はありません。アメリカからは軍隊による協力だけでなく、ボランティア、義援金、援助物資なども次々と成田や横田に到着しました。

菅内閣としては、アメリカに特使を派遣して全米に向かって、ＣＮＮやシー・スパン（有線放送）などを利用しつつ謝意を伝えるべきでしょう。その上で日本製品、農産物などの風評被害を解くように務めるべきです。現在の無名の松本外相ではなく、アメリカに友人も多く知名度も高い元駐米大使の加藤良三氏や岡本行夫氏などを起用するといい。外務省の顧問だった加藤さんなどを民主党は「追放」したようですが、三顧の礼をもって再度迎えるべきでしょう。

「困った時の友は真の友」と言います。原発事故にしてもスリーマイル島の経験がある

困った時の友は真の友

先輩です。変な民族主義や学者・技術者のプライド、メンツにこだわらず、技術指導、資材の援助を素直に受けるべきでしょう。日中友好、友好と言ってきましたが、一九七九年以来、三兆七千億円もの「政府開発援助＝ＯＤＡ」を提供してきた中国、世界第二位の経済大国になったという中国が今回の地震で何をしてくれましたか？　官民合わせて百億円以上の義援金を寄せてくれた台湾の十分の一にもならない数億円の援助と若干の救援隊の派遣……。日本の自衛隊が東北に人手を取られている間、防空体制にほころびがないか、どれぐらいまいっているか、自衛艦に接近して見てみようという偵察機の派遣の方こそ彼らの真意でしょう。

六〇〇人超の国会議員・関係者を引き連れての大朝貢団・胡錦濤詣でをした小沢一郎氏、東アジア共同体構想を語り続けた鳩山由紀夫氏、中国一辺倒のあの「七人衆」たちは「トモダチ作戦」の展開に内心忸怩たる思いを抱いているに違いありません。己の不明を素直に謝ったら如何ですか。

●大きく構えて小さく収めよ

ただ、この東日本大震災に対する自衛隊派遣に関して「兵力逐次投入は禁物」という戦史の戒めに忠実でなかったことは問題でした。

というのも、太平洋戦争で、日本はガダルカナル島への兵力の逐次投入を行い、貴重な艦艇、航空機、陸上兵力を失って「撤退」（転進）を余儀なくされてしまったことがありましたが、同じ失敗を犯したのです。

危機管理は「大きく構えて小さく収める」というのがコツです。一旦危機が発生すると、何日何十日続くか全く分かりません。またどういう収まり方をするか、神ならぬ未来予知能力のない人間には分かりません。そこで「最悪に備えよ」「悲観的に準備し、楽観的に対処せよ」となるわけです。

大きく構えて臨み、早く小さく片づいたら「あぁ、よかった」といって態勢を解除すればいいのです。

ところが、菅総理は「小さくあれと望んで、事を大きくした」のです。

先ず自衛隊の投入の仕方です。八千人から始めて二万人、やがて五万人に増やし、最後は十万七千人です。

原発に対する放水車の投入もそうです。警視庁の高圧放水車一台と陸上自衛隊のヘリによる空中投下。

いずれも効果なしとわかってから東京消防庁のハイパー・レスキュー部隊に動員がかかったのは四日目。そしてチェルノブイリ事故の時に活躍した「足長オジさん」こと屈曲五十メートルコンクリート注入機を使ってのピンポイント注水。

大気中に拡散した放射性物質のフォール・アウトに対する住民の避難も「逐次拡大」でした。半径三キロから始まって十キロ。スリーマイル島事故の死の灰の降下範囲が十キロでなくて十マイル（約一六キロ）とあって、二十キロに拡大。最後は半径三十キロが緊急時避難準備区域、五〇キロを計画的避難区域にと次第に拡大しました。次々と追い立てられる住民にとってはたまったものではありません。

先述したように、もし民主党が野党で菅さんが党代表だったら、代表質問で政府のこの強制措置を「憲法違反だ」と追及したことでしょう。確かにこの措置は憲法違反の疑いがあるからです。基本的人権である「居住の自由」「通行の自由」を犯しており、速やかな補償を行わなければ「憲法29条」（財産権はこれを侵してはならない。財産権の内容は公共の福祉に適合するように法律でこれを定める。私有財産は正当な補償の下にこれを公共のために用いることができる）違反の疑いがあります。

農地、牧場、住宅、家財など強制退去をさせるなら、十分説明責任を果たし、速やかに補償を行わないと、菅内閣の行為は違憲となるでしょう。

「福島第一原発周辺は十年から二十年は住めない」との発言が、菅総理のものだったのか、話し相手の松本健一参与のものだったのかは水掛け論になりますが、各紙の紙面を一時賑わせました。公務員として守秘義務を宣誓していないお気に入りの学者や評論家たちをブレーンにして官邸に同居させるというこちらの「トモダチ作戦」はどうもいただけません。松本健一氏は右なのか左なのか不明で、あらゆる機会にあちこちの会合に顔を出す不可思議な評論家のようです。

どちらにせよ、当面住めなくなるというのは客観的事実でしょうから万全の対策を施すべきであることは言うまでもありません。

●天皇が自衛隊にお言葉をかけて下さった

三月一六日、エポック・メイキングなことが、大震災についての天皇発言の中で起きました。戦後六六年にして、初めて天皇の国民へのメッセージの中で、「自衛隊、ご苦労さま」という呼びかけが以下のようになされたからです。

「この大災害を生き抜き、被災者としての自らを励ましつつ、これからの日々を生きようとしている人々の雄々しさに深く胸を打たれています」

「自衛隊、警察、消防、海上保安庁を始めとする国や地方自治体の人々、諸外国から救援のために来日した人々、国内の様々な救援組織に属する人々が、余震の続く危険な状況の中で、日夜救援活動を進めている努力に感謝し、その労を深くねぎらいたく思います」

普通なら「警察・消防・自衛隊」となるのです。自民党政権時代から、多くの歴代総理や政府高官は長い間、変な気遣いもあって「自衛隊」を後回しにしがちでした。その微妙なニュアンスを警察・防衛庁で三〇年間過ごしてきた私はよく知っています。

それだけに天皇自ら肉声のメッセージで、日陰の子「自衛隊」への呼びかけをいただいたことは大変大きな意味があります。それは戦後のタブーを破る画期的なものだったのです。

昭和二〇年（一九四五年）八月一五日の終戦後、天皇の軍に対する「統帥権」は禁句となり、独立後も天皇や皇族は自衛隊から隔離され、「自衛隊」という言葉が戦後、天皇のお口から出ることはなかったのです。

私は昭和五〇年（一九七五年）、三重県で行われた第三〇回国民体育大会警備の警察本部長を務めましたが、自衛隊の音楽隊は行事に参加はしたものの、自衛隊員の国体出場選手の肩書は「公務員」とされ、天皇の行幸の途上の久居第三三連隊の歓送迎は同連隊を囲繞《いにょう》する塀の内側に秘匿整列して陰でお迎えするように県から示達されました。県警本部長の私はあまりに酷い取扱いだと思いましたので、当時の田川亮三知事に意見具申しました。

「警備上三〇〇メートルの塀の外側に自衛隊に並んでもらうと、警官約一個小隊の配置が不要となりますので、塀の外側でお迎えさせては如何でしょう？」と。

そしてそれが実現した時の連隊長の喜びはいじらしいほどでした。

自衛隊観閲式や展示訓練、観艦式などの諸行事には、天皇はもとより皇太子や皇族方が参加したことは戦後一度もありません。宮内庁や自衛隊嫌いの一部マスコミ、県や市など諸行事の主催者たちは、自衛隊を表に出すことによって、天皇の「統帥権」を連想したり、想起させることのないよう過剰反応をしてきたのです。

警察官は警察大学校を卒業して警部任官資格（昔でいう判任官）を取得した時、皇居に参内したり、国体で天皇に拝謁する「特権」がありますが、防衛大学校卒業生にはこの栄典はありません。生存者叙勲という制度も自衛隊関係者はごく最近まで対象となることはありませんでした。

つまり、自衛隊は旧社会党、共産党や左翼インテリが根強く主張していた「憲法違反」の「庶子」扱いをされていたため、政治的にも社会的にも「差別」を受けていたのです。

そういう空気が平成の世になってもまだ残っていたのですが、三月一六日、天皇はビデオ（テレビ）を通じて前記のようなメッセージを国民に伝えられたのです。しかも「地震速報などが出たら遠慮なく自分のスピーチを切ってよろしい」という控え目の意思表示もされた上でのことでした。

そのスピーチが始まった時、私は誠に心地よいショック、衝撃を受けました。真先に記したように、真先に自衛隊へのお言葉をいただいたからです。国民のほとんどはそれが戦後初めての天皇による自衛隊への呼びかけだったことに気づかなかったと思います。

被災者のために……

日本社会の心ない自衛隊差別に心の痛みを覚えていた私の心の奥に、お湯のように温かい何かがこみ上げ、快い喜びを覚えたものでした。旧社会党出身の仙谷氏から「自衛隊は暴力装置」と蔑まれていただけに、私は想像でしかありませんが、「あぁ、天皇陛下は仙谷発言に心を痛めておられたのかもしれない、自衛隊の献身的な汚れ仕事に国民の称賛と同情の念が集まっていたこの時期に、自衛隊の名誉回復をして下さったのだ」と心がほのぼのとするのでした。

あの江田五月法務大臣でさえも四月一三日の衆議院法務委員会で仙谷氏の「自衛隊は暴力装置」発言に関して「あまり適切ではなかった」「(自衛隊の活動に)ただただ頭が下がるばかりだ。命懸けで努力してくれている。本当に頼りになる皆さんだ」と答弁しています。仙谷氏も改めて謝意を表明してほしいものです。

天皇はその後、東京武道館に避難していた福島からの被災者をはじめとして、東北各地の被災地の方々への慰問、お見舞いに積極的に行かれています。美智子皇后も同行されてます。

失礼ながらお二人とも私ほどではないにせよ老軀病体。ゆっくりと歩を進めながらの被災地巡幸のお姿をテレビで拝見して、私は終戦直後、日本全国(一都二道二府四二県・除沖縄)津々浦々を行幸された昭和天皇のお姿を思い出しました。太平洋戦争によって三〇〇万人が戦死・戦災死し、今の東北沿岸地帯同様に瓦礫の山となり焦土と化した日本を、炭鉱の地底から僻地まで訪問され、敗戦にうちひしがれた国民を励ますために、暗殺や抗議の危険も恐れず民衆の中へ中へと行幸されるそのお姿に、日本国民は感動しました。

そんな昭和天皇に投石したり罵ったりデモをかけたりする人はありませんでした。そのDNAが、戦後最悪の東日本大震災に見舞われ、国民が余震と津波と放射性物質への不安におののいている今、今上天皇の身内に甦ったのでしょう。

避難所の冷たい床に跪かれる天皇、寄り添われる美智子皇后のお姿は、心重い国民を勇気づけました。

天皇と言葉を交わされた被災した老人の「震災のおかげで天皇陛下に会えたわ」という感想を聞いて、驚嘆もし感動しました。天皇皇后両陛下の無私無欲な高潔な人格は、家族、友人、自宅、田畑、船を失ったドン底の被災者たちに素直に受け入れられたのでしょう。

一方、東北の純朴で我慢強い被災者たちでさえ、薄笑いを浮かべてパフォーマンスのために避難所を歴訪する菅総理に対しては、こらえきれない怒りを爆発させました。「頑張れしかいわねえ」「何が頑張れというのか、いつまで？」「一日でいいからここに泊まってみろ」「もう帰るんですか」……と烈しい罵声を浴びせました。

この違いはなんでしょう。

前章でも少し述べたように、日本の国家危機に際して天皇制度、皇室制度こそが究極の危機管理機構であるという事実を、このエピソード一つで確認出来ます。

日本民族の智恵で、天皇家を普段は「権威」として世俗の雑事にかかわらせず、神道の宗主、詩歌管弦など日本文化の伝承者として奉っておき、民族存亡の危機には皇室に「権力」を与えて、誰も出来ない決断を仰ぎ、危機を克服する。そして克服すれば、また元の「権威」として温存することを繰り返してきました。

もっとも典型的なのが明治維新の王政復古であり、昭和二〇年八月一五日の終戦の聖断でしょう。

そして、今、東日本大震災で未曾有の国難に直面した時、「究極の危機管理機関」である天皇が、誰に求められるでもなく、誰に命ぜられることもなく、ごく自然に、丁度、昭和天皇が全国行脚をされたように、被災地を歴訪し、絶望のドン底に喘ぐ国民を激励し希望を与えておられるのです。

これは、世界六九億人、百数十カ国のどこにもない、日本の宝である国家危機管理機関であると、私は確信しています。

僭越不遜ながら、昭和天皇大喪の礼の警備を司った者として、私は生涯に二度の大喪の礼を見たくありません。皇太子・同妃両殿下など他の皇族たちが、この国家危機管理機関の大役を、老軀病体の天皇・皇后に代わって果たされ、両陛下を休ませ、そのさらなるご長寿を祈る国民を安心させていただければ幸いです。

第三章　奇跡を起こすための弁論術――「敵地攻撃」と「ソフィスト的詭弁術」

●危機管理交渉術としての「捨て身技」

第一章、二章でも詳述した通り、国家の基本は国民の生活の保障であり、そのためには国家の独立を維持することが肝要です。そのためには防災政策は無論のこと、外交・防衛政策がちゃんとしたものでなくてはいけません。敵をなるべく少なくし、味方を増やしていくべきでしょう。

ところで、二〇〇九年夏の総選挙では「政権交代」「政権選択」ばかりがテーマとなり、横田めぐみさんほかの拉致《らち》問題など、あれほど国民の怒りをかった事件も、喉元過ぎれば熱さ忘れるではありませんが、外交・防衛問題はさほどの関心事となりませんでした。ある宗教団体が新設した政党が比較的北朝鮮問題を大きく取り上げていましたが、当選者はゼロでした。

しかし、北朝鮮の新型テポドン発射、度重なる核実験、短距離ミサイルの乱射、国連安保理事会への恫喝《どうかつ》など、果たして金正日、生きているの？　と言いたくなるような瀬戸際外交の軍事冒険が繰り広げられたために、「敵地攻撃論」が、総選挙前、にわかに台頭してきました。

これは半世紀も前ではありますが、一九五六年二月、船田中《なか》防衛庁長官が行なった有名な国会答弁に由来するもので、その後、今世紀に入ってからも、石破茂防衛庁長官長（二〇〇三年一月）、中川昭一元財務相（二〇〇九年四月）、中谷元自民党安全保障調査会長（二〇〇九年五月）によって繰り返されている、政府統一見解です。

これは「座シテ死ヲ待ツヨリ」と一言で言われる名答弁で「他ニ手段ガナイト認メラレル限リ、敵基地ヲ叩クコトハ法理的ニハ自衛ノ範囲ニ含マレ、可能デアル」とするもので、二〇〇九年五月二八日には麻生太郎内閣総理大臣が、日本の総理として初めて「他に手段がないと認められる限りは敵の誘導弾等の基地を叩くということは自衛の範囲に含まれ、可能である」と公式に答弁しました。二〇〇九年九月に発足した鳩山由紀夫政権は、自民党政権時代のさまざまな政策や合意を次々と否定したり修正したりしているようですが、この答弁を葬りさることはなさらないほうがいいと思います。

実は危機管理の交渉術のひとつとして、リスクは高いですが、捨て身技として、この敵地攻撃があるのです。

戦争ではなく、交渉術に於ける敵地攻撃とはトップ会談にほかなりません。歴史上名高い実例は、勝海舟と西郷隆盛の江戸城無血開城です。

勝海舟の命を受けた山岡鉄太郎は、有栖川宮熾仁《たるひと》親王を総裁に、錦《にしき》の御旗を掲げて怒濤《どとう》のごとく東上する官軍に逆行して、検問を受けるたびに「朝敵徳川慶喜家来、山岡鉄太郎、西郷参議と談判のため大総督府に罷《まか》り通る」と大音声《だいおんじょう》で呼ばわって、東征大総督府下参謀の西郷隆盛に勝海舟からの親書を渡し、江戸城の無血開城についてその精神を通じておきました。

その上で江戸の薩摩屋敷で一対一の膝詰め談判があって、江戸城無血開城の偉業を成

「敵地攻撃」で一定の効果はあった？

し遂げたのです。

近年の例としてすぐに浮かぶ交渉術における「敵地攻撃」としては、小泉首相と金正日とのトップ会談が挙げられるでしょう。二度に及ぶトップ会談によって、拉致された人々やその家族の一部を連れ戻すことができました。それはよかったのですが、未だに拉致被害者の全員救済にはいたっていません。この失敗の最大の原因は、十分な根回しがないままトップクラスではなくトップそのものの首相自らが敵地に乗り込んだことです。官房副長官の安倍氏が先に訪朝しておけば違っていたでしょう。さらにこの失敗には、外務省の田中均局長の「ミスターXとの事前交渉」なるものがあやふやだったことに原因があります。秘密交渉めかした「ミスターX」とは一体誰だったのか、田中氏には説明責任があります。相手が外国人で、「敵地」での交渉、日本側外交スタッフの戦略的思考能力の欠如などがありました。

民主党の大勝によって、この拉致問題の解決は大いに遠のきました。年老いた被害者家族たちは、本当にかわいそうです。

●敵地攻撃の成功例・豊田章男社長の訪米

日本の輸出企業のトップ・スターのトヨタ自動車に、平成二二年（二〇一〇年）最大の危機が襲いました。

発端は平成二一年（二〇〇九年）夏、米国でトヨタのレクサス車が急加速して起こったとされる四人の死亡事故でした。

アクセルを踏んでいないのに急加速して事故が起きたとトヨタの製造者責任を問うコンプレイント（苦情）申し立てでした。

初動の対応は楽観的で、子会社の重役クラスで「フロアマットの敷き方が悪い」とか「運転者の感覚の問題だ」等として本社のトップにも十分報告せず、連邦当局の勧告も軽視していた結果、上下院公聴会に証人喚問されるという重大危機を招いてしまったのです。

しかし、この段階で、豊田章男社長は放胆極まる「敵地攻撃」を敢行したのです。皆が止めるのを振り切って、社長自ら訪米して、あの頑敵下院公聴会に自ら証人として出頭するばかりか、反トヨタ・キャンペーンの米マスコミ界の、これまた一番難しいCNNに生出演するという離れ業をやってのけたのでした。主張は次の三点でした。

①大リコールの原因となったトヨタのエンジン・電子制御システムに不具合はない。

②自分自身テスト・ドライバーであり、トヨタという私の姓をブランドにした車が世界中に売り出され、私は祖父を誇りにしている。

③トヨタはアメリカに工場進出し、二十万人の雇用を創出している。

そのトップとしての責任を堂々と引き受け、謝るべきは初動のミスを率直に認め、自らをテスト・ドライバーと自己紹介し、アームチェア・ジェネラルではないとした説明は説得力がありました。特に、建国二百年の若いアメリカでは「グラン・パ（祖父）」という価値観は重みがあり、アメリカ生活の経験豊かな豊田氏の「創立者は祖父」という誇り高い態度がアメリカ人の共感を呼んだのです。

トヨタ問題は、その後、被害者を名乗った人物に問題があることが分かり、初めは敵の総大将であったラフード運輸長官も、「末娘はトヨタのミニバン『シエナ』を購入した」と記者団に語り、トヨタの運転を止めようという前年の発言を事実上撤回し、電子系統に欠陥なしという最終報告を公表しました。

そして平成二三年（二〇一一年）二月八日、ラフード長官は「電子制御に不具合はなく、トヨタ車は安全に運転できる」と米運輸省としてトヨタの主張を認めることとなりました。

豊田社長の「敵中突破・正面攻撃」「最強の敵とトップ対決」という危機管理交渉、敵前記者会見の難題を成し遂げた彼の勇気は高く評価できます。

それはともかくとして、後の章でさまざまな会社の危機管理、記者会見の成功と失敗例などを具体的に検証していきたいと思います。本章では先ず、私がコンプライアンス・オフィサー（組織防衛者）として捨て身の敵地攻撃を敢行して、事態を収拾した、国会であった二つの例をご紹介したいと思います（ちなみに、後章でも詳述しますが、「コンプライアンス」を「法令遵守《じゅんしゅ》」と訳すのはいただけません。「組織防衛」と訳すべきです）。野党有力議員の防衛庁長官罷免《ひめん》要求、国会審議拒否に対する危機管理交渉術の成功事例です。要はスキャンダル発生防止・消滅のための言論術の秘伝です。

●すわ、防衛機密の流出か⁉

私が谷川和穂防衛庁長官の下で官房長を務めていた時、一九八三年三月の予算委員会で公明党の黒柳明参議院議員が爆弾質問をしようとしたことがありました。航空自衛隊の機密書類を黒柳議員が持っていて、それを元に仕掛けてくるという情報が入ったのです。「議員がそう言って息巻いています。お気を付けください」と秘密の情報源が私に教えてくれたのです。

「敵中突破・正面攻撃」は成功

爆弾質問の内容は、「航空自衛隊で対諜報活動を担当する部門があって、そこが創価学会を監視しており、そのことが入手した年防（年度ごとの防衛力整備計画）の機密書類の中に公明党という政党名をあげて記されているが、宗教弾圧ではないか、憲法違反だ」という趣旨だというのです。これが予算委員会で出ると、防衛庁長官の責任問題になることはほとんど間違いありません。

どう対応するかという緊急の幹部会議が、防衛庁長官の部屋で開かれました。重大なことだという認識は共通でしたが誰も名案が出ません。そして、大蔵省（当時。現・財務省）から出向してきていた事務次官が、「佐々官房長、これは君が処理しろ」と言うのです。

年防は官房長の私には閲覧権のない極秘の防衛機密でしたから、「防衛局長の仕事ではないですか」と返したところ、次官は「どだいこの不愉快な問題を持ち込んできたのは君だぞ」と怒りだしました。危機管理の局面では、こういう人物にしばしば会いますが、大蔵省官僚にありがちな責任回避の典型的な科白《せりふ》です。

「私はいま『敵空母発見』っていう緊急報告をしている偵察機みたいなものですよ。偵察機は魚雷も爆弾も何も持っていません。それを持っているのは戦闘機ないし爆撃機である防衛局長でしょう。空母に対してどう反撃するかという土壇場《どたんば》で、『空母発見！』と報告をした偵察機に『おまえ一人で処理しろ』というのはどういうことですか！　私は重大な危機の情報をキャッチしてきた偵察機です。知らなかったら大変なことになったんですよ。偵察機はあなたにとっては敵なんですか」

そう反論すると、谷川長官が「そのとおりだ。次官の言っていることはおかしい」と言ってくれました。しかし防衛局長もどうにもならないと匙《さじ》を投げ出して、「君は後藤田内閣官房長官の信頼があるから、君が官邸に行って知恵を借りろ」という話になったのです。

官邸で中曽根総理と後藤田官房長官に相談したところ、総理は、

「佐々君、こういう目玉のほじくり合いは君の得意技だよな。君、行って目玉をほじくってこい」

と言うのです。中曽根さん独特の言い回しですが、〃手段を選ばずつぶせ〃という意

味です。

「防衛庁でも難しいし、大蔵省から来た次官なんかに処理できない。君がやれ」

後藤田さんからもそう言われて、官房長官の特命ということになりました。何をやってもいいというお墨付きを得た私は、黒柳議員のもとへ乗り込みました。

●振り上げた拳《こぶし》をどう下ろす

「すみませんが、機密書類を手に入れられたのが本当か、ちょっと見せてもらえませんか」

黒柳議員とは、一九七三年八月の金大中事件のときから一〇年ほどの付き合いがあったので、先ずは正面から頼んでみました。

「いくらなんでも君にだって見せられない」と最初は断られましたが、見せてもらえないと真偽も不明です。頼み込むと「ちょっとだよ」と言いながら見せてくれたのですが、本物でした。

「君のところ（防衛庁）はけしからん。公明党、創価学会を敵視してるのは明らかだから、断固としてこの問題を追及する」

と、彼は気炎をあげるばかりです。いったん引き取って、後藤田さんに報告した後で、再び黒柳議員のところへ乗り込みました。

「また来やがった」とも言われましたが、素知らぬ顔で訊ねます。

「先ほどは平和の使者として、私、白旗を掲げてまいりました。ところが拒否されたから、今回は、防衛庁官房長として職権を持ってお尋ねします。私だって見ることを許されない機密文書をどうやって入手したんですか？　先ほど拝見しましたが、議員は間違いなくお持ちでしたね」

「そんなこと君に言えるか」

「そうすると、我々は警務隊で捜査しなきゃいけません。誰かがあなたに提供したんだから公務員法違反、守秘義務違反です。防衛庁の金庫の中に入っているものですから、アクセスしてコピーを取れる者はきわめて限られています」

警務隊とはいわゆる昔でいうところの憲兵です。隊内を捜査権をもって調べることができます。

「捜査して判明した場合には、証拠として任意提出を求めます。任意提出を拒否すれば、捜索差押許可状を取って、事務所と自宅にガサが入りますよ。場合によっては、公務員法違反の教唆《きょうさ》もしくは事後従犯（共犯）として、あなたも任意ですが航空自衛隊の警務隊によってお調べをさせていただくことになりますよ」

と告げると、彼は激しく反論しました。

「君、これは、国政調査権だ。政治活動の自由、政治家を何と思っているのかね」

「いや、国政調査権かなんか知りませんが、私が申し上げているのは、航空自衛隊の警務隊というのは捜査権を持っているということです。これは機密文書の漏洩《ろうえい》です。官房長の私から言わせると重大なる公務員法違反である。おそらく捜査をしていくと、創価学会員が航空自衛隊総監部から出るでしょうね。その人を逮捕しますよ」

振り上げた拳をどうするか、彼も困っていましたから、こんな提案をしました。

「年防は毎年三月で更新です。四月一日から新しい年度計画になるので古い計画は破棄します。だから三月末まで、予算委員会の関連質問を続けてください。『年防の機密書類に学会関連政党監視の記述があるのではないか、それを公表しろ』と。その度に『公表はできません』とお断りするので『けしからん』と言って怒ってください。四月になったら『三月をもって破棄したのでわかりません』と答えますから」

それまでに手元から機密書類を提示されると、職権で逮捕しなければならなくなりますよ、と釘を刺して、三月中はお芝居をしていただきました。目論見《もくろみ》通り、四月でこの問題は終息したのです。

余談ですが、かつて金大中事件の際、黒柳議員は警察に無理難題をふっかけて攻撃したことがありました。金大中事件は警視庁公安部とＫＣＩＡの共同作業で金大中を誘拐したもので、目撃者もいるから、公安部の人間を面通しさせろというのです。何者かもわからない〝目撃者〟に面通しなどさせられるわけがありません。警察庁の外事課長として政府の「説明員」だった私は頑として突っぱねました。

このときは、法務委員会に持ち込まれました。法務大臣や管掌《かんしょう》する局長が答弁に立ちますが「調査して返答せよ」の一点張りで、審議が止まってしまいました。

騒ぎになっていると法務委員会の理事が私の席に来て「面通しさせると言え」と圧力をかけてきましたがはねつけました。黒柳氏本人も私のそばに来て「『調査します』と一言言えば、そこで寸止めしてやるからそう答弁しろ」と囁《ささや》きます。私は断りました。

鋭い追及で存在感を示した黒柳議員

委員会が終わってから、私は廊下に黒柳議員を追いかけました。新聞記者も駆けつけてきました。

「その資料をくださいよ。ちゃんと捜査しますから」と言うと、「なんだその態度は。貴様、若いのに生意気だ！」と激怒しています。

「先生、昭和六年生まれでいらっしゃいますね。早稲田の拳闘部、ボクシングをやられたそうで」

「それがどうしたんだ」

「私は、昭和五年生まれです。体育系というのは先輩後輩がうるさいんじゃないですか。あんた、さっきから私を若い、若いとおっしゃるけど、私のほうが年上ですぜ」

そう言うと、まわりを取り巻いていた新聞記者がみんな笑い出して、黒柳議員も力が抜けてしまいました。結局、この件は立ち消えとなりました。こうしたことは交渉術としての「攻めの広報」の一例です。

●「帝都防衛の仲間じゃないですか」

もうひとつ、こんな事件がありました。

一九八一年、竹田五郎統合幕僚会議議長が、寄稿した雑誌の記事で大変な物議をかもしました。彼は『月刊宝石』三月号で、徴兵制は憲法違反としている政府統一見解を真っ向から批判し、当時の「防衛費GNP一％枠」と「専守防衛」ではどうにもならないと公言したのです。

二〇〇八年秋、田母神《たもがみ》俊雄航空幕僚長の主張が問題とされて幕僚長の職を解かれ、退職させられるという事件が起きましたが、よく似た事件が三〇年近く前にもあったのです。

田母神さんの場合、私はシビリアン・コントロールの大敗北だと思っています。自説の正しさを主張して、任命権者である防衛相の辞職要請を拒んだのですから。結局、空幕長の役職から解任したことで、定年延長が打ち切られて退職になりましたが、次官や官房長はもっと別な対応のしようがあったのではないでしょうか。

田母神さんもそうですが、任期の終わりが近づくと、言えなかったことを言おうという気持ちになるのでしょう。竹田さんは、政府の方針に異を唱えたのでした。

防衛論議としては当たり前のことを主張していたのですが、統幕議長が言ってはいけなかった。軍事や防衛に関する議論が今よりもずっとタブー視されていた頃ですから国会は紛糾、荒れに荒れました。野党はシビリアン・コントロール違反だと騒いで、竹田氏の懲戒免職を強く要求してきました。

当時の防衛庁長官は、大村襄治さんです。いい人なのですが、彼はこの問題が起きてホテルに隠れてしまいました。大蔵省から来ていた事務次官もどこかへ雲隠れです。衆議院予算委員会が止まってしまったので、鈴木善幸総理の官邸からは、早く審議を再開できるよう防衛庁でこの問題を片付けるように求められています。結局、当時人事教育局長だった私が、社会党の急先鋒だった大出俊議員と川崎寛治議員のところに出向いたわけです。

大出さんは、舌鋒鋭い追及でよく審議を止めてしまうことから「国会の止め男」という異名がありました。私は政府委員としてしばしば彼の攻撃質問を受けていたのですが、恐ろしくうるさい人でした。川崎さんも社会党の論客として知られた人で、この二人が厳しく罷免を求めていたのです。私が乗り込んでいくと、

「懲戒免職以外では絶対に終わらせない」と強硬です。

私は「大出先生、陸軍少尉でしたよね。確か学徒動員で高射砲隊でしたよね」と切り出しました。

「そうだ。おれは帝都防衛の高射砲隊だ」

「一生懸命B－29を落とそうとして戦っておられたと承知しておりますけれど」

「そうだよ。首都防衛でB－29を撃っていたんだ」

「いま懲戒免職にせよとおっしゃっている竹田五郎さんは、実は陸軍航空隊の大尉でございまして、三式戦の飛燕に乗っておりましたよ」

飛燕は陸軍の戦闘機で、米国の戦闘機に似た、液空冷式の戦闘機でした。

「竹田さんは、ほかのベテランパイロットとともに飛燕に搭乗して、B－29の要撃戦を東京上空でやっておられたんですよ。で、B－29を一機撃墜してるんです。撃墜したん

だけども自分も被弾して、三鷹あたりの桑畑に不時着して助かってるんですよ」

「ああ、そうか」

こいつは何を言い出すんだと言いたげな表情です。

「大出先生、一機でも落としました？」

「いや、おれ、当たらなかったんだよ」

「同じ帝都防衛を一緒にやった陸軍将校の仲間じゃないですか。以来三十余年、一生懸命に国防をやってきて、この三月末で彼は退任するんですよ。懲戒免職だと退職金も叙勲ももらえません。若い頃、大出先生と一緒になってB－29と一生懸命戦った陸軍大尉が、三〇年以上も国防のために働いてきたのに、退職金を一銭ももらえず、勲章ももちろんもらえません。ちょっとひどいと思いませんか」

「そういうこと言われるとなぁ……」

「国会の止め男」にも〝武士の情〟あり

と思案顔になってきました。

もう一押し、と私は熱弁を振るいました。

「先生や野党の皆さん方はシビリアン・コントロール違反だとおっしゃる。防衛庁長官の厳重戒告にしてちゃんと行政処分にしますよ。確かに雑誌であんな主張をするものじゃなかった、それは私も同感です。だけど彼は三月末で辞めます。退職金を取り上げて、勲章ももらえなくしてしまうほどの悪いことをしたわけじゃないでしょう。首都防衛を戦った陸軍パイロットとしてかわいそうじゃないですか。大出先生だって落とそうとして、高射砲を一生懸命撃ってたんでしょう」

川崎さんが隣でうなずいています。やがて両議員が「本人が自主退職するなら懲戒免職は許してやろう」ということで了解してくれたので、市ヶ谷会館（現ホテルグランドヒル市ヶ谷　防衛省共済組合市ヶ谷会館）で待っている竹田さんのところに行きました。

「やはり切腹（懲戒免職の意）ですか」

彼は辞表を書くつもりで半紙と墨と硯《すずり》を前にして畳敷間で正座しています。

「いや、そうじゃない。言っていいことと悪いことがあるのに、けしからん、厳しく叱りおくということになりました。ただし、進退伺いはいただきますよ」

竹田さんもほっとしたでしょうが、大村防衛庁長官と雲隠れしていた次官も、私の報告を聞くとすぐに姿を現しました。

●非論理こそ交渉の現場

このように相手の本拠地に乗り込んで、頂上会談をするのが、交渉術としての「攻めの広報」です。怒鳴り込んできた人、利害が対立した人など、問題の中心人物のところへ、こちら側の責任者が乗り込んでいって、直接話をしてしまう方法です。

先述の江戸城無血開城の際の、勝海舟と西郷隆盛の会談のようなものとも言えるでしょう。大切なのは責任者が行くことです。大企業であれば日頃から副社長、専務、常務クラスの人をコンプライアンス・オフィサーに指定しておき、社長ではなく専務・常務クラスの人が行く。コンプライアンス・オフィサーというのは、そのくらいの地位の人の役目で、アメリカでは副社長格です。

官房長や局長は十分に省庁を代表する立場ですから、議員も話をしてくれる。ですが課長代理程度のお使いが行ったのではダメですし、すぐにトップが行くのも違います。こうした場合、トップは被告ですから、自分で行くと命乞いみたいになってしまいます。社長や大臣本人が出て行ってはいけないのです。トップの脇に控えている責任者が、「代わって私がお相手をいたします」とすっと出て行くべきなのです。

その点、失敗だったのが、二〇〇九年の中川昭一財務大臣の朦朧《もうろう》記者会見のときです。傍らにいた財務省の財務官はなぜ大臣を庇わなかったのでしょう。この人は海外勤務経験もあり、このたびＩＭＦの副専務理事に就任したと聞きますが、非常事態の危機対処には何の役にも立ちませんでした。

本来、各省の官房長、内閣の官房長官、企業の専務・常務という立場はトップの危機に出て行って矢面に立つのが任務の一つです。小泉訪朝にしても、一度目の金正日との拉致交渉などの会談も小泉首相ではなく安倍官房副長官が行なえば、もっと成果があったかもしれません（その上で、二度目に小泉首相が出掛け、拉致被害者全員を取り戻すべきだったといえるかもしれません）。

ネゴシエーター（交渉人）は上司と組織のために相手の攻撃の真っ向に立って、自分の経験や知識、胆力などすべてをかけて交渉に当たらなくてはなりません。いわばトップに代わって恨みを買う役目で、失敗すると「官房長がけしからん。官房長を罷免しろ」と言われてしまうわけですから、人間爆弾になって、特攻精神で組織を守るため相手と刺し違えるつもりで、突っこんでいかなくてはうまくいきません。

そこにはやはり話術が必要です。

私が防衛庁で処理した二例は、相手がまったく想定していない角度から入って着地点へと落とした代表例です。大村防衛庁長官にとっても想定外ですし、大蔵省から来た次官など夢にも思いつかないでしょう。「君、何か脅したのか。弱みを握っていたのか」などと、おそるおそる聞いてきました。

私がトラブルを収めてくると、「後ろ暗いところを警察を使って知っていて、それをネタに脅かして収めたのだろう」と、みんなに言われますが違います。言論術なのです。

私は、黒柳議員を確かに脅しましたが、これは航空自衛隊の警務隊に捜査権がありますよと、それを官房長として使いますよと言ったのであって、過去の個人的なスキャンダルなどの問題を探して脅したわけではありません。

大出議員の場合は、後述する「感情に訴える誤謬《ごびゅう》」の実践です。彼が言っていたのは、

「シビリアン・コントロール違反で、航空自衛隊のトップとして許されない」

ということですが、私が言ったのは、

「陸軍少尉殿は大尉殿に敬礼しなさい」

ということで、論理的ではないし、まったく嚙み合っていません。

しかし、この論理にならない論理が、交渉の場では非常に多く使われるのです。

●詭弁《きべん》を知って詭弁を見破れ

日本人は一般的に討論（ディベート Debate）が下手だと言われます。以前に比べてディベートという言葉はよく耳にするようになりましたが、上達したかというと心もとないのが実状ではないでしょうか。

危機管理の現場も、前哨戦《ぜんしょうせん》として先ず「言葉の闘い」から始まります。剣士がお互いに相手の腕前を探るために、切っ先をチャリンと合わせてみるように、討論を挑んで相手の知能程度、学識経験、性格、人生観などを試してみます。そこから「説得」「交渉」「和解」など、危機の防止、回避の可能性をさぐっていくわけです。

柔道にはさまざまな禁じ手があります。例えば手足への関節技、胴絞め、蟹挟《かにばさ》み、河津掛《かわづが》けなどは禁止されています。相手を殴ったり、目玉を狙ったり、股間の急所を蹴りつけたりするのも反則です。一方で、最近大人気と聞くのが、ルールがあってないような総合格闘技です。

言葉の闘いは「柔道」のような形式論理学を前提にしています。すなわち、禁じ手が多いのです。形式論理学というと、「そんな高尚なことが、企業が不祥事などで謝罪や釈明する記者会見に関係あるのか」と反論されそうですが、大いに関係あります。弁論の現場や記者会見の場では、守る側や発表する側が、論理的に説明して納得してもらおうとするのに対して、攻撃したり、反論、追及する側は往々にしてソフィスト的詭弁術を使ってきます。つまり、合気道や格闘技では、逆技など柔道の禁じ手が許されるように、実践的討論交渉の場ではなんでもありなのです。

論理的思考ができることが知性の証《あかし》だとか、リーダーの資質であるなどと思われているようですが、そのため形式論理学的正確さにこだわりすぎる傾向があって、ひとひねりした言い方には「それは詭弁だ」「詭弁を弄《ろう》するな」などと非難が飛びます。

しかし討論や交渉の場で威力を発揮しているのは、理路整然とした三段論法でもなければ、ドイツ観念論の弁証法でもありません。支離滅裂な「理外の理」だったり、感情論だったり、利益誘導や威嚇《いかく》恫喝というのが実状でしょう。

とくに国益などの利害関係に関わる討論などではその傾向が強まります。国際会議だから、海外のインテリが集まるから、理路整然と論理的な交渉ができるだろうと思ったら大間違いです。スラブにしても、アングロ・サクソンにしても、中国人にしても、ドイツ観念論の影響を受けていないから、形式論理上のルールにあまりこだわりません。ましてアラブやアフリカ圏においてをや、なのです。北朝鮮が、あれだけ不利な状況にもかかわらず、大きな顔をしてのさばっているのも、中国の裏からの支援があるからだけではなく、あの威嚇恫喝、支離滅裂な感情論が、それなりに国際社会や日本内部に、一部とはいえある種の「共感」や「説得力」をもたれるからでもあるのです。

日本ではとくに中高年層のインテリ指導者層を中心に、知らず知らずのうちに、ギリシャ正統派形式論理学とドイツ観念論哲学の影響を濃厚に受けています。若い世代であっても、こうした企業文化の中で教育を受け、仕事をするうちに影響されている人が少なくないのです。

北朝鮮のように「詭弁で人を誤魔化せ」と勧めるわけではありませんが、詭弁術を見破って、対抗する手段を学ぶこともコンプライアンス・オフィサーには必修科目なのです。本書の巻末に上級講座として、ソフィスト的詭弁術をまとめました。危機管理のノウハウをしっかりと学びたいという方には、熟読を勧めます。

●実践的討論・交渉術を研修させよ

ソフィスト的詭弁術を駆使して交渉に臨み、論争を挑んでくるしたたかな相手に「それは詭弁だ」「道義心に欠ける」と悲憤慷慨《ひふんこうがい》しても、問題の解決にはなりません。対抗して言葉の闘いを展開するためには、負けずにしぶとい論戦ができるよう、弁論術と交渉力を身につけておくことが肝心です。

国際交渉やハイジャッカーとのかけひきといった場合には、詭弁術を含む「討論」に慣れた海千山千の悪党や、理屈もなにもない、非合理な連中を相手にしなければならないのです。しかしながら、日本の学校教育や職業教育を振り返ってみると、詭弁術の見破り方も含めて「討論術」や「交渉法」を実践的に教えているコースはありません。

確かに昨今は、「ウォーゲーム」のように国際危機など何かのテーマを与えて、「君はオバマ」「君はプーチン」などと役を振り付けて、二手に分かれて討論させるディベート教室も増えましたが、実践的な討論術、交渉術は実務を通じて先輩から師弟修業の形で教えられたり、自得しているのが実状でしょう。

討論や交渉の場で、怒らず、諦めず、粘り強く応戦できるだけの技術を身につけるために、とりわけ国家や安全保障に関わる組織においては、幹部研修の課程の中で、実践的討論・交渉術を組織的かつ系統的に訓練する科目が必要です。

国際交渉が詭弁術の渦巻くところだという恰好の例が、北方領土を巡る旧ソ連の対応です（いや、ソ連共産党崩壊後の新ロシア以降も同様ですが）。

我が国固有の領土である北方領土のうち、国後《くなしり》・択捉《えとろふ》・色丹《しこたん》にソ連地上軍の前進配備が始まったのは、一九七八年半ばごろのことでした。突然、およそ一個師団規模の地上軍が配備されたのですから、日本の世論も沸騰《ふっとう》しました。

とくに歯舞《はぼまい》・色丹の両島は、ソ連側でさえ平和条約が締結の暁《あかつき》には返還すると、一時は口約束ながら明言していたのですから、禁反言の法理（前言を撤回してはいけない、ということ。詳しくは巻末講座をご参照下さい）に違反しています。色丹への部隊配備は、法の原則をあからさまに無視しており、約束を違《たが》えるのかと日本は官民あげてソ連の姿勢を非難しました。

しかし、日本側が歴史的資料からサンフランシスコ条約の議事録まで、あらゆるデータを揃え、整然たる理論構成と正確な論理で交渉に臨んだとしても、先方からは「ソウ・ホワット？　So what?」（で、それがどうした？）と冷然とした反応が返ってくることは目に見えています。

というのも、ソ連は「日ソ間に領土問題は存在しない。北方四島はソ連の領土だから、そこに地上軍を配備するのは内政問題だ」という立場を崩さないからです。

さらに議論すれば「覇権条項を認めたことで、露骨にソ連を非難する内容になった日中平和友好条約が締結されれば、ソ連は対ソ敵視政策をとる国に対しては防衛的軍事措置をとると警告したはずだ」と強弁するでしょう。

それを「詭弁だ」「卑怯だ」と言っても、通用しないのが現実です。

その後、この地上軍は撤退しましたが、領土交渉は一向に進展しません。それどころか平和条約時に明記した二島返還の原則すら揺らぎ、日本側からは三島返還論や面積論などが出てきて、文字通りの意味で支離滅裂論ばかりです。

ロシアに滞在する息子がいて、日ソ国交回復に政治生命を賭けた祖父を持つ鳩山由紀夫さんには、首相在任中、ロシアとの領土交渉にあたっては、大いに「感情に訴える」ソフィスト的詭弁術を使っていただきたかったと思います。「友愛外交」はロシアにも中国にも北朝鮮にも通じません。

「私は日ソ国交回復に政治生命を賭けた（鳩山）一郎の孫です。何とか考慮してください」と、今後は一議員としてまったく非論理的なアプローチを試みてはいかがでしょう。

●言葉を学び、話術を磨くこと

後章で具体的に見ていきますが、記者会見などの危機管理の場面や交渉、討論など「言葉の闘い」において、言葉の扱い方は、まさしく武器の取り扱いと同じです。

演説は危機管理に当たるリーダーにとって、意思伝達の重要な方法論ですし、言葉は興奮剤にもなりますから、煽動や挑発にも役立つ。説得や妥協の手段にもなる。味方の士気高揚にも、宣伝広報にも、さらには敵の戦意をそぐ謀略にも使えるわけです。

それゆえ、各界のリーダーや危機管理に携わる人は、真剣に言葉を学び、言葉を選び、その結果や影響を考えながら使わなくてはなりません。意思伝達の手段である言葉を使う術《すべ》を、日頃から身につけておくことを心がけていただきたいと思います。

訥弁《とつべん》でもいいので、聞き手に理解させ、納得させて感動させる表現力と演出力が必須です。以下、「言葉」による闘いに勝利するための弁論術について、少し高尚に歴史上の題材に範をとりながら考察し、実践の要点を示したいと思います。

記者会見という今日的な課題であっても、原理原則は普遍的であることもおわかりいただけると思います。

〈単純で具体的な話し方〉

毛沢東は、農民を組織化して中国共産党を育て上げた革命の元勲《げんくん》です。彼は民衆に向かって語りかけるとき、誰にでもよくわかるような「単純で具体的な話し方」をしたので、みんな彼の演説には耳を傾けたと言われています。

〈率直な呼びかけ〉

KGBソ連秘密警察を駆使して〝血の粛清〟をつぎつぎに行ない、ソ連国民の恐怖の的《まと》だったスターリン。それにより赤軍は萎縮《いしゅく》し、独ソ戦の緒戦《しょせん》において赤軍将兵は、何百、何千の単位で集団投降しています。ウクライナなどでは、侵略軍のドイツを、民衆がさながら解放軍であるかのように喜んで出迎える始末でした。

そのくらいどん底だった士気を一気に盛り返したのは、一九四一年七月二日に行なわれた彼の一世一代の名演説〝大祖国戦争〟の呼びかけです。

「同志、市民諸君、兄弟姉妹よ、わが陸海軍の戦士よ！　私は諸君に、私の友だちである諸君に呼びかけている」

この日、スターリンは初めて国民の前に姿を現し、ラジオ放送を通じて全国民に呼びかけました。この戦いは祖国の自由のためであり、ナチス・ドイツの支配下に苦悶するヨーロッパすべての国民を救うことであると言って、ロシア国民の誇りと愛国心に率直に訴えました。恐怖の独裁者だったことをも忘れさせるその率直な姿勢に、ロシア人は喝采をおくり士気も高まったのです。

〈演出効果満点の劇的呼びかけ〉

ナチス・ドイツのアドルフ・ヒットラーは演説の天才でした。宣伝相のヨゼフ・ゲッベルスも名演説家でしたが、やはりヒットラーの雄弁術なしには、ナチス・ドイツは存在しなかったでしょう。

晩年の演説はヒステリックで、高音の耳障りな怒号ばかりですが、政権獲得前後の演説は見事です。静かな語りかけから次第に盛り上げていく技法や、低音から絶叫調の高音、イントネーションの変化などで、聴衆を引きつけました。照明や音響効果にも配慮し、身振り手振りは舞台演出家の助言を得ていたそうです。かつては、ヒットラーの演説を集めたLPレコードが市販されていました。一度お聞きいただけると、私の言っていることがおわかりになると思います。

〈ユーモアあふれた呼びかけ〉

英国首相として、国民を奮起させ第二次世界大戦を勝利に導いたウィンストン・チャーチルにはさまざまな名言・語録があって、ユーモアとウィットのセンスは、広く知られています。

例えば、「英国には空から落下傘で侵入してくる紳士諸君を、あたたかく歓迎するだけの戦闘機がある。それにお忘れの方もいるようだが、我々には海軍がある」「フランスは戦闘には敗れた。だが、まだ戦争に負けてはいない」「悲観主義者はすべての好機の中に困難を見つけるが、楽観主義者はすべての困難の中に好機を見いだす」などなど、枚挙にいとまがありません。

●雄弁と沈黙は相互補完の関係

「武器としての言葉」の取り扱い方の要諦として、効果的な言葉を選ぶことと同じくらい重要なのが、どう言葉を発するか、沈黙するかということです。

「沈黙は金、雄弁は銀」という格言はもちろんご存じでしょう。でもこれは口下手な人のための弁護論ではありません。ひとたび口を開けば、獅子《しし》がほえて百獣を恐れさせるように、人を圧倒する雄弁術の持ち主。該博《がいはく》な知識を持ち、実行力のある人。過去に凄まじい実践体験を秘めている人――こうした人たちの「沈黙」が持つ、恐るべき威力や価値を指して「沈黙は金」と言われます。

間違っても、保身のために口を開かないとか、発言すべきときに沈黙しているといった消極的な姿勢や、発言する中身を何も持たないからっぽの頭脳、優柔不断で決断できなくて黙っているといった態度をよしとしているのではありません。

「もの言えば唇寒し」「長いものには巻かれろ」「出る杭《くい》は打たれる」などと、卑俗な処世訓を好んで口にするような自己保身に汲々《きゅうきゅう》とする人々は、「沈黙は金」も同じような意味合いで捉えていますが、これは間違いです。

武田信玄の軍旗に記された「風林火山」を知らない人はいないでしょう。〝はやきこと風の如く、しずかなること林の如く、侵しかすめること火の如く、動かざること山の如し〟にある、「山」のような、動き出したとき恐ろしい力を秘めたものが、動かないでいることの不気味な威圧こそが「沈黙は金」なのです。

大正・昭和期の詩人、萩原朔太郎のアフォリズム（箴言《しんげん》）集のなかに、「感覚遅鈍は、往々にして大人物と見誤られる」という痛烈なものがあります。

何もしない、何もできないから〝動かざること山の如し〟というリーダーや、「喋るとボロが出るから黙っている」トップでは、沈黙していても凄みがありません。

雄弁と沈黙の関係は、潜水艦に搭載されている二種類のソナー（水中音響探知装置）、アクティブ・ソナーとパッシブ・ソナーの関係によく似ています。

アクティブ・ソナーとは、水中で音波を発信して、その音波が敵潜水艦や水底や岩礁《がんしょう》などに反射して戻ってくるまでの時間から、目標までの距離や方向を知る装置。パッシブ・ソナーは、自分は沈黙したままエンジンを止め、無音潜航をして耳を澄ませて、水上や水中のあらゆる音の中から、敵の潜水艦や水上艦のスクリュー音などを聞き分けるための装置です。

アクティブ・ソナーの方が、敵を捕捉しやすいのですが、その反面、音波を発することになるので相手にこちらの存在を暴露してしまうという欠点があります。

人間の場合「雄弁」によって積極的に意思を表明し、相手や周囲の反応から効果を測定することができます。あるいは「沈黙」によって、耳を澄ませて口を閉ざし、周囲の意見を聞くことで、他の人々の考え方を知ることができるでしょう。

どちらか一方では、うまく機能しないのはソナーと同じです。アクティブとパッシブ、雄弁と沈黙は両者が相互補完の関係で働いて、初めて成果が上がるものです。

●雄弁の目的は説得

雄弁は「多弁」「饒舌《じょうぜつ》」と同義語ではありません。

自己陶酔はもってのほかで、ただ長時間、能弁ですらすら喋ればいいというものではないのです。英国の歴史学者、トーマス・マコーレーは「雄弁の目的は、真理ではなくて説得である」と言っています。

不用意な一言、失言、暴言などは、言葉の持つ力を忘れ、誰に向かって発するのかを忘れたときに起こっています。事態を収拾するはずの記者会見で、後章で見ていくように火に油を注いでさらに炎上してしまうのも、文字通り「死」に到るトップの墓場と化してしまうのも、言葉による決断や弁論術を他人任せにしていたケースが多いように思います。

記者会見は危機管理の象徴であり、組織防衛の最前線です。失敗例の一方、少数ながら成功例も示したように、記者会見をきっかけにダメージを最小限にとどめ、再起、再興することもできるのです。

第四章　「守りの広報」と「攻めの広報」——〝PR〟の二つの意味

●「偉い人」ほど失敗する

第三章で紹介した〝国家的スキャンダル〟撲滅以外にも、警察畑の出身で、危機管理の専門家と人から見られている私には、ときどき「ある種」の〝プライベート〟な頼みごとの電話がかかってきます。

誰もが知っているような一流企業の経営者の人から「困ったことがあるのですが」と、困惑の体《てい》で言われるとピンとくるのです。そんなときは往々にして「息子の起こした交通事故の相談」です。警察沙汰にしないでくれというわけではなく、何とか新聞に出ないようにはできないだろうか、と懇願されるのです。

もちろん、誘拐事件などが発生した時に、被害者の人命保護のためにその事実をしばし報道しないでもらうような協定を記者クラブと結ぶことなどは今でもありえますが、戦前の検閲官でもない私に新聞記事を止めたりする権限などありません。戦後は「報道の自由」が原則ですから、新聞社がニュースになると判断すれば記事になります。被害者が対応に納得できない時、問題が大きくなりやすいといえるでしょう。

こうした時、私はいつも「父親であるあなたが、とりあえず現金数十万円を持って謝りにいきなさい」とアドバイスしています。他人任せはもってのほか、花束はダメ、果物籠もダメです。金額は、「当座の費用として加害者が持ってくるだろう」と先方が思っている金額の二倍が目安です。

被害者は、加害者の身元を知っているわけですから、しかるべき地位にいて多忙な父親が、多すぎず、少なすぎずの額の現金を持って、率直な謝罪に行くことがポイントなのです。先方の心証がよくなると、新聞沙汰になることは先ずありません。

卑近な例ですが、これが危機管理におけるちょっとしたコツなのです。

私が機動隊を指揮していたときにも、こんな不祥事がありました。交通事故ではなく、若い男性ならではの失敗でした。女性と交際したものの、本人は結婚するつもりはない。弄《もてあそ》ばれたとなった女性の両親が激怒したというよくあるケースです。

私は彼の上司、機動隊長にこんな指示をしました。

「本人に命じて貯金を全部引き出させなさい。金額はともかくゼロになった通帳と現金を持って、隊長も一緒に制服で謝りにいくこと」

そして、「お金ですませようという気持ちは毛頭ありません。とりあえず誠意を受け入れていただくため本人の貯金をすべておろさせて、お詫びの印に持参させました」と上司が言って、本人にありったけの現金と〝残高ゼロ〟の預金通帳を差し出させるのです。現金は十万円でも三十万円でもいい。物をいうのは、〝残高ゼロ〟の通帳なのです。

地位のある人が謝罪に行って、できるだけのことをしているのだと通じれば、それ以上に話がこじれることはありません。

ひとたび問題が起きたとき、最初の動きが非常に重要です。

こんなことは頭ではよくわかっているはずですが、いわゆる「偉い人」ほど失敗しているのが現実です。自分の優越性に胡座《あぐら》をかいて、他人の感情や空気が読めなくなっているからではないでしょうか。

●相手の立場で考えられるか

最近、よく聞くようになった言葉に「目線」があります。「消費者の目線」「女性の目線」など穏当な表現でも使われますが、「あの上司（おやじ）、指示が『上から目線』で超ムカつく」などという場合もよくあります。

これは「目線」を「立場」と言い換えるとよくわかりますが、弱い立場にいる人は、とりわけ自分の置かれた立場に敏感ですから、少しでも「上から目線」を感じると、激しく反発するのです。偉そうな言動だと思われては、気持ちよく働いてもらったりはできません。

こうした不満が出てくるのは多くの場合、「相手の立場になって考える」ことを忘れているからでしょう。「空気が読めない（ＫＹ）」「上から目線」などの言い方は、すべて同じ背景を持っているのです。

危機管理が必要な場面で、かえって失言や暴言が飛び出してしまうのも、同じ理由です。すなわち、自分たちの都合だけで物事を決め、それを述べ立てようとするからです。

相手の立場で考えることができると、言葉で失敗しないだけでなく「言葉をうまく使って説得する」ことが可能になります。これはビジネス・コミュニケーションにとって必須のことですが、意外なほどできていないのです。

合理的な理由があれば、あるいは相手よりこちらが正しければ「説得」できるというわけではありません。

感情的になっている相手に対しての謝罪は、その最たるものです。形ばかり頭を下げて、理路整然とした説明をしたのでは、とうてい謝罪を受け入れてはもらえません。お詫びの大前提は「相手の痛みがわかっていること」なのです。

こんなことは少し人生経験を積めば誰でもわかっていることでしょうが、自分のことを頭がいいと自認し、しかも他人を妬《ねた》む心の強いタイプの人間には、このことがわかりません。東大出身者以外を「傍流」「傍系」といって差別するような組織や、世間で一流と目される大学を出て、一流企業や官公庁に勤めるリーダーたちにこの種の失敗が多いのは必然の結果なのです。

あとで詳しく述べますが、「言っていいこと、悪いこと」が如実に現れる場が記者会見です。それはなぜか。新聞記者やテレビカメラの向こうに国民がいることを、その場に立つと、つい忘れてしまうからです。ニュースを受け取る側の立場を慮《おもんぱか》ったり、気持ちを考えたりするどころではなくなってしまうのです。

●PRの二つの意味

電通の発表した資料によると、二〇〇八年の日本の総広告費は六兆六九二六億円もの巨額に上ります。それでも景気減退によって前年に比べると四・七％減少しているそうですが、一年間に七兆円ほどのお金が、テレビのコマーシャルや、新聞・雑誌の広告などに使われていたのです。

ちなみに日本で一番広告費を使っているトヨタ自動車は約一〇〇〇億円にも達します。これだけ莫大な額を使うのですから、広告宣伝担当のトップは経営に責任を持つ立場の役員です。これはトヨタに限りません。製造業でも小売業でも、広告宣伝の部門は予算も使うけれども、その結果次第で売上も大きく左右されるので存在感も大きい。最優秀の人材が集められて、どうやって自社の商品の良さを売り込むかということに心血を注いでいるわけです。予算を使って発注する側ですから、広告代理店を使い、テレビや新聞に対してはスポンサーの立場です。

すなわち広告（アドバタイズメント）であり、ポジティブな「攻めの広報」と言えるでしょう。広報とは「施策や業務内容などを広く一般の人に知らせること」で、英語ではパブリック・リレーションズ（public relations）、略してパブ、すなわちPRです。

このPRには、同じ頭文字ですがプレス・リリース（press release）を指す場合があります。こちらのプレス・リリース、すなわち記者会見は、「発表する者」と「追及する者」の真剣勝負の場です。おざなりの対応をしたのでは施策もうまく伝わらないし、収まるものも収まりません。軽量級の広報担当者ではなくて、責任ある立場の人間がしっかりと対応することが肝心であることは、あらためて指摘するまでもないでしょう。

何か事件が起きたときはネガティブな「守りの広報」になります。これもパブリック・リレーションズですが、イニシャルにすれば同じPRでも、プレス・リリース（記者会見）が最も重要です。

広告宣伝とは打って変わって、テレビや新聞の記者からはめちゃくちゃに叩かれる。そんな場面に課長に毛の生えたような役職の人間が出てきて、なんとか丸く収めようとしても、小手先の弥縫《びほう》策から大騒ぎになって、かえってトップまで引っ張り出されることが非常に多いのです。これは企業でも政府・官公庁でも変わりません。

●「広報の専門家」はなぜ失敗したか

二〇〇六年九月、安倍内閣で広報担当の内閣総理大臣補佐官となったのが、参議院議員の世耕弘成さんでした。

実は、日本で広報担当の首相補佐官が任命されたのは、安倍内閣における世耕さんが初めてのことでした。

そもそも首相補佐官が制度化されたのは一九九六年、橋本内閣のときです。総理直属の部下として登用し、「官邸主導の政治」を推進するのが大きな役目です。当初は定員三名、後に五名になりましたが任命されないことも多くて、定員いっぱいの五名が任命されたのは安倍内閣が初めてでした。

議員になる前にNTTの社員だった世耕さんは、勤務していたNTTから派遣されてボストン大学の大学院に留学して、企業広報論の修士号を取得しています。帰国後は広報部の課長を務めていたことから、自民党内では「広報の専門家」と目されていたのです。

首相補佐官となる一年前、小泉純一郎総理が郵政民営化を争点に圧勝した二〇〇五年九月の総選挙で、自民党のメディア戦略を担当したということで注目され、本人も広告会社と連携しながらマスメディアへの対応を事細かに指揮していたことを明かして、PRの大達人だと評判は高まりました。

でも私は、危ういものを感じていたのです。なるほどアドバタイズメント（宣伝）は上手かもしれない。安倍総理が保育園に行って、子供を抱き上げてどんな写真を撮らせるかといった、宣伝の仕事は一生懸命にやっていました。

私の危惧は、「彼はもうひとつの意味でのPR、すなわち記者会見（プレス・リリース）をしたことがあるのだろうか」ということでした。記者会見の修羅場《しゅらば》をくぐり抜けたようには見えません。彼の名声を高めた総選挙のメディア戦略にしても、もともと人気の高かった小泉さんをさらに上手に宣伝しただけです。

「良く書いてくださいよ」と、いいところを宣伝する記者会見、すなわち「攻めの記者会見」はNTTの時代から経験しているかもしれないが、すべての記者を敵に回すような、逆境での記者会見をさばいた経験はおそらくないだろう。そんな不安を抱いたのです。

不祥事や失言など、問題の起きたときの「守りの記者会見」こそ、広報担当官の真価が問われます。懸念《けねん》が現実となったのは三カ月後でした。

本間正明政府税調会長のスキャンダル（東京への公務出張時に利用していた官舎に愛人を住まわせていた）を皮切りに、安倍内閣の要人によるオウンゴールが相次いだのです。火の手が上がったときは初期の対応ひとつで、たちまち鎮火することもあれば、収拾のつかないほど燃え広がったりもするわけですから、ここは非常に重要な局面です。
柳沢伯夫厚生労働大臣の「女性は子供を産む機械」発言や、事務所の不透明な経理問題に発した松岡利勝農林水産大臣の「ナントカ還元水」など、お粗末な失敗が相次ぎました。

つぎつぎと起きる閣僚によるオウンゴール騒ぎに、残念ながら世耕さんは対応できませんでした。表には出ないところで努力をされていたのかもしれませんが、私の知る限り、首相補佐官が組織防衛のために獅子《しし》奮迅《ふんじん》の働きをしたようには見えませんでした。
「守りの記者会見」になると、世耕さんの姿が目立たなくなってしまう。官邸との確執などもあったと聞きますが、広報担当の首相補佐官としての仕事を果たしたとは、残念ながら言えないでしょう。

●組織防衛の主役、コンプライアンス・オフィサー

アメリカでは、コンプライアンス・オフィサーという危機管理の担当官や担当役員がいて、ナンバー3ぐらいの重役が担う仕組みになっています。

このように、コンプライアンス・オフィサーとは、不平不満処理の端役ではありません。組織防衛においては、実は主役なのです。

さまざまなメディアによって一気怒《ど》濤《とう》のごとく不祥事が伝えられる今日、一夜にして組織や会社のイメージが地に落ちる悪夢も現実に起こり得ます。記者会見の成否が、その存続や命運に関わるような事態が増えているだけに、非常に重要な役割です。この認

識をもって、主役にふさわしい人事配置をしなくてはいけません。

広報担当をコマーシャルや広告の一部のように考えると、宣伝部門の担当はおいしい仕事と思われています。取引先やマスコミ関係者の「接待」を名目に、銀座、赤坂で遊べるとか、ハイヤー、タクシーもチケット切り放題といったイメージを持たれているでしょう。

ところが、「不祥事」「スキャンダル」が起こり、社会部、写真部の猛者《もさ》たちが雪崩こんでくると、その「天国」は一転して「地獄」となります。そして、「上」の人たちは不祥事発生に際しての「記者会見」となると誰もやりたくないものだから、下に下にと押しつける形になりやすいのです。とりわけ「守りの広報」を端役にさせるのは論外です。

不祥事などが起きると、すぐに現実の問題になる記者会見は、大きな意味での苦情処理です。一流企業で「宣伝部長」というと重役ですが、「苦情処理班」は端役です。記者会見を広報室が担当して責任者が「室長」というのでは、非常時における「守りの広報」に対応できません。ましてそこから「攻めの広報」に転ずることなど不可能です。

ですから本来は記者会見専用の役員がいる必要があります。マスコミからすると「またこの人が出てきた」と思われるような、場数を踏んだ役員をつくるべきでしょう。これがコンプライアンス・オフィサー、スポークスマンで、アメリカの場合、多くは副社長候補です。

広報室長と支店長、あるいは工場長といったあたりでやり過ごそうとすると「お前なさせて、上役が隠れたり逃げ回るのは論外です。後述しますが、記者会見にやってくる「社会部」の新聞記者は不作法で態度も悪い。その連中が挑発してきますから、訓練を受けた人でないと務まりません。

そこに「私が専務でございます」「パブリック・リレーションズ担当の役員でございます」と主役が出てくると記者会見の雰囲気そのものが変わってきます。かといって、社長が何度も出ていくことも避けなくてはいけませんから、役員クラスのストッパーが必要なのです。

問題が起きてホワイトハウスが大騒ぎになるような場面では、危機管理担当の閣僚がまず受ける。日本の安倍内閣は、広報の重要性を理解し、形だけは少し近付きつつあったのですが、世耕さんでは力が足りなかった。副長官も自治省出身の役人でしたから、おそらくいままでの人生で他人から攻撃されたことなどないでしょう。人選のミスだったことも否めませんが、本来は首相補佐官ではなく広報や報道担当の大臣がいてしかるべきでした。

閣僚級でなくてはならない記者会見に、せいぜい課長級の役人が中心になって対応しているのが日本、とくに役所です。ここに根本的な認識不足があります。アドバタイズメントとして、自分にとって宣伝して欲しいことだけを言っていればいいと考えている証左でしょうか。

その点、鳩山内閣では、またまた「国家戦略局」構想で補佐官の数を増やしてしまいました。菅内閣も東日本大震災で二〇もの政府組織を設置してしまいました。大事なのは数を増やすことでなく、質を高め「権限を与える」ことなのです。

結局、ホワイトハウスの「予算局」に似た機構はできるでしょうが、そのスポークスマン閣僚である「プレス・セクレタリー」もNSC（ナショナル・セキュリティー・カウンシル　国家安全保障会議）も、どうやらできないようです。

●ケネディ大統領暗殺事件の報道官との出会い

私が「政府には責任ある立場の広報官が必要だ」と痛感したのは、半世紀近く前の警察庁警備局に在職していた一九六四年一月、上司の後藤田正晴警備局長の命令で、ケネディ大統領暗殺事件の調査のために渡米したときでした。

ホワイトハウスでピエール・サリンジャー氏という大統領報道官に会ったのですが、日本でいう広報室長のような立場なのだろうと思っていたら、なんと「閣僚」だったのです。一人でホワイトハウスの広報を、全責任を持って司《つかさど》っていました。もとの職は新聞記者でした。

大きな立派な執務室を訪ねると、挨拶もそこそこに誰の指示も受けず、誰にも相談しないで「シークレットサービスのホワイトハウス警護隊長の誰それを呼べ」と部下に命じてくれ、隊長がやってくると「この人がケネディの暗殺事件の真相を知りたいと言っている。日本から来た私の友達だ」と、便宜《べんぎ》を図ってくれるのです。

そして、サリンジャー氏の命を受けた隊長は、狙撃されたとき、間髪を容れずにオープンカーの後から飛び乗り、這い出ようとしていたジャクリーヌ夫人を押さえつけて、身を挺してかばったヤング・ブラッドという大統領直近の護衛官を連れてきて「お前、状況説明をしろ」と命じるのです。

すると大きな身体でがっしりした手足の護衛官が、閣僚に呼び出された緊張の面持ちで一部始終を語ってくれる。前年一一月二二日（現地時間）の暗殺から、わずか二カ月後のことであり、記憶も生々しい時期です。

驚くなかれ死体検案書まで見せてくれました。

「渡すことはできないが、見て行きなさい。銃弾がこちらから入って、顔がこう吹き飛ばされたのだ」

こんな調子で、日本から訪れた安全保障担当者に、さまざまな情報を明かしてくれたサリンジャー氏の肩書きはプレス・セクレタリー。ジョンソン大統領に任命された閣僚ですから、非常に大きな権限を持っていました。事件の一部始終を明かしてくれたことに感謝するとともに、このプレス・セクレタリーの権限に、私は本当にびっくりしたのです。

もし彼がホワイトハウスの広報室長のような立場であれば、情報を教えるかどうかの判断はいちいち上司の判断を仰がなければならず、想定外の質問には答えられません。木で鼻をくくったような対応になりがちですし、その分、質問者は手練手管《てれんてくだ》で探ろうとしますが、結果として誤った情報が伝わってしまうことも少なくありません。

ＰＲの二つの意味、パブリック・リレーションズとプレス・リリースの峻別《しゅんべつ》と、両者の重要性について考え始めるきっかけになった貴重な体験でした。

●わが古巣への心配

と書いてくると、アメリカでは遠来の警察官に広報担当の閣僚が簡単に会ってくれたように思われるかもしれませんが、ピエール・サリンジャー氏にたどり着いたのは、実は非常に幸運なことでした。

渡米することになったのは、先述のように暗殺事件の二カ月後という悪夢もさめやらぬ時期であり、調査も進行中という頃です。

当時、アメリカにはウォーレン委員会という事件を検証する調査委員会があって、公務員にはクラムアップ・オーダーが敷かれていました。クラム、つまり蛤《はまぐり》のように口を固くつぐめという命令、箝口令《かんこうれい》が出されており、FBIも国務省もワシントン市警に行っても何も聞けないとわかったのです。

とはいえ「箝口令が敷かれていて何もわかりませんでした」という報告なんかできません。裏口、というか伝手《つて》を探すことにしました。

四〇代以上の読者なら、大相撲の千秋楽に羽織袴で「ヒョウ、ショウ、ジョウ」と読み上げて優勝力士に表彰状を渡していた外国人を覚えていることでしょう。彼、今は無きパンナム航空の元極東地区広報担当支配人、デビッド・ジョーンズさんと私は親しかったので、渡米前に打ち明けました。

「これからケネディ暗殺の調査に、ワシントンに行きます」

「不可能だよ、君。公務員は何もしゃべらないよ」

「誰か知り合いがホワイトハウスにいませんか？」

私が頼み込むと、その場でたたたっとタイプライターを打ってくれたのがピエール・サリンジャー氏宛の紹介状だったのです。彼はケネディ大統領の報道官だったのですが、その前は新聞記者でした。そのときからの知り合いだったようです。

話は元に戻りますが、日本の組織もこういう体制にしなくてはいけないと痛感したのが、この体験をした一九六四年のことです。以来、半世紀近くが経っても遅々として整備が進んでいないことに忸怩《じくじ》たる思いがします。

例えば警察庁を見ると警察庁広報課長という職はありません。官房総務課の広報室長になります。広報部はないので広報部長も存在しません。というのも、警察は宣伝することは何もないと考えているからです。アドバタイズメント（広告宣伝）という感覚からいくと、室長で十分という認識なのです。我が古巣ながら、ちょっと心配です。

●コンプライアンス・オフィサーの条件

第三章の冒頭でも少し触れましたが、最近よく耳にするようになったコンプライアンスは「法令遵守《じゅんしゅ》」と訳されています。日本語としてまだ確定していないようですが、どうもこの訳は間違えているように思います。その実質から、私は「組織防衛」と意訳しています。が、これはどういうことかもう少し説明しましょう。

組織には不平、不満、苦情、謝罪要求、辞任要求、損害賠償要求などなど、ありとあらゆるものがやってきます。これにどう対応するか（もちろん相手の言い分を唯々諾々《いいだくだく》と呑むことではありません）がコンプライアンスなのです。

起こした問題が違法であれば刑事事件で刑事罰が待っています。民法上の不法行為だとなると損害賠償が待っています。コンプライアンスはまさに両者の中間にあるのです。コンプライアンスという単語は、コンプライという動詞が名詞化したものです。辞書でコンプライを引くと第一義が「応諾する」、第二義が「相手の言うとおりにする」と出ていました。つまり、相手の言ったことにイエスと肯《うなず》くことなのです。その際、どこに落としどころを置くかというのが、コンプライアンス・オフィサーの腕前です。

辞書では、第三義が「法令遵守」となっています。それは国が法律を作り自治体が条例を作ると、国民は応諾せざるを得ません。それさえ守っていれば、最低限の組織防衛になるということで、「法令遵守」という訳にもなるわけです。脱税しないとか、電波法違反にならないとか、そういったセーフティネットが法令遵守ということで、コンプライアンスのいちばん消極的な意味なのです。

コンプライアンスでもっとも大事なのは、問題に柔軟に対応して、どう落としどころを見つけ話をつけるか。記者会見とは、まさにその最前線です。

ですから、パブリック・リレーションズ担当官、広報担当者とは言うなれば大変優れたコンプライアンス・オフィサーでなくてはなりません。アメリカではスポークスマンと呼びますが、こういう任につくには性格が明るくて開放的であることが必須条件です。かつ報道というものが、国民に真実を知らせる重要な機能であることを理解していて、記者会見が非常に大切だという認識を持っている必要がある。それには向く人と向かない人がいて、適性が大事です。

二〇〇八年秋、公正取引委員会が東証一部上場企業に対して行った調査によると、九割がコンプライアンス担当の役員をおいていました。この中でどのくらいの企業が、本来の意味のコンプライアンス・オフィサーをおいているか気になるところです。

内閣で政府報道官の役割を担当しているのは官房長官ですが、必ずしも適性のある人が就いているとは限りません。正しいユーモア感覚の持ち主でないと厳しい攻撃的な記者会見は乗り切れません。

隠したがり屋や杓子定規な官僚タイプの人はダメです。自分のコントロールができない人も向きません。オープン・マインデッドで、何でも聞かれたことはしゃべってるように見えながらも、ちゃんと関係者でお互いに打ち合わせして、言ってはいけないことを確認してから発表の場に臨む。世の中には「言っていいことと悪いこと」があるのです。言ってはいけないこと以外は明るく即答をして、言いたい放題に言い、肝心なことは言わない。そんな人材が求められるのです。

鳩山内閣では平野博文氏が官房長官に就任しましたが、内閣記者会見を旧来のように記者クラブ加盟社だけでなく、週刊誌記者やフリーの記者にも公開するという「公約」が、必ずしも実現していません。

また、三〇八議席を獲得して意気天を衝く民主党は、二〇〇九年九月一六日組閣直後の閣僚懇談会で「官僚による記者会見禁止」の方針を申し合わせ、平野官房長官が公表し、大騒ぎとなりました。

国民の知る権利をどうしてくれると、各紙各局はいきりたち、警察庁、気象庁、海上保安庁、消費者庁では、すでにセットしていた長官記者会見を中止し、公正取引委員会も事務総長記者会見を中止するなど、マスコミにとって重要なニュース・ソースを〝脱・官僚〟の旗印の下に断ち切ってしまったのでした。

気象庁では、「では明日の天気予報は誰が発表するのか、大臣か、政務官か」と記者クラブが怒り、抗議文提出という事態に発展しました。読売新聞は社説の頭で強く抗議し、新聞労連も抗議声明を発表しました。

これは、明らかに行きすぎでした。

各閣僚からも「次官会見以外は、従来通りの官僚記者会見は続けたい」旨の発言が相次ぎ、一八日には鳩山総理が各省庁次官に「必要に応じて記者会見、情報提供を認める」とか「次官も国民の生命や財産を守るための意思表示は行って結構」と表明し、二一日には「大臣の許可を得たなら、次官も記者会見をしてよろしい」と、大幅な軌道修正をしました。

この愚挙は、長年野党暮らしだった民主党が〝脱・官僚〟と言いながら、いかに官僚のことがわかっていないかの証左となりました。

官僚の本質は、明治政府以来一貫して「拠《よ》ラシムベシ、知ラシムベカラズ」、国民に本当のことをなるべく知らせず、情報公開を渋るという隠蔽《いんぺい》体質です。それを「記者会見禁止」にすれば、官僚は得たりやおうと大喜びで口を閉ざします。それこそ毎朝毎晩の天気予報も政治主導で大臣や副大臣、政務官がやるのか、殺人事件捜査の記者会見を国家公安委員長がやるのですか、という混乱を生み出したことでしょう。

数日で軌道修正されたからいいようなものの、「記者会見」という制度が、如何に重要な社会的機能を果たしているかということを知らない民主党の勇み足でした。

●「悪い本当の報告をした者を誉めてやる」

事件、事故など不祥事を受けての記者会見は「守りの広報」の最前線です。問題があるから開いた記者会見ですから、成功すると事態は終息に向かいます。器量あるトップや、コンプライアンス・オフィサーの一言は、土壇場《どたんば》の危機を救います。最善の結果では、企業イメージを高めて宣伝になる場合もあります。すなわち「攻めの広報」への反転攻勢も可能です。

ところが実際には記者会見に失敗して、さらに大問題になる場合が非常に多いのです。

その原因は、不適切な言葉など記者会見の席でのミスとともに、守るべきときに攻めてしまったりする「局面の読み違い」にあります。「潮のよみ」とでも申しましょうか。「KY（空気が読めない）」な人ではダメです。

さまざまなノウハウは後で詳しく述べるとして、攻めるのか守るのかという判断基準をはっきりさせることから解説しましょう。

事件事故の発生当初における初動処置として、まず行なうことは内部調査です。もちろん、人命や健康に関わるような被害が出そうな場合、あるいは出ている場合は、その対処が第一ですが。ともあれ、できるだけ早い段階で事実関係を調べます。

内部調査機能の高い組織は、瞬時にして何があったかということが意志決定をするトップの会議に上がってきます。後藤田さんの言う「悪い本当の報告をした者を誉めてやる」組織では、本当の話が出てきます。

そこから今回の事件は、以下のどのグループに当てはまるのか、グループ分けをするのです。

第一グループ「こちらが悪い」。

第二グループ「五分五分でこちらも悪いが向こうも悪い」。

第三グループ「向こうが悪い」。

どこに分類するのかを、内部調査の正確な情報に基づいて、一〜二時間でトップが判断しなくてはいけません。

そして「こちらが悪い」となった場合は、できるだけ早く謝るに限ります。

ことに、まだ発覚していないけれども、いずれは露見して大問題になりそうな事件の場合は、この処置が非常に有効です。素早い陳謝が「守りの記者会見」「守りの広報」として成功した典型的な例があります。

●福田内閣を救った記者会見

二〇〇八年一月、福田内閣の内閣情報調査室の男性事務官が、警視庁から任意出頭を求められたという情報が、町村信孝官房長官のもとに飛び込んできました。容疑は国家公務員法違反の機密漏洩《ろうえい》。旧ソ連のKGBを継承するロシアの組織の手先を、約一〇年間続けていたというのです。折しもその日は、前年九月に成立した福田内閣になって初めて予算委員会が開かれるという日の前日でした。

そのころ野党・民主党は「選挙を経ておらず、国民の信任を得ていない。たらい回しの政権は許さない、国会が始まったら直ちに福田内閣打倒の戦いを始める」と宣言していました。そんなとき、内閣の職員による不祥事は責任問題に直結します。

町村さんは官房長官になったばかりですが、福田総理が官房長官時代の「身内」にロシアと通じている人間がいたわけですから、騒ぎが大きくなると福田さんの責任まで追及されかねません。

このときの町村さんの手綱さばきは見事でした。

ただちに、官房長官を座長とする内閣対策委員会が招集されました。同時に警察庁に連絡して本人は供述しているのか、証拠はあるのかといったことが調べられました。起訴できない不確定の状態で懲戒免職にした場合、人事院の公平委員会にいわれなき不利益処分を受けたとして提訴されると行政訴訟が始まってしまいます。こうなると大変ですから、まず事実確認をしたのです。

本人が自供していることが確認されると、懲戒免職が決まりました。また、その日付けで、後任の人事が発令されています。後任が発令されると、送検された人間の肩書きは、マスコミの扱いでは「前」ではなく「元」事務官になるので、印象が大きく変わるのです。一番まずいのが「現」であることは言うまでもありません。

さらに対策委員会は、自分自身を含めて関係者の監督責任を問いました。町村官房長官は、自ら給与一カ月分の一〇%を国庫に返納。これに準じて副長官は減給。直属の上司も厳重訓戒、一カ月分の一〇%を自主返納などと責任の序列に従って、関係者を処分しました。町村さんは処分を自分で書いて自分で受け取ったのです。

それを一晩のうちに終わらせて、翌日午後の記者会見で町村さんが発表しました。もちろん新聞も、まだ、この不祥事を知りません。

「こういう事件が起こりました。当人は懲戒免職にしました。私自身の給与も自主返納することを決めました。その他上司、元上司などは、こういう処分をいたします。ご質問は」と機先を制して発表したのです。

今、この事件を記憶している人はほとんどいないでしょう。各紙にほんのわずか載っただけで、予算委員会で大きく問題にされることもありませんでした。

もし新聞の一面になっていれば、福田総理の責任追及になることは必至です。倒閣運動に絶好の材料を与えていたところですが、町村さんは鮮やかな采配と「守りの記者会見」の大成功で福田内閣を救ったのです。これほど生々しい組織防衛の成功例は希有《けう》だと思います。

●若いながらも冷静沈着

一見して地味な印象のある町村さんですが、その肝の据わり方を、私は彼の学生時代に目の当《ま》たりにしていました。町村さんの学生時代は東大紛争のまっただなかです。

一九六九年の年初には、安田講堂をはじめ、全共闘によって大学は封鎖されていました。

とはいえ、すべての学生が封鎖に賛成して、紛争の継続を叫んでいたわけではありません。民青系、ノンセクトの学生はストライキを止めようとして大学側と覚え書きを交わそうとしていました。大学側も学生が大学自治の主体であることを認めるなどの民主化が進展しており、大学紛争を収束しようという流れにありました。

しかし、これがきっかけで全共闘と民青との間で猛烈な内ゲバになったのです。

一九六九年一月九日、東京・本郷の東大構内に、黄色いヘルメットで樫の棒を持った民青が約八〇〇〇人いました。これを赤・白・緑・青、セクトごとに色とりどりのヘルメットを被り、武器として鉄パイプ、角材、竹竿で武装して集まった全共闘約一万二〇〇〇人が襲ったのです。

けが人が多数出て危険な状態になりました。警視庁警備第一課長だった私はいつでも出動できるよう、東大の南端に隣接する本富士署の前線指揮所にいて、加藤一郎学長代行とホットラインをつないで、大学内の状況を逐一聞いていました。

加藤　「経済（学部）は非常に危険な状態で、もう一本電話が入れば要請をお願いするように準備をお願いしたい」

佐々　「中でございますか」

加藤　「中です。経済の中で逃げられずにノンセクトが挟み撃ちにされている情勢です」

佐々　「何名ぐらいでしょうか」

加藤　「中に五〇〇以上おります。工学部、経済のノンセクトが多いです」

三派系反日共全学連(全共闘)の日大と中央の学生が約三〇〇〇人で攻めていました。教育学部の一、三階にも日共系民青やノンポリがいて救出を求めているという状況でした。

加藤代行の声は氷のように冷静で、たんたんと状況を伝えてきます。しばらくして、加藤代行から連絡が入りました。

加藤　「経済のほうがやっぱり危険な情勢ですから、私から出動を要請いたします」

佐々　「『出動要請を加藤代行から』(まわりの警備幹部に聞こえるようリピートする)。八時一六分でよろしゅうございますね?」

加藤　「はい」

佐々　「八時一六分、加藤代行から出動要請」(リピート)

出動要請を受けて大学構内に機動隊が入っていくと、全学連は赤門、弥生門、そこかしこから塀を越えて逃げていきました。教育学部の片隅で傷だらけになった学園正常化グループがいました。その中に町村さんがいたのです。彼は、ストライキを止めようと呼びかける、勇気ある一〇〇人ほどのグループのリーダーでした。

町村さんはまったく興奮することなく、けろりとしていて、若いながらも偉い男だと感心したことを覚えています。もちろん三十数年後、福田内閣の危機を鮮やかに救うとは、まったく想像もつきませんでしたが、冷静で肝が据わっていた彼ゆえの、鮮やかな処断だったと思います。

出動を要請した加藤代行も、冷静そのものでした。そのときの電話のやりとりは録音されていたのですが、今聞いても、むしろのんびりしていると聞こえるくらいに声が落ち着いています。危機管理を担当する人は、やはり冷静沈着であること必須です。

●失敗して名を上げたカーター大統領

先に謝ってしまう「守りの記者会見」の成功例をさかのぼっていくと、一九八〇年四月、イランのアメリカ大使館占拠事件での人質救出作戦があります。

前年一一月、ホメイニ師の率いるシーア派によって、テヘランにあるアメリカ大使館が占拠され、外交官や警備の海兵隊員とその家族の計五二人が人質になっていました。カーター大統領は、特殊部隊で急襲する強行救出に踏み切ったのですが、ヘリコプターが故障したり輸送機にぶつかったりして作戦は大失敗に終わりました。

遠く離れた砂漠の国での出来事であり、情報は閉ざされていますから、世界中で失敗の事実を知っているのは、ホワイトハウスと国防総省のごく一部、実行部隊の指揮官と現場で参加した兵士たちだけ。普通なら隠すところでしょうが、カーター大統領は突然、記者会見を開きました。

「こういう作戦を行い、失敗しました。すべての責任は私にあります」

公明正大で自らの非を隠さない姿勢に、世界中の首脳から「カーター大統領、よくやった。立派だ」と電報が届きました。一様に誉めたのです。アメリカのマスコミも失敗を非難することはありませんでした。牧師でもあるカーター大統領は、倫理的な理由で正直に公表したのですが、危機管理においては戦略的に使えます。福田内閣で町村官房長官がとったのは、これと同じ手法でした。

罪を犯した者が発覚する前に出頭をすると、その刑が減軽される可能性があります。刑法第四二条に記された「自首減軽」です。

不祥事が発生したとき、これと同じように世間に知られる前に、トップリーダーが決断して公表する。まさに「身を捨ててこそ浮かぶ瀬もあれ」の言葉そのものです。

●石原慎太郎氏への逆風

罪でもなんでもないのに、世間が「けしからん」と腹を立てているケースがあります。失言や暴言で逆風が押し寄せているようなときは、ほとんどがこれに当たります。そんなときの最良の解決方法は率直に謝ることです。二〇〇七年四月の東京都知事選挙における石原慎太郎氏が、まさにこのケースであり「率直な陳謝」の大成功例になりました。

拙著『わが「軍師」論』（文春文庫）でも詳述しましたが、三選を目指した選挙の直前、石原さんは大変な逆風の中にいました。高額すぎると指摘された海外出張費や、都文化事業への四男の登用などで批判を浴びていたのです。マスコミは都政の私物化だと厳しい論調で迫り、民主、社民両党は浅野史郎前宮城県知事を担ぎ出しており、反石原陣営ができるなどで強い危機感がありました。

「たとえ一〇〇票差でもいいから勝ちたいんだ」

告示日が迫った三月のある日のこと、あの誇り高い、前回の都知事選では三〇八万票もとった男が、私に電話をかけてきました。私に選挙対策本部長を引き受けて欲しいというのです。私は脊柱管狭窄《きょうさく》症の手術後、足に後遺症が残りリハビリ中でしたし、政治的中立であることが必須の警察・防衛畑でやってきた人間です。とてもムリだといって、最初は断りました。

しかし、石原さんとの友情は強く、そして長い。最初に知遇を得たのは、一九六八年一〇月のことでした。九月に日大全共闘の暴力学生が建物の屋上から投下するコンクリート塊を頭部に受けて重傷を負った西条秀雄巡査部長（分隊長）が殉職したのです。そのころは共産党や社会党が、今とは比較にならないほど力を持っており、機動隊はマスコミ、学者、文化人などから悪の権化《ごんげ》のように思われていたので、公葬にも焼香に来る政治家などまったくいませんでした。

そんな中で石原さんはただ一人「殉職者を出されたそうで、お悔やみ申し上げます」と言って、遺族の弔問に来てくれたのです。石原慎太郎といえば、若くして『太陽の季節』で芥川賞を受賞、弟・石原裕次郎とともに国民的なスターであり、同年七月の参議院選挙で史上初の三〇〇万票でトップ当選した若き政治家で、輝ける存在です。孤立無援だった私は本当に感動しました。

以来四〇年、「国家危機管理体制の確立」の同志として友誼《ゆうぎ》を重ねてきたことを電話しながら思い起こしていました。

窮地《きゅうち》に立つ石原さんに恩返ししないわけにはいきません。

よし、引き受けよう。そう決めて「石原さんは大力量があるんだから、あっさり謝ってしまったら」と私が言うと、「何も悪いことをしていないのに、何で謝らなければいけないの」と石原さん、いささかお冠です。

●「反省しろよ慎太郎、だけどやっぱり慎太郎」

石原さんが批判を浴びて、逆風が吹いているのは、違法なことをしたとか政策上の大失敗をしたからではありません。

批判する人たちに「違法行為はない。東京地裁のオンブズマンが出した交際費無駄遣いの判決文読め」「都議会の議事録読んでみろ」「余人をもって代え難い才能を持った前衛画家として起用した」などと反論していますが、誰も違法だといって追及しているわけではないのです。

本当に違法なら刑法で罰せられますし、本当に不法行為なら民法で損害賠償になります。けれどもこのときの石原さんに吹き寄せていたのは、そのどちらでもない「けしからん」「妥当性を欠く」という都民、有権者からの声でした。いわば「けしからん罪」なのです。

唐の禅僧、雲門文偃《うんもんぶんえん》は「我ニ大力量アリ、風吹カバ即チ倒ル」という偈《げ》を残しています。本当に力量のある人は、謝ることも平気である、という教えです。自分の失敗、部下の失敗、不祥事など、ちょっと風が吹いたのなら、さっさと謝ってしまう、倒れてしまおう。私は彼にそう諫言《かんげん》しました。

石原「でも謝るのはいやだな」

「反省」は大勝利への近道！

佐々「それなら説明責任を果たしてなくて『申し訳ございません』は？」

石原「いや、申し訳はある。説明責任を果たしていなかったことは認めるから、選挙戦を通じてうんと説明するんだ」

佐々「では『反省する』は？」

石原「『反省する』なら言ってもいい」

この瞬間、私の選対本部長としてのキャッチコピーが決まりました。

〈反省しろよ慎太郎、だけどやっぱり慎太郎〉——選挙戦では、この姿勢で臨むことを宣言しました。

告示日の一週間前の三月一五日に、政策発表と選対本部長（つまり私）のお披露目の記者会見が行われました。

約二〇〇人の取材陣が詰めかけ、テレビカメラの放列とフラッシュの雨でした。空気としては「石原、けしからん」という敵対の記者会見で、「傲慢な石原慎太郎、居直る」という翌朝の一面の見出しが目に浮かぶような雰囲気でした。

冒頭、石原さんがマイクを持ちました。

「これから会見を行いますが、まずその前にメディアの皆さんを通じて都民の皆さんにちょっとお詫びしたい。私の不徳ですが、説明が足りずに誤解を与えたり、ご心配をおかけして申し訳ありません」

会場は、一瞬静まりかえり、そして騒然となりました。「あの傲岸不遜《ごうがんふそん》な石原慎太郎が謝った」と、記者たちが戸惑ったのです。謝るとは誰も思っていなかったのですから。

危機管理の記者会見は、最初の一言で勝敗が決します。公示前の世論調査では、石原・浅野候補の支持率は三〇対二一、わずか九ポイントの差しかなく、残りの約五〇％は決めていないという状況でしたが、一七日間の選挙戦を経て五〇対三〇まで差は広がりました。

四月八日、午後八時に投票が締め切られると同時に、民放は石原慎太郎に当確を打ち、最も慎重なNHKも八時三〇分には当確と伝えました。二八一万票、有権者は率直に謝った石原さんを許し「安心」と「安全」を重視するリーダーを選んだのです。

そして、東日本大震災から約一カ月後に行なわれた二〇一一年四月十日の都知事選でも石原さんは二六一万票を獲得し、東国原候補に九二万票の大差をつけて四選を果たしました。危機・災害対策が新たなテーマともなっていただけに当然の結果といえます。

●閉ざされた心に届いた謝罪

心からの謝罪は、大きな過ちであっても、人の心を和らげます。恰好の事例と言ってしまっては不謹慎ですが、最近、そんな場面が大きく報道されました。

四歳の女児が殺害された一九九〇年五月の「足利事件」で、犯人とされ無期懲役刑に服役したものの、DNA鑑定の誤りがわかって二〇〇九年六月、刑の執行が停止され、釈放された菅家利和さんに対する、栃木県警の石川正一郎本部長の謝罪です。

捜査の誤りによって、身に覚えのない罪で一七年間を刑務所で過ごし、人生を台無しにされた苦しみは筆舌に尽くせないものだったはずです。釈放された菅家さんは「警察官や検察官を絶対に許さない」と発言していましたが、無理からぬことだと思います。

栃木県警を訪れた菅家さんに、石川本部長は「長い間、辛い思いをさせました。直接、心からお詫び申し上げます」と述べて深々と頭を下げました。本人への心を込めた謝罪は、報道を介して見た私も感銘を受けました。そのくらい真摯《しんし》な「申し訳ありませんでした」という気持ちが態度にも表れていたと思います。新任の石川本部長に何の責任もないことは、みんな知っています。「石川本部長、謝り方、見事なり」と激励の手紙を出したところ、返事が来て、栃木県警の刑事部の幹部たちも「本部長、よく謝ってくださった」とみんな頭を下げたそうです。良識とは、こういうものです。

鑑定の誤りが決定的となった以上は、謝罪をするのは当然かもしれませんが、「遺憾《いかん》

菅家氏に謝罪する石川本部長（右）

に思います」などという、官僚的な通り一遍の言葉ではなく、自分の言葉と態度で詫びたことがよくわかりました。

石川本部長自身は、一九年前のこの事件には関わっていません。しかし「組織としての謝罪の気持ちを直接伝えたい」という気持ちになって、心からの謝罪ができるのはやはり本人の人柄と力量だと思います。

菅家さんは「ありがたいお言葉、ありがとうございます」と答え、謝罪を受け入れました。閉ざされた心に届いたといえるのではないでしょうか。警察の失態についての報道も、この謝罪を機に峠を越しました。

●「守りの広報」を徹底して信頼回復

製品の欠陥で死者が出たような場合、企業は存亡の危機に直面します。

二〇〇五年、松下電器（現・パナソニック）のFF式石油温風暖房機によって、福島県のペンションに宿泊していた親子をはじめ、長野県の個人宅や美容室で、一酸化炭素中毒による死者や中毒者が相次いで発生しました。

原因は給気用のゴム製のホースにオゾンや熱による劣化で穴が開き、不完全燃焼して一酸化炭素が発生し、排気用の煙突から室内に逆流してしまったためでした。一九八五〜一九九二年に製造・販売された約一五万二〇〇〇台が、この欠陥をもっていたのです。

松下電器は日本を代表する家電メーカーですが、その数年前には減収減益、赤字転落、ヒット商品の不在という事態に直面しており、その上、ブランドイメージの崩壊につながる欠陥製品による死亡事故とあっては、企業の存続すら危うくなります。

松下電器は、ゴム製のエアホースを銅製のホースに交換するリコール（製品の回収無償修理）を発表し、自主回収等を開始しました。

ゴールデンタイムに製品の宣伝に代えて事故の謝罪と製品回収のお知らせを流し、本気で回収している姿勢を示しました。テレビのCM料金は大変高価です。視聴率一〇%の番組に一〇〇回流して約一億円だそうですが、これを続けたのです。

中村邦夫社長は、リコールからおよそ一年後、事故の処理に道筋をつけて勇退しましたが、松下電器は家電メーカーとして売上一位を回復しています。

二年間で約二五〇億円を費やして、テレビでCMを四万二〇〇〇本放映、チラシ六億九〇〇〇万枚を配布するなどして回収を呼びかけました。それでもまだ全数回収には至らず、今もまだ対象製品を一台五万円を支払いながら回収を続けています。

この事故を機に、同社は他の家電製品についても過去の事故を再調査しました。その結果、リコールが必要と判明した電子レンジ、冷凍冷蔵庫、衣類乾燥機の計三〇〇万台を超える大規模な製品の回収や部品交換を発表しています。すでに生産終了となった古い機種ばかりですが、中途半端に終わらせない徹底ぶりを貫いています。

徹底的な「守りの広報」によって、崩れかけた信頼感が逆に高まるという実例です。

●誰に向かって謝るのか

記者会見の第一声は非常に大切です。思いつきで言ってはいけません。緊急会議を開いて、五～六人でいいので五十有余年の人生経験を経た人たちが集まり、自分たちの人格、知識、良識、経験則、その他さまざまなものを結集した言葉を探し出して、トップは記者会見の冒頭で言わなくてはなりません。

記者会見は「言葉による危機管理」であり、換言すれば「言葉の闘い」です。言葉は闘いの武器でもあり、平和を回復させる手段にもなります。舌先三寸の弁舌が大衆の感情に火をつけて革命のエネルギーになることもあれば、暴徒化寸前の興奮した群衆を沈静化させることもできます。

オバマ大統領のように名演説で大国の指導者の座を勝ち取る人がいるかと思えば、ちょっとした答弁ミスで大臣の地位を失ってしまう政治家も跡を断ちません。言葉というものをもう少し考えてもらいたいなと思います。

ですから、広報課の係長あたりが「こういう文案でどうでしょうか」と持ってきたものは絶対にそのまま使ってはいけません。三〇歳には三〇歳の、四〇歳には四〇歳の経験と知恵しかありませんし、人を動かす言葉を知っているのは、やはり人生経験豊富で責任ある立場の人々ですから。また「今までの例だとこういう記者談話です」と前例踏襲をすると失敗します。

緊急会議に集まった五人なら五人の、人生五〇年の集大成みたいな一言。これが組織の危機を救うのです。

非常時の記者会見の目的は組織を守ることです。しかし、悪くすると広報担当者の保身がこれとすりかわってしまいます。失いかかった信頼を取りもどすことも、常に目的として念頭に置いておく必要があります。

忘れてはならないのは、謝るなら誰に向かって謝るのかをはっきりさせることです。ただ「申し訳ありません」と記者会見の席上で、目の前の記者に頭を下げればすむという訳ではないのです。カメラの放列の向こうには、視聴者がいる。ユーザーたちが、クライアントがいる。国民に謝るとか、有権者に謝る、あるいは消費者に謝るといった具体的な相手を想定することです。

例えば石原慎太郎東京都知事は、全国民に謝る必要はありません。自民党に謝る必要もない。三選出馬に際しての政策発表の冒頭では「メディアの皆さんを通じて都民の皆さんにお詫びしたい」と切り出しました。都民の有権者に呼びかけたのです。

かつて、西ドイツのワイツゼッカー大統領がユダヤ人虐殺の「ホロコースト」について公《おおやけ》に謝罪し、補償を約束したとき、ワイツゼッカーは「一九三三年から四五年までのナチス政権」と、時間と犯行責任者を明確にして謝っています。ただ「申し訳ありません」ではダメなのです。

石原さんは、さすがに第一級の表現者で大力量の政治家ですから、第一声のもつ意味をよくご存じです。謝ろうと決めたあとの、実に潔く的確な謝り方でした。

●竹下総理の当意即妙

言葉の持つ力をよくご存じだった政治家として、強く印象に残っているのは竹下登総理です。

昭和六四年（一九八九年）一月七日、昭和天皇が崩御《ほうぎょ》されました。当時、内閣安全保障室長を務めていた私は、午前五時過ぎに連絡を受けて官邸に行きました。それまで何度も非常招集されていましたが、今度は本物でした。いよいよご危篤ということで、かねてから決まっている連絡網を使って部下に各省庁役人たちの一斉参集を命じました。

午前六時三三分に崩御されると、小渕官房長官が大喪《たいそう》の礼実行委員長に、私は治安警備担当実行委員に就任しました。すでに決めてあったことで、編成もできていました。マスコミへの発表は午前七時三〇分と決定し、それ以前は一切漏らさないことに最大の注意を払うことになりました。

竹下総理は車で官邸に向かう途中、「皇居に参内せよ」という連絡が入ったので、そのまま皇居に直行です。ときに午前六時半前。だから補佐官もつかずに、一人で行動することになってしまいました。

皇居で拝謁のあと、官邸に着くなり待ちかまえている記者団に囲まれて「崩御されたのか、されてないのか」と質問を浴びることになりますが、そこで竹下総理はどう答えるか。私たちは補佐のしようがないわけです。嘘をつくと後から大騒ぎになりますから、絶対に嘘はつけない。かといって、事実を話されると各大使館やマスコミへの連絡予定は七時三〇分で進んでいるので、その前に、スクープされると大混乱になってしまう。天皇崩御という厳粛な日を、そんな混乱や不手際から始めてしまう訳には何としてもいきません。秘密が保てるかどうかは総理一人にかかり、官邸ではみんな固唾《かたず》をのんで待っていたところ、竹下さんは実にうまい表現をされました。

「安らかにお眠りのように拝見いたしました」

お休みになっていたのか、永眠されたのかどちらにもとれる一言で、私はいたく感心したことを覚えています。竹下さんにはいくつも感心したり驚かされた言葉があります。本当に言葉の名人でした。

翌一月八日付読売新聞に載った首相のその日の午前中の動静を見て下さい。

〈午前6時25分、皇居着。吹上御所で昭和天皇にお見舞い。(同33分、昭和天皇崩御)。同45分、官邸着。お見舞いについて記者団の質問に答える。7時、佐々淳行内閣安全保障室長、大高時男内閣情報調査室長。的場順三内閣内政審議室長、中原恒彦同審議官。石原信雄官房副長官、古川貞二郎首席内閣参事官。8時20分、臨時閣議。小沢一郎官房副長官。同50分、官邸記者会見室で昭和天皇崩御についての首相謹話発表。9時5分、皇居着。弔問の記帳、藤森昭一宮内庁長官。同15分、官邸着。同45分、皇居着。剣璽等承継の儀などの儀式。11時30分、官邸着。小沢副長官。小渕恵三官房長官、石原副長官、古川首席参事官加わる。古川首席参事官〉

官邸に着いた六時四五分から七時に我々と会う間に記者団との〝ドラマ〟があったのです。

●「なだしお」事件のネバー・セイ・ネバー

もう一つ、竹下さんについて感心した言葉を紹介しましょう。

一九八八年七月二三日、海上自衛隊の潜水艦なだしおと、釣り船「第一富士丸」が衝突した事故が発生しました。定員を超過する三九名の乗客を乗せていた釣り船は沈没、三〇名の乗客が行方不明になりました。

こうしたとき、私たちは言葉遣いに気をつけます。記者会見の席などでは「三〇名の行方不明者のご家族の皆さん」と言わなければいけないのです。絶対に「ご遺族」と言ってはいけません。これには教訓がありました。

一九八五年八月一二日に発生した、日本航空一二三便御巣鷹山墜落事故の際、運輸大臣も官房長官も「ご遺族の皆さま」と呼びかけてしまいました。全員が亡くなっていると思ったからですが、四人の生存者がいました。そうなると非難囂々《ごうごう》です。「ろくに捜索も救助もしないで、死んだと言った。遺族とは何だ！　救助活動をやったらもっと助かったはずだ」と大騒動になりました。

その教訓から、私は竹下総理や小渕官房長官に「遺族と言っちゃいけませんよ」と念を押しました。発表時の記者会見とは、そういうところまで神経を使わなければいけかないのです。

自衛艦との衝突ですから、国会でも問題になりました。死者三〇名、重軽傷者一七名を数える惨事になり、総司令官である総理大臣の責任が問われたのです。国会の場では、政府は再発防止と言うけれども、本当に再発防止ができるのかと激しく責め立てられました。

竹下さんは答弁で「思い起こしますと昭和四六年の……」と切り出しました。

同様の自衛隊が関わった事故が、過去にもあったかと思い出すと、全日空機の雫石衝突事故があったと言うのです。航空自衛隊のF－86戦闘機と全日空のボーイング727型機が衝突、全日空機の乗客一五五名と乗員七名、計一六二名全員が犠牲となった事故がありました。自衛隊機の乗員は脱出して生還したこともあって、凄まじい非難にさらされました。

原因を巡る刑事裁判や、損害賠償や過失算定を争う民事裁判も論争を呼び、長期化しました。この時点で民事裁判はまだ決着していなかったと思います。

私は「そんな火に油を注ぐようなことを言わなくても」と、はらはらしながら聞いていましたが、竹下総理は、

「（そのときの）官房長官は私でありました。当時から私感じますことは、再発防止に全力を尽くしますという言葉ほど、吐きながら自分で時にそらぞらしさを感ずる言葉だと、いつも感じます。しかし、現実問題として、再発防止等に精力的に当たらなければならないと十分承知しておるところであります」

と答えて収めてしまいました。この答弁は私の振り付けではありません。天性の弁論術だと思います。心配りの達人と言われていた竹下さんには、人生経験に裏打ちされた理想的な答弁が何度もありました。言葉のニュアンスや語感を、実によくマスターしていた総理大臣でした。

これは「ネバー・セイ・ネバー（never say never）」という危機管理の鉄則です。「決して」と「決して言うな」、二度と決してこのようなことは起こしませんとは、絶対に記者会見で言ってはいけない。どれだけ最善を尽くしても、また起こってしまうことがある。確率をどこまで下げられるかという努力は必要ですが、ゼロにはできません。これは厳然たる事実です。

そのとき責任者が同じなら、あのときそう言ったじゃないかと追及される。交代すると、前任者はこう言った、責任継承だと糾問されて、嘘をついたことになってしまうからです。

一言一句に注意を払いながらも、誠意と人間味をもって応対する。危機管理における記者会見の要諦はまさにここにあります。

第五章　猛獣マスコミを手なずけるには——「情報の一元化」よりも「発表の一元化」が大事

●新聞・テレビの影響力は低下していない

約四〇年前、一九六八年の内閣広報室の世論調査では「国民の七五％が新聞を読み、八五％がテレビを見ている」という結果が出て、テレビが新聞を上回ったことが明らかになりました。

それから四十数年、テレビの威力はもっとすごいものになってきています。

テレビでは事件・事故の生々しい映像と音声が、圧倒的な臨場感をもって視聴者に迫ります。この点では、とうてい新聞は追随できません。翌年の東大安田講堂の攻防戦は、NHKで四四・六％の視聴率を記録、一九七二年のあさま山荘事件では各局を合わせて八九・七％という数字に達しました。テレビの影響力は年ごとに増し、今もテレビは最大のマスメディアとして、他を圧倒する存在感をもっています。

新聞は部数を下げ続けてはいるものの、信頼度では上回っていると受け止められています。テレビは臨場感と速報のメディア、新聞は比較的冷静な解説のメディアという棲み分けができているようです。

近年はインターネットなどの普及により、新聞離れ、テレビ離れと言われています。新聞やテレビなどマスコミの影響力は低下したとも言われますが本当にそうでしょうか。

二〇〇五年の「国民生活時間調査」によると、日本人は一日平均で約四時間もテレビを視聴しています。一方、新聞の平均閲読時間は、一日に二〇分余りとかなり分が悪い。新聞の定期購読を中止する一般家庭も増えており、新聞社は相当の危機感を持っているようです。

それでは新聞社の影響力は低下したのかというと、少なくとも記者会見に関する限りは衰えていません。むしろインターネット上で新聞社や通信社配信の速報記事が読めたりするので、テレビに遅れをとっていた部分が補完されたともいえます。

購読はしていないけれども、インターネットで「新聞のニュース」を読んでいるという人は、増えこそすれ減ることはないでしょう。新聞社は部数低下で経営的には苦しいのでしょうが、取材力や解説力を侮《あなど》ることはできません。

ブログなどによるインターネット上での世論形成が話題になっていますが、一次情報に接しているのは、現在のところやはり新聞記者です。電通の推計によれば、テレビ局も二〇〇五年以降、テレビ広告費の総額は減少傾向が続いており、やはり経営的には我が世の春を謳歌している訳にはいかなくなったでしょうし、アクシデント的な事故などの映像はユーチューブ（インターネットの動画サイト）など個々人の撮影したものなどが幅をきかせはしますが、現場の映像を撮って放映するのはやはりテレビです。

とはいえ、マスコミの取材をこなしたとしても、当事者の何気ない一言、失言、暴言などは、インターネット上の動画や文章になって残り、拡散します。携帯電話で写真や映像も撮れる時代では、まさにどこでも「壁に耳あり障子に目あり」です。記者会見の後の居酒屋での打ち上げでの思わぬ「ホンネ」も隣客に記録されかねません。そうなると従来以上にダメージを受けることも考えられます。

マスコミの彼、彼女たちが押し寄せる記者会見のみならず、プライベートなところでの言動に関しても要注意なのが現代であり、これからの危機管理の要諦なのです。

●責任と犬と新聞記者は逃げると追ってくる

繰り返し述べてきたように、事件・事故・不祥事などを受けての記者会見はコンプライアンスの最前線、危機管理の象徴的な現場です。

危機の原因が組織の人間の「失敗」や「非行」「不祥事」「怠慢」といった「マイナス危機」である場合、イメージダウンを防いで組織を守り、実害を最小限に食い止めるためには、上手な記者会見が欠かせません。

こうした「守りの記者会見」では孤立無援、針のむしろの状態ですが、背中を見せてはいけません。大切なことは「責任と犬と新聞記者は逃げると追ってくる」と肝に銘じておくことです。犬に背を向けて駆け出すと追いかけてくるように、説明責任、賠償責任など立場上、当然のこととして負わなければならない任務や義務から逃げていると道義的責任まで追及されます。

新聞記者も自宅まで押しかけてきます。自宅にいないとなると、ホテルを片っ端から調べたりする。別荘があるかと確認して調べ、それでも見つからないと入院だろうと見当を付けてしらみつぶしに病院まで調べて追いかけてきます。

逃げていてつかまったときは、犬だって吠えてかみつくでしょう。新聞記者の習性もよく似ています。恐ろしいからと逃げないで正対して対応すると、案外、穏やかだったりします。とはいえ、本章で詳述しますが「守りの広報」「守りの記者会見」をするものにとって新聞記者、とりわけ社会部の記者は猛獣です。扱い方にはノウハウがあります。

●社会部の記者は猛獣である

アドバタイズメントとしての広報、広告論は大学でも教えるし、学生にも人気があります。資本主義を発展させるために必須の分野ですから、企業においては巨額な予算を扱います。企業の宣伝部や総務部では、気の利いた優秀な人材が、宣伝マン、広報マンになっています。しかし、いずれにせよ「守りの広報」は誰も教えていません。

宣伝マンやアドバタイズメントとしての広報担当者が付き合うマスメディアは、新聞社や出版社の広告部が窓口になる場合がほとんどでしょう。マスメディアから見れば発注者ですから、たいていの注文には応えてくれます。また、付き合いのある新聞記者は、経済部や文化部、科学部といったところで、穏健な人たちです。

ところがひとたび問題が起きたときに押し寄せる社会部の新聞記者は、猛獣です。政治部の記者が半分猛獣といったところでしょう。社会部以外の記者と付き合ってきて、対応には慣れていると思っていると大けがをすることは必定《ひつじょう》です。

私はこれまで約半世紀の間に、記者会見やコメント取材、生でのテレビ出演など、いわゆるマスコミ対応を一万回近く経験してきました。防衛庁時代、官邸時代こそ政治部記者が相手でしたが、警察にいた時代は記者会見で向こうに回していたのはすべて社会部の記者でした。

社会の木鐸《ぼくたく》を標榜《ひょうぼう》する彼らは、自分たちこそ社会正義だという信念からか、我々警察や権力はすべて悪という思い込みがあって、記者会見も「凶悪」と言って過言ではないほどの惨憺《さんたん》たる雰囲気でした。

ほとんどの企業経営者や役人は、そんな記者会見があることなど思ってもみないでしょう。財務省あたりで局長をしていると、猛獣相手の記者会見など経験しません。それが不祥事の際に、社会部の猛獣に対峙《たいじ》するわけですから、無防備で立ち向かったのではたちまち食い殺されてしまいます。危機管理や組織防衛どころではありません。

社会部とそれ以外の新聞記者の大きな違いは、〝買収〟が利くか否かです。買収というと目くじらを立てる人もいるかもしれませんが、要は銀座や新宿などへ飲みに行くわけです。記者を接待して、お車代もつける。お歳暮やお中元を欠かさない。こうして友好的な人間関係を作っておいて「紙面の空いたとき、うちの新商品のこと書いてくださいね」と頼むことが、社会部以外の政治部、経済部、文化部、外信部などでは通用するかも知れません。

何日の朝刊に載せてくれと指定するわけにはいきませんが、記者のほうも、締め切りがないので自分の持ってる紙面で裁量ができる。例えば「日曜版に載せましたよ」と、日頃の接待に応えてくれるので、投資した分が返ってくる。

社会部は事件を追っている部署ですから、こうした接待とは無縁ですし、そもそも事件を載せる社会面には前章でも述べたようなパブリック・リレーションズ的な記事のようなものは載せられません。同じ新聞記者といってもまるで別人種なのです。

●〝うなずき大臣〟の失敗

事件があったときの記者会見では、記者たちは机を叩いて怒号を発したり、机に乗って写真を撮ったりと、まさに猛獣です。

これに対応する側が、まったく怯えてしまって社長は出てこない、副社長も逃げてしまうということが少なくありません。総務部が窓口になる場合が多いでしょうが、総務部長は課長に任せ、課長は係長に任せて逃げてしまう。ひとえに怖いからです。

でもこれが一番いけない。新聞には、締め切りがあって寸秒を刻んで取材しているのに、責任の取れない立場の人間は「検討いたしまして」と必ず言います。資料を出せと迫られても、出していいのか悪いのか判断がつかなくて「手元にありません。社に戻りまして上司と相談しまして」などと言って出し渋る。これでは腹を空かせた猛獣が襲いかかるのも道理であると、納得いただけるのではないでしょうか。

「猛獣」に迫られたとき、怖くて苦しいので、つい迎合するような気持ちでうなずいてしまいがちです。しかし、巻末講座第四条「ミスリード的相槌を慎む」でも述べますが、これは避けなくてはいけません。

うなずいたことがきっかけで国会が紛糾した例があります。

一九八〇年の鈴木善幸内閣で防衛庁長官を務めた大村襄治という方がいました。とても気のいい人で、深くうなずく癖のある人でした。

何かの委員会の折、私は官房長だったので「大臣、共産党の質問に対してうなずいてはいけませんよ、攻撃質問に対して認めたことになってしまいますから」と脇にいて助言しました。大臣も「わかった。もう、うなずかない」と言ってくれたのですが、ことあろうに共産党が猛烈に「防衛庁けしからん、自衛隊けしからん」とまくしたてるあたりから、うなずき始めてしまったのです。

共産党の議員は質問を中断して「委員長、委員の皆さま、ご覧の通り防衛庁長官が非を認めている。うなずいています。これで防衛庁の非は明らかである」とやったのです。大村さんもあわてて「委員長！」なんて反論しましたが、ひとしきり紛糾しました。

危機管理の場面や、クレーマーたちが押し寄せてきた際に「もっともでございます。おっしゃる通りで」とやるのは危険です。相手がワーワー言っているのにうなずくと「認めたじゃないか」と言われます。国際社会も同様、うなずくと同意と見られてしまうのです。

うなずく癖のある人は、頭を垂れたまま質問者のネクタイの柄の研究でもしながら黙って聞くことを心がけるべきでしょう。

●オフレコ破りは記者の自殺行為

社会部ほどではないにせよ、政治部の記者も半分猛獣です。手なずけているつもりでも、ガブッとやられる。猛獣然としていないだけに、かえって危険な面があります。

二〇〇九年三月、小沢一郎氏がらみの西松建設の違法献金事件に関連して「自民党側は立件できない」と言ったとされる漆間巌《うるまいわお》官房副長官のケースもこれでした。彼は警察庁出身で私の信頼できる後輩です。警察庁長官も経験していますし、慎重な男ですから個人名や具体的な党名を言うわけがないのです。そんな分別のつかない人物は官房副長官にはなれません。また東京地検特捜部が警察庁出身の漆間官房副長官に捜査情報を洩らすことなど絶対にありません。警察にとって検察は、いわばライバルですから。

騒動が起きてすぐ、彼のことを心配した私は事情を調べました。私の集めた情報によると、記者会見が終わって流れ解散になったとき、朝日新聞の記者が追いかけてきて、立ち話のように「自民党には捜査はたぶん及びませんよね」という問いかけをしたようです。私の推定ですが、どうも彼はこれにうなずいてしまったのではないでしょうか。「ノー・コメント」と言うべきでした。

結果として「ミスリード的な相槌」になってしまったようです。何の話をしているのかと、他社の記者がやってきてメモ合わせをしたことで「政府高官」の談話ということになってしまったのだと思われます。

一般的に政治家や企業のトップは、社会部の記者の怖さを知らずに失敗します。ところが漆間官房副長官の場合はその逆でした。社会部のオフレコは絶対ですが、政治部はそうではなかったのです。

社会部記者を知りすぎ、政治部記者をよく知らなかったのです。彼は長く警察庁に奉職して、警察庁長官まで務めていますから、社会部記者との記者会見には場数を踏んでいます。どうやらそこで錯誤があったようです。

社会部の記者は、オフレコだといったら絶対にオフレコです。例えば身代金目的の誘拐事件では、オフレコにして警察庁記者クラブですべてを明かします。新聞は、犯人逮捕もしくは死体発見の時点までは一切書かないことを約束します。もし破ったら、記者クラブから除名です。もちろん警察庁が除名にするのではありません。記者クラブは自治が行われているので、クラブ加盟各社の幹部による特別委員会の裁定により、協定を破った新聞社を制裁するわけです。

普通は、企業でも役所でも幹部やトップは政治部とか経済部、文化部などの記者と付き合いながら出世し、事が起きて社会部記者を目の当たりにしてひどい目にあうわけですが、漆間さんの場合は違いました。新聞記者といえば、社会部の猛者《もさ》を向こうに回して、斬った張ったの記者会見を長年にわたって続けてきたのです。

猛獣にもたとえた社会部の記者ですが、警察庁長官のところに回ってくるような記者はキャリア二〇年以上のベテラン揃いで、信頼関係もありますが政治部は違います。入社して二、三年の若い人たちが配置されてきます。

政治部は「抜いたやつが勝ち」というルールです。オフレコも「政府首脳」や「政府高官」曰く、という形で発表することも慣習として行われています。うっかりうなずいたことが、「言った」になり、記者はそれを書いてしまったということでしょう。

しかし、この一件でマスコミは、「政府高官」名を明らかにし、オフレコを破ったために、取材対象者との信頼関係を壊してしまいました。情報源の秘匿《ひとく》はジャーナリストの生命であり、その職を賭しても守るべきモラルです。

マスコミ自身からも、この点を鋭くついた批判が出ました。

二〇〇九年三月一一日、産経新聞の常務取締役編集担当・斎藤勉氏は『『漆間発言』とメディア　取材源、安易に暴露していいのか」と題したコラムで、「ジャーナリズムは、取材形態がどうあれ、取材源との約束事を守る信頼関係の上に成立している。取材源の安易な暴露はジャーナリズムの自殺行為になりかねない」と、マスコミ側としての自戒を訴えています。

取材源との信義則が崩壊しては、巻末講座第七条の「オフレコの活用」もできませんが、マスコミにとっても大変な不利益になります。

●官房長官にも問題がある

テレビのニュース映像でもご存じのように、官邸の記者たちは若者ばかりです。女性記者も多くいます。どの新聞社も政治の「せ」の字もわからないような、駆け出しをよこしてきます。以前、私は新聞社の編集局長や政治部長に「どうして新米ばかりよこすんだ」と聞いたことがあります。その答は「国会と官邸の間を走ることができる体力のある若いやつでないとダメなんだ」ということでした。

そうした政治部記者たちが「これはスクープだ！」と張り切った。共同が飛ばし、朝日が第三者が語ったような形でスクープしました。そうなると読売、毎日ほか全紙が書くわけです。その時点では誰が言ったかは明かされていません。

本来、情報源は守るのがマスコミの鉄則です。ところが、記者たちは当時の河村建夫官房長官に押し寄せてしまった。河村官房長官がもう少し、成熟度の高い官房長官だったら漆間さんの名を公表することもなかったはずですが、どういう判断なのか公表して大騒ぎになったのです。

これも大失敗でした。新聞記者は、情報源の秘匿のためには公判で有罪になっても明かさないというのが職業倫理です。河村官房長官は、これで逆襲すべきでした。

「オフレコという約束なのに書いてしまったのは、あなた方の問題です。こちらから誰であるかは言いません」と、河村さんは断らなければいけなかった。

さらに、誰がどういう報告や意見具申をしたのか不明ですが、麻生総理は「報道機関が誤報をした」と発言してしまいました。これもまた拙かった。守らなければならないときに、麻生さんは攻撃してしまったのです。これでまたてんやわんやです。組織防衛に必要なノウハウが、まるで体制側にありません。

しかし、この一件でいちばん損をしたのはマスコミでした。この騒ぎの後、ある会議に出たときのこと、省庁の次官や局長、いわゆる政府高官たちが「助かりましたよ。これで一切、何も言わなくてよくなりました」「オフレコにしていても破るんでしょ。だから一切、公式の発表以外はしない」と口々に言っていました。

特ダネ稼ぎをしようとしてオフレコ破りをした結果、オフレコ記者会見を絶滅させてしまった。マスコミ全体がシャットアウトされてしまったのです。情報源を秘匿するのがマスコミのモラルなのに、情報源の実名を追及して官房長官に明かさせてしまった。これはマスコミの自殺行為であったとしか言いようがありません。

ところが、さらに鳩山政権になってからは、長い間行政の意思決定の重要な機能だった次官会議を廃止し、事務次官は記者会見に出るな、記者会見は大臣がと言い出しました。政治家が対応するとなると、大臣らは一日に何回も会見をしなければなりません。

しかし民主党の政治家が、マスコミ相手に野党時代や「次の内閣時代」なら気楽だったことも、大臣や副大臣や政務官になると片言隻句《へんげんせっく》が命取りになることもあります。

各大臣はいいところを見せようと次々に大胆な改革を明言し、記者に突っ込まれると「マニフェストに書いてある」と言いますが、それもうまくありません。

ある世論調査によると、マニフェストがいいと思って民主党に投票した有権者は一〇%しかいないのですから。長い間野党として攻めたり批判したりばかりしていた民主党は、攻められたり批判されたりすることには慣れていません。各省庁の記者クラブの恐ろしさが、全然わかっていないようです。日々の行政実務に全責任を負う内閣として、「記者会見」というものに慣れないといけません。

●急務はネガティブリストの作成

何か問題が起きて発表しなければならなくなったとき、危機管理の担当者が真っ先にしなければならない仕事に「ネガティブリストの作成」があります。

ネガティブリストとは「何を言ってはいけないか」を書き出したリスト、べからず集のことです。逆に、そのリストに挙げられていないことは「何を答えていただいても結構です」と言って、トップに記者会見に臨んでいただくのです。

ところが危機管理を担当したことのない人たちは「これから発表する事項一〇項目」のような「何を発表するか」のリスト作りを始めます。普通の官僚的な発想ではそれが当たり前なのですが、これは記者会見では役に立ちません。

その項目にないことを、必ず記者は質問してくるからです。発表されたことだけを受け取って持ち帰るようでは記者失格でしょう。

一人の人間が、ネガティブリストに基づいて発表する。これが、記者会見の鉄則です。ネガティブリストがないと、質問をされた人間は、自分の判断でしゃべってしまいます。憶測だったり、公表してはまずいことだったりする可能性も高いのです。

まして複数の人間がそれぞれに記者会見をして勝手に答えてしまうとなると事態は最悪になります。端的《ひめん》な例は、「バンソウコウ王子」と揶揄《やゆ》された赤城徳彦農林水産大臣を、安倍首相が罷免した際のどたばたでした。

そのわずか二カ月前、二〇〇七年六月に農林水産大臣に就任したばかりでしたが、父親の自宅を事務所として届け出ていた問題などが発覚、七月中旬、顔に大きな絆創膏を貼って記者会見に出たとき、その理由についても誠実な回答をしなかったためマスコミは執拗に追いかけました。

絆創膏を付けた彼がテレビに出るたびに婦人票が減っていく。私は「赤城さんをすぐに罷免しないと大変なことになる。参議院選挙は大敗する」と言っていたひとりです。安倍内閣は他にもいろいろ問題がありましたが、このとき私は初めて安倍首相に「赤城さんを切らないとダメですよ」と進言したのです。安倍さんは翌朝、赤城農相を罷免しましたが、その時、赤城大臣、安倍首相、塩崎官房長官が記者団に、三者三様に答えてしまったことは次章でも触れますがミスでした。

　赤城大臣は、前日の閣議で、国際会議に出ていいという了解を取っていましたので、この日の朝、宿舎を出るときには、記者団に「任期の間は全力でやっていきたい」と語っていました。

　ところが、その約一時間後安倍総理と会ったのちには記者団に、「私から職を辞したいとお願いした。総理からもわかりました、とのことだった」と話したのです。

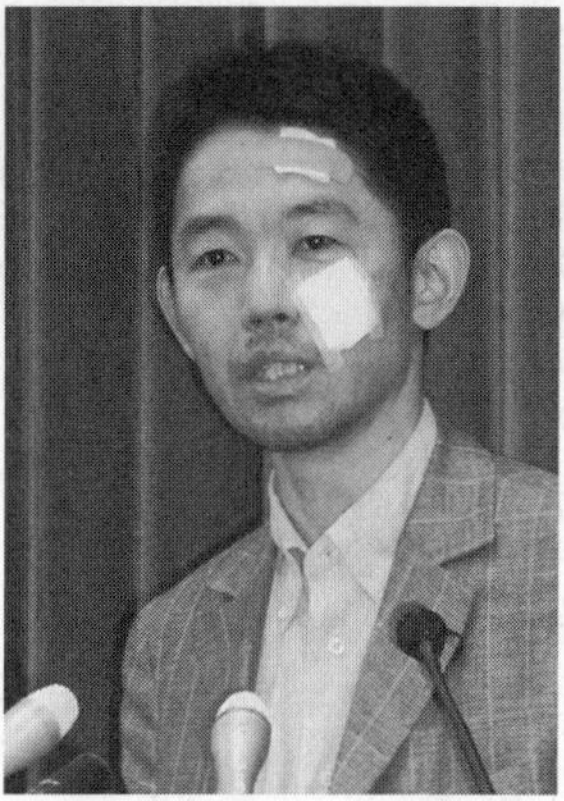

バンソウコウで評バンソウコナウ

　一方、安倍総理は「赤城さんには事務所を立て直してもらいたいと話した」と言い、塩崎官房長官は午前の定例記者会見席上で「総理が赤城大臣を呼び、辞表を受理した」と発表しました。

　官邸にはネガティブリストを作る人間がいなかったのです。本来なら、塩崎さんが「総理、これは赤城さんから自主的に出したことにしましょう」と進言するべきでした。それならば赤城さんも恰好が付く。

「すぐに辞表を出せと上から迫られた」と赤城さんに言われたのでは、かばってきた安倍さんも定見を疑われてしまうでしょう。

ここは塩崎さんが中心になって、どう発表するか、何を言ってはいけないかを決めておかなくてはならない場面でした。少なくとも赤城さん本人は辞表を出す気はなかったのですから、事実上、無理やり罷免したわけでしょう。それだけは隠したかった。それには「自発的に出してきたから受け取った」という言い方が一番いい。塩崎さんの「呼びつけて辞表を出させた」という主旨の発言はいかがかと思います。とにかく、三人バラバラというのは絶対によくありません。

●記者会見の失敗と自民党の大敗

二〇〇九年八月の総選挙は、有権者の投票という平和的で合法的な手段によって「平成維新」と呼んでもよいほどの体制内大改革の機会を作り出した無血革命だったと思います。

戦後六十余年の間に、ほぼ一〇年ごとに左翼勢力によって企てられた暴力革命が果たせなかった政治変革を成し遂げるチャンスを作り出しました。朝鮮戦争による日共・朝鮮総連の火炎ビン闘争、第一次日米安保条約反対闘争、第二次日米安保条約改定反対闘争、極左過激派によるハイジャック、連続企業爆破、あさま山荘事件などの毛沢東―トロツキーの世界同時武装急進革命、反皇室闘争、沖縄返還阻止闘争などの暴力革命闘争の警備に長年携わってきた私は、これぞ自由民主主義国における体制内革命であると思って、感無量です。

半世紀政権の座にあった自民党にも果たせない改革が起こる可能性があります。

自民党の戦後の歴史は、「ギリシャ悲劇」の定番の筋書きそのものでした。日本ではギリシャ悲劇を上演する常設館も劇団もないようですが、ヨーロッパでは西欧文明の源流であるギリシャ文明への愛着は強く、ギリシャ悲劇は舞台演劇の世界では伝統的に根強く上演されているそうです。

一九九三年の細川・日本新党の政変のとき、ときの英国大使にその成り行きや原因などについて、私の下手な英語で説明しようとしていたら、「佐々さん、欧米人にその話をするなら、ひとこと『ヒューブリス　Hubris　＝傲慢』が原因と言えばすぐに通じます」と言われました。

今回の自民党大敗の原因も、細川・日本新党のときと同じ「ヒューブリス」によるオウンゴールです。

ギリシャ悲劇には、三人の女神が登場します。

最初は「テュケ　Tyche」、人間に成功と繁栄、名誉を与える幸運の女神です。自民党もテュケ神の恵みで日本の経済復興と繁栄に大きな功績を挙げました。

ところが経済的にも豊かになり、いわゆる五五年保守合同で政権を独占していますと、人間は次第に「傲慢（ヒューブリス）」になります。するといたずらの女神「アテ　Ate」が現れて、傲慢になった人間にありとあらゆる悪徳、快楽、贅沢、専横などを教え、腐敗堕落させます。

そして最後に三人目の「ネメシス Nemesis」、復讐《ふくしゅう》の女神が登場し、おごり高ぶった人間に天罰を下します。人間の歴史は、この永遠の繰り返しだというのが、ギリシャ悲劇の哲学だと言われています。

おごり高ぶった自民党に、二〇〇九年天罰が下り、三〇三議席から一一九議席へと転落しました。興味深いことは、長年政治の宿痾《しゅくあ》だった「地盤、看板、カバン」や利益誘導の選挙運動が通用しなくなったことです。選挙結果がそれを如実に物語りました。

世の批判を浴びていた「世襲問題」についても国民の審判が下り、解散時一二〇人だった世襲議員が七五人と約四割減。「族議員」も「派閥・金権議員」も壊滅的に落選し、閣僚経験者が三一人落選しました。

それに代わるように、若いときから政治を志して努力してきた「松下政経塾」出身者が議席を伸ばして三一人当選（民主二二人、自民九人）、大前研一氏が創設した「一新塾」出身者が五人当選し、平均年齢五二歳と世代交代も進みました。

松下政経塾出身者についての評価は分かれますが、今の政界で期待できる人材が民主党に多く存在します。小選挙区制と自民党の推薦候補者制度によって、自民党に入りたくても入れなかった青年政治家がやむなく民主党に入ったような傾向もあります。

民主党には、鳩山内閣で一番難しい国土交通大臣に抜擢された前原誠司氏や、総務大臣になった原口一博氏のような優れ者がおり、政経塾出身者ではありませんが、長島昭久防衛政務官も、なかなか骨のある人物に見受けられます。野党になった自民党にも逢沢一郎氏や高市早苗氏のような大器がいます。

民主党の強みは、日本新党などで政界入りをしたが国政に諦めをつけて地方行政の実務を経験した人々が再び国政に還流しようとする動きがあることです。

今回の民主党の大勝を、私は「平成維新」と呼びましたが、日本を三等国へと転落することを防ぐためには、どうしても「新五五年体制」の自民と民主の大保守連合が不可欠だと思っています。明治維新が「薩長連合」を土台として成就《じょうじゅ》したように、自民・民主両党のクリーム（精髄）が大同団結する必要があります。その接着剤になるのが先に紹介した「松下政経塾」出身者たちではないかと思うのです。先般、塾出身の中田宏前横浜市長が三選を目指さず任期途中で辞職しましたが、彼は、新しい政治運動に専従して、これまた塾出身の前杉並区長の山田宏氏らと連携して「日本志民会議」を設立し、国政と地方行政をブリッジする「首長聯合」や新保守合同の国民運動を起こすそうです。

中田氏は「麻生前総理は、今の日本は『全治三年』といいましたが、私は『余命三年』だと思っています。さもないと米中の狭間《はざま》に生きる三流国家となってしまうから」という考えを持っています。薩長連合を成し遂げた坂本龍馬のように、誰かが自民・民主の保守大合同を成就しないと、日本の将来は本当に「余命三年」になりかねない情勢にあります。

私は松下政経塾出身者らの奮起を望んでやみません。

また、安倍晋三内閣のときに失言暴言を口にして記者会見に失敗し、内閣退陣の一因となったオウンゴール閣僚たちの当落についても、大変興味深い結果がでました。その結果の一覧表を次頁につくってみましたので、ご覧になっていただきたいと思います。「記者会見」の恐ろしさが、よくわかることと思います。

●発表者は一人に集中する

何か事件や問題が起きたとき、重要なことは窓口をできるだけ一人に絞ることです。例えば、官房長官がパブリックリレーションズ・オフィサー、あるいはコンプライアンス・オフィサーとして機能する場合、政府発表の窓口は官房長官一人にします。首相も担当大臣も、「閣議でそういうことになったから、私は言わない。官房長官に聞いてくれ」とだけ答えるのです。公務員や特別職公務員には、守秘義務と命令遵守《じゅんしゅ》義務がありますから、こうした指揮・命令系統が確立していると関係者は全員、何を聞かれても「言えません」と答えることができます。

「知りません」と言ってはいけません。知らないはずないんだから「知らない」と言うと嘘になります。それに対して官房長官から「黙っていろ。何も話してはならない」と言われた、行政命令が出ているということであれば、公務員の守秘義務ということで頑張れるのです。この状態をいかにして早くつくるかが、勝負の分かれ目です。

実例をあげると、前章でも少し触れましたが、一九八八年七月二三日、海上自衛隊の潜水艦「なだしお」と釣り船「第一富士丸」の衝突事故が発生した際の竹下内閣の対応です。

浦賀水道で衝突して、釣り船の乗客三〇名が行方不明になりました。事故発生の直後

安倍内閣で不祥事を起こした閣僚の2009.8総選挙当落など

名前	内容	辞職年月	当落	備考
佐田玄一郎（行革）世襲—祖父	政治資金収支報告書不正処理	2006.12	○	比例単独
柳沢伯夫（厚労）	「女性は産む機械」発言	辞職せず	×	小選挙区のみ立候補 当選者との差約45,000票
伊吹文明（文科）	「日本は単一民族」「人権メタボ」発言	辞職せず	○	比例復活（惜敗率77%） 当選者との差約24,000票
松岡利勝（農水）	「ナントカ還元水」	自殺（2007.5）	—	
久間章生（防衛）	「原爆投下しょうがない」発言	2007.7	×	比例でも落選（惜敗率88%） 当選者との差約14,000票
赤城徳彦（農水）世襲—祖父	事務所費不透明、政治活動費二重計上など	2007.8	×	比例でも落選（惜敗率61%） 当選者との差約59,000票
遠藤武彦（農水）※父が市会議長	理事をつとめる農業共済の補助金不正受給	2007.9（在任８日）	—	立候補せず（健康上の理由で引退）
坂本由紀子（外務政務官・参議院）	政治活動費二重計上	2007.9	—	2009.6参議院議員辞職→7/5静岡県知事選落選

から、私は竹下首相の脇にいたのですが、テレビのニュースを見ていた首相が怒り出しました。

運輸大臣とその次官、海上保安庁長官とその次長の言うことがバラバラだったのです。ぶつかったのは「なだしお」の右舷か左舷かで争っています。

大臣たちは記者会見で「どっちなんだー！」と怒鳴られていました。

竹下さんの「これ、ダメだな。佐々さん、君が仕切ってください」という指示で、私が出向くことになりました。そのとき私は内閣広報官でも情報官でもなく安全保障室長でしたが、私を良くご存じの竹下さんによって直々に「安保室長特命で仕切れ」ということになったのです。

私が最初にしたことは「総理の命令です。クラムアップ。全員黙ってください」という指示でした。前章で述べた、蛤《はまぐり》のように固く口をつぐめという厳命です。「知らない」とは言うな、公務員法の守秘義務に加えて総理の命令なので「言えません」と言えと命じたのです。

発表者は小渕官房長官と私、佐々淳行の二人だけにしたので、記者たちは小渕さんと私に集中します。ただ小渕さんは、ご承知のように記者のあしらいがあまりうまくなかったので、私が一手に引き受けることになりました。危機管理官を兼ねて情報官であり広報官という役目です。こうして発表者を一人に集中しました。

危機管理において、もっとも避けなくてはならないことは「情報官がこう言いました、広報官はこう言いました、副長官はこう言っています」となることです。

よく「情報の一元化」が言われ、経営でも情報をトップに集めるように指導されますが、どうして「発表の一元化」が叫ばれないのかと不思議です。

私たち危機管理の専門家は事件があったときにはすぐ「黙れ」という命令を出します。その上で報告はいいことも悪いことも全部上げろと指示します。

発表者は例えば県警本部長ただひとり、あるいは警備部長なら警備部長ただひとりに集中させる。

自衛隊を含め、防衛庁（当時）における発表窓口は官房長です。ところが「この件の担当は防衛局長」とか「〇〇氏が専門だ」などと理由を付けてたらい回しにしていると、あちらこちらから違う話が飛び出して、組織は大きなダメージを受けてしまうのです。

後藤田官房長官の時代は、いっさいそうした問題は起きませんでしたが、小渕さんはやっぱり不慣れでした。しかし私がついていましたので、情報がまちまちになって記者たちに小突《こづ》き回されるという事態はなくなります。

そうして発表を一元化しても、担当者がいつまでも黙っているわけにはいきません。艦長は出さないでいられるかもしれませんが、海幕長には記者会見があるから、ずっと「言えません」ではすまされません。横須賀地方総監部にも取材に行くはずです。

そこでネガティブリストが必要になるわけです。緊急会議を招集して、現時点では発表しない項目を作るのです。それ以外は自由にしゃべる。

これを逆に、発表することの項目を挙げてリストを作ると一〇項目や二〇項目を作ったところで、記者会見になると三分で終わりになってしまう。そうすると発表すべき項目以外のことを聞かれたときに、言っていいのか悪いのか判断に迷ってあちこちから違う内容が出てきてしまいます。だから重要でないことは個人判断に委ねて、絶対に言わないという項目をネガティブリストにすることが必要なのです。

●ただ「一切しゃべるな」では口止めにならない

ところが、二〇〇八年二月一九日に起きた護衛艦「あたご」と漁船の衝突事故は、記者会見の不手際が重なったことでも記憶に残る事件になりました。

石破防衛大臣はヘリで防衛省に呼んだ当直士官から直接聞いて発表している。海上保安庁も国土交通省も、海上自衛隊の幕僚監部もみなそれぞれに調べて勝手に発表している。横須賀地方総監部の広報担当の一佐などがまた違うことを言う。しかも黙っていろという命令を出していたことが発覚して「隠そうとしている」「隠蔽体質でけしからん」と叩かれたりもしました。

大事件では秘密を守ろうとするあまり、関係者を隔離してしまう場合があります。一九九二年九月以降、PKO（国連平和維持活動）の一環で、全国から警察官七五名が文民警察官としてカンボジアに派遣されていましたが、翌年五月四日、岡山県警の高田晴行警部補（殉職により警視に特進）が、ポルポト派の攻撃で殺害された事件がありました。

その後、警察庁は任務を終えて帰ってきた文民警察官を、警察大学校に集めました。当時はまだPKO協力法や自衛隊海外派遣に反対して、現地の情報からマイナスの宣伝を目論んでいる連中がいましたから、寮に入れて「一切、何も言うな」と命じたのです。

第二次世界大戦のミッドウェー海戦で、空母の「加賀」「蒼龍」が沈没、「赤城」「飛龍」は大破し自沈処分になりましたが、生き残った搭乗員は内地に帰ってきても面会させずに、また戦地に出されました。これと同じ予防管理をしようとしたのですが、現代でいつまでも寮に隔離・監禁していることはできません。

とにかく「新聞記者と会うな、話すな」とだけ言って、全国へと帰してしまいました。

本来ならネガティブリストを作って「これとこれは言ってはいけない」と教育して、それ以外は自分の経験談を言ってよろしい、と言って帰さなければいけないところでした。結局、しばらくするとみんながしゃべり始めてしまいました。ネガティブリストの作成なしに「一切言ってはいけない」では、口止めにならないのです。

ネガティブリスト作りが必要なのは役所だけではありません。企業でも不祥事のときなどにただちに行うべき緊急対策です。記者会見の寸前に、関係者が集まってネガティブリストを作ることをシステム化しておくことが肝要です。

●ネガティブ・リポートの発表

ネガティブリストのほか、もうひとつ〝ネガティブ〟のつくノウハウがあります。

事態が進行中の場合、毎日定時に記者会見をすることを取り決めておきますが、この定期的記者発表方式をとる場合の「ネガティブ・リポート」です。

例えば三時と決めたら、必ず三時に行います。そのときに「何もないから報告しなくていいだろう」と、記者会見を取りやめてはいけません。ネガティブ・リポート、すなわち「異常ありません。何もありませんよ」という情報を発表することが大切です。一九七二年二月のあさま山荘事件では、連合赤軍のメンバー五人が山荘の管理人の妻を人質に立てこもった後、状況が膠着《こうちゃく》した時期が続きました。

長野県警は記者会見に慣れてないため、「動きがまったくないので発表事項がありません。だから、三時の記者発表はキャンセルします」と言いだします。

「駄目、駄目、駄目」と私。六〇〇人くらいの記者が道場でトランプなどして時間を潰しているのですから「三時の発表は中止」などと言うと、取材のため一斉に道場から飛び出してきます。「何か隠しているのじゃないか」とかえって疑われるのです。

私は長野県警の広報官によく見ておくようにと言って、定刻どおり記者会見を始めました。いつものように記者たちがメモを用意してカメラがまわり始めると「午後三時現在、あさま山荘赤軍の動きなし。従って発表事項なし。以上」。

これでいいのです。みんなそれぞれ電話に飛びついて「大丈夫ですよ。佐々局付きがないって言っていますから何もありません。うちが抜かれてんじゃないですよ」とデスクに報告が始まります。

ところが記者会見をキャンセルすると「まぬけ！　お前だけ抜かれてるんじゃないか？」などとデスクにむち打たれるものだから、みんなが出て来てしまって仕事にならなくなります。

私たちはこれを「ネガティブ記者会見」と呼んでいましたが、「発表事項なし」も重大なニュースなのです。

●ネガティブ・リポートには終息報告が必須

記者会見だけではなく、日常の報告、連絡にも「ネガティブ・リポート」は必要です。

一九八六年一一月、後藤田官房長官が九州方面に出張の最中、「金日成が銃撃で死亡」という情報が霞ヶ関に流れました。

長野県警の記者会見（後ろで立つのが著者）

ソウルオリンピックを二年後に控え、金正日は何をするかわからない。金日成がいると、さすが百戦錬磨の革命家だから妙なことはしないけれども、金日成が本当に暗殺されたとなると何が起きるかわかりません。亡命者や難民が出るだろうし、そのころは国民保護法はありませんでしたが、自衛隊も警察も緊急体制に入らなくてはいけなくなります。

当時、内閣安全保障室長だった私は、念のため出張中だった後藤田さんに「午後三時現在真偽不明。取材に対してコメントしないように。真偽不明と言ってください」と報告しました。引き続き情報収集をする一方、その後も「午後五時現在、依然として真偽不明」と、ネガティブ・リポートをずっと夜中まで続けました。

そうしていたら、翌朝八時、NHKで金日成がモンゴルの要人を出迎えるというニュースが放映され、金日成が画面に登場しました。特徴である首の瘤もちゃんとあり、本人は健在とわかりました。暗殺情報はガセでした。後から判明した話では、三八度線付近を警備していた韓国系アメリカ兵が、向こうのスピーカーがガーガー言っているのを聞いたと言い、それが聞き間違いだったらしいのです。その情報が伝えられて、少なくとも日本とアメリカでは大騒ぎになってしまったという顚末《てんまつ》でした。

NHKで金日成が生きている情報が報道された直後、九州から帰ってきた後藤田さんに「すぐ出頭しろ」と呼び出されました。「お呼びですか」と部屋に入ったら、「君は何時に金日成が生きているとわかったか？」と聞かれました。

「朝八時のNHKです」

「今、何時であるか？」

「一〇時です」

「君が最初に知ったのは何時か？」

「さっきも申しましたが八時です」

「今、何時だ？」

「あ、『生きている』という報告をしなかったので怒ってらっしゃるんですか？」

「そうだ。ネガティブ報告した後で結果が出たら、君が報告せにゃいかん」

本来はネガティブ・リポートは内閣調査室長の仕事です。私は、念のため報告していたのですが、もうＮＨＫでも報道されたし、後藤田さんもご存じだろうと最後まで報告しなかったのがまずかったのです。

ネガティブ・リポートは、最後に確実に「何もありません。終息です」という報告までしないといけません。そのことを学んだ一件でした。

●老獪《ろうかい》だった日曜日の記者会見

大きく報道されたくないことは、何か大事件が起きたときに発表すると「大事の前の小事」とばかりに消し飛んでしまうわけですが、不祥事の場合は、都合よくタイミングを選べません。しかしそれでも、マスメディアの事情を熟知していると、発表のタイミングを選んでダメージをコントロールできるのです。

そのしたたかさが際《きわ》だっていた例があります。

一九九〇年一〇月七日午前、『住友銀行中興の祖』と呼ばれた磯田一郎会長が辞任を発表しました。バブル崩壊後に巨額の不正融資など不祥事が相次いで発覚し、大蔵省銀行局の検査が続いているときです。

この日は日曜日でしたが、磯田会長は突然、ある支店長の融資不正仲介事件の責任を取って退陣するという記者会見を、丸の内の同行東京本部で開きました。隣には巽外夫《たつみそとお》頭取が控えていました。

「一部の者の犯罪ですが、トップが責任を取るのは当然。会長を辞任いたしました」

日曜日に急いで発表することでもないのですが、深慮遠謀がありました。ご承知のように日曜日は夕刊がありません。日曜日に出勤している記者は新米が中心です。突然の記者会見に駆けつけると、磯田会長は辞任、巽外夫頭取は留任という重大な発表だったのです。不正融資の具体的な内容にも質問が飛びましたが「私は聞いていない」とかわされ、不祥事の中でも最大の問題とされていたイトマン事件との辞任の関係も聞けないまま、記者会見は終わりました。

不祥事の関連に突っ込まれて大騒ぎになると、巽頭取の責任まで問われかねません。懐刀《ふところがたな》の巽頭取を残しておくために、日曜日の記者会見は計算されたものでした。実際、凄みをきかせられて、知識や経験の少ない記者たちは手も足も出なかった。結果として、発表がそのまま載ったわけです。

これには「日曜日の使い方をよくご存じだなぁ」と、財界人の知恵と磯田会長の老獪さに感心した記憶があります。

また、東日本大震災直後の二〇一一年三月一五日に発生したみずほ銀行のシステム障害は、現金自動出入機（ATM）までダウンし、一週間近く大変な騒動となりました。西堀利《さとる》頭取は、三月二一日（祝日）に記者会見をして「システム上の手当てが十分でなかった人為的なミスだ」と認めました。これは別に祝日を狙っての記者会見ではなく、後手後手に回ってしまってのやむをえないものだったでしょうが……。

第六章　涙の記者会見は「男女格差」あり――グッドルーザーになるためには

●〝朦朧《もうろう》記者会見〟の衝撃

事件、事故、不祥事などが起きたとき、危機管理の場面における不用意な一言、ほんのわずかな失言は、その組織の存在を根底から危うくするほどの一大事を引き起こします。本章では二〇一一年三月一一日以前の政治家、財界、タレントなどの記者会見の成否に関して詳述していきたいと思います。

先ず、政治家の失敗例として頭に浮かぶのが、二〇〇九年二月一五日（現地では一四日）、ローマで行われたG７蔵相会議のあとの、先に触れた中川昭一元財務兼金融担当大臣の〝朦朧記者会見〟です。

中川さんは、安全保障問題についてしっかりした意見を持ち、自民党政調会長だった二〇〇六年には、北朝鮮の核の脅威に対し、「核があることで攻められる可能性は低くなる。当然議論はあってもいい」などと実に適切な発言をされており、私はその将来に期待してきました。近未来の総理候補の一人とまで考えられていたことは周知のとおりです。お酒が好きでいろいろなエピソードがあることは承知の上で、私は中川さんをわが同盟軍の一人だと思ってきました。

ところが、まったく朦朧とした、呂律《ろれつ》の回らない状態で記者会見をされている姿がテレビで放映されているのを見て愕然としました。後でも触れますが、雪印・佐藤貢社長の「信用を得るには永年の歳月を要するが、これを失墜するのは実に一瞬である」という言葉そのままの、記者会見の大失敗でした。

本来、この日の記者会見は、一〇〇年に一度といわれるこの世界同時不況、金融・財政の危機に、日本がいかに世界のために貢献しているかをアピールする絶好の機会でした。中川元大臣は、G7の会合前に、IMFに一〇〇〇億ドル（約一〇兆円）もの融資をすることを取り決めた合意文書に調印し、本会合では開発途上国の貿易に二〇億ドル（約二〇〇〇億円）を支援するという約束をしています。

「GDP世界一位と二位の経済大国であるアメリカと日本が協力して大恐慌から世界を救う」という麻生太郎総理（当時）の宣言を裏付ける、千両役者の見せ場になるはずでした。

ご承知のように、日本はこの世界同時不況でGDP一二・七％減という大損失を被っています。それにもかかわらず世界の破局を救うために力を尽くしているのだ、役に立とうとしているのだと世界中に宣伝する、それこそ一〇〇年に一度のチャンスが、実はこの記者会見だったのです。

ところが飲酒のためか、風邪薬のせいか、朦朧状態の財務相の姿が全世界に向けて放映されて、絶好機は台無しになってしまいました。

「よろしいっすか。えーと、まあ、昨日の夜からのG7のあの会合、まぁ実質的……には今日ですけれども。をー、やりまして……、あのー、共同宣言みたいなものが出ました」

「死」を招いた「朦朧会見」

書くには忍びないけれども録画から再現すると、記者会見の冒頭はそんな言葉で始まっています。最初からとても一国の大臣とは思えない口ぶりです。

記者から日本の金融政策を問われて、

「○から○・二五ですか。非常に低い状況になっていらっしゃる」

と金利の数字を間違えたり、アメリカから日本に対して一層の景気対策を求めるような発言があったかという質問に、

「あのー、ふー、オバマ政権に対して日本は早く適切に、財政出動をやってもらいたいということは申し上げました」

質問と答が嚙み合わない支離滅裂な記者会見になってしまいました。白川日銀総裁への質問に答えようとしたり、水を飲もうとして、目の前のコップではなく白川総裁の前のコップに手を伸ばすなど散々です。

テレビを見ていた私も呆然とするしかありませんでした。せっかくの一〇〇〇億ドルもの拠金の話はどこにいったのでしょうか。日本の素晴らしい自己犠牲による貢献は、大きく報道されることもなかったのです。

●記者会見は危機管理の第一歩

新聞の第一報では小さな扱いだった〝朦朧記者会見〟ですが、ワイドショーで記者会見の様子が流れると、大変な騒ぎになりました。

帰国直後の衆議院財務金融委員会では、

「（ワインを）飲んだのをごっくんということであれば、ごっくんはしておりません。たしなんでいるんです。グラス一杯飲んでおりません」

と釈明したものの、その様子は繰り返しテレビで流されました。「ごっくん」という表現が、国会議員の釈明の言葉としてふさわしいとは思えませんが、輪をかけてまずかったのは「風邪薬を普段の二倍ほど飲んだことが原因だと思う」と答えたことでした。

これで製薬メーカーが怒りました。風邪薬を飲むと、あそこまで朦朧とするのかと消費者に思われるからです。本当に風邪薬が理由なのなら、製品名まで特定して言うべきでしょう。国民の安全のためにも、風評被害を抑える意味でも、被害を極小化しなければいけません。新聞記者もこの点を聞くべきでした。

風邪の季節でしたが、風邪薬の売り上げが落ち込んだとも聞きます。内需拡大を進める政府の方針にも逆行してしまう結果になりました。

結局、二日後に辞任になりますが、麻生総理の支持率も一時は九・七％という数字が見出しに躍るほどで、著しく下げてしまいました。

Ｇ７のあと、いいところをアピールする「攻めの広報」をするべき場面で失態を演じてしまい、「守りの広報」でも大失敗を重ねてしまったわけです。

繰り返しになりますが、中川氏は、私たち安保に携わる者にとっては頼もしい政治家でした。

二〇〇九年八月の総選挙では、小選挙区で負け、比例による復活もなく、五〇歳代半ばの若さで議席を失ってしまいました。

私は「入院治療をしてでもアルコール依存症を治してカムバックを願う」と陰ながら応援していたのですが……、一〇月三日に不慮の死を遂げられました。アルコール依存症の恐ろしさか、あんな有為の人材が親子続いて惜しむべき、早すぎる死でした。「記者会見」の失敗が死を招く結果となったのはかえすがえすも残念でなりません。

●トップたちの墓場・記者会見

「広報」「ＰＲ」という言葉を、各界のトップは「宣伝広告」と混同しているように思えてなりません。企業トップは新聞の全面広告とか、テレビのゴールデンタイムのＣＭには巨費を投じています。売り上げの増大につながる宣伝活動が企業が存続、発展するための重要項目であり「広報」「ＰＲ」はその一部くらいに認識されているようです。

しかしこれは大きな間違いです。広報とは組織防衛の一環であり、ひとたび事が起きれば危機管理の中心になるべき存在です。先述したように、広報は英語でパブリック・リレーションズ、すなわちＰＲですが、奇《く》しくもプレス・リリース（記者会見）と略語が同じです。

広報、そして記者会見は、実に恐ろしいものです。ほんの一言の失言、暴言で組織全体の運命が左右されてしまう。それなのに、記者会見には「攻め」と「守り」があることも、ほとんど理解されていません。

政・官・財・言論界など各界のトップたちは、記者団と和気あいあいとして自分の組織のいい話をすることには長《た》けていても、いざ事件、事故、不祥事が起きたときに「守りの記者会見」をして、組織防衛のために失点を少しでも抑える危機管理の記者会見のノウハウを熟知している人は皆無と言っていいでしょう。

例えば、私が数えた限り、一九九七年からの一四年間で「危機管理の失敗」によってトップが失脚、辞任、自殺、逮捕、あるいは組織自体が廃業、破綻につながったケースが八〇件以上ありました（巻末年表参照）。平均すると年六回以上、そのくらい頻繁に、新聞の一面やテレビ報道でトップ・ニュースになるような騒動が起きているのです。

記者会見は、危機管理の象徴的な現場です。ところが、その記者会見やマスコミへの対応の中から、印象的な失言、暴言、迷言も飛び出しています。

「私だって寝てないんだ」（雪印乳業・石川哲郎社長）

「私らが悪いんです。社員は悪くございません」（山一証券・野沢正平社長）

「金を儲けるのは悪いことですか？」（村上ファンド・村上世彰《よしあき》代表）

「『ナントカ還元水』というものを付けている」（松岡利勝農林水産大臣）

「あなたとは違うんです」（福田康夫総理大臣）

あるいは発言の中身がセンセーショナルな見出しや、キャッチフレーズになって一人歩きしてしまう場合もあります。

「女性は産む機械」(柳沢伯夫厚生労働大臣)
「原爆投下はしょうがない」(久間章生《きゅうまふみお》防衛大臣)
〝ささやき女将《おかみ》〟(船場吉兆・湯木佐知子取締役)

などなど、こうして列記すると、新聞の一面やテレビのニュースを賑わせたさまざまな事件を思い出すことでしょう。まさしく墓穴を掘ってしまったわけです。

トップや責任者がずらりと並んで頭を下げるシーンは、今や珍しいことではありませんが、各界のトップや幹部も、こうした失敗を対岸の火事と見て、わが身に起こりうる問題とは感じていないように思えます。

新しいニュースや事件が起きると、人々の興味もすぐに移ってしまうのが世のならいとはいえ、騒動の中で企業や組織が大きく傷つく場合も少なくありません。起きてしまったことはしかたがないのですから、ダメージを最小限にとどめる手だてが必要です。

●〝朦朧会見〟を奇貨とすべし

私は安保闘争では警備責任者として、一日二回、約一〇〇〇日間でおよそ二〇〇〇回、あさま山荘事件では約三〇〇回以上、記者会見に臨んでいます。警備事件の危機管理の記者会見に関して、在職三四年七カ月の間に数千回担当してきました。退官後約二〇年間のテレビ討論はじめマスコミの取材インタビュー、対談、解説などを加えると、半世紀で一万回近くになっているでしょう。

そこで蓄積したノウハウを、世の管理職の教材にしようと本書を執筆（単行本当時）していたときに起きたのが、先の中川さんの記者会見でした。

しかもたまたま書き進めていたのは「記者会見の心得十カ条」という、巻末講座でしたが、心ならずも言わずもがなの第十一戒を書き足さなくてはならなくなってしまいました。

「酔っぱらって記者会見をするな」

子供だってわかるようなことで、本当に残念でなりません。

中川騒動の最中に、ヒラリー・クリントン米国務長官が来日しました。来日して最初の記者会見は、四分一四秒の間に「日本」という言葉を六回使い、「関係緊密化」「コーナーストーン」など「日米関係が大事だ」という意味のことをいろいろな表現で一六回言ったそうです。

スピーチが圧倒的にうまいし、賢さが印象的でした。中川さんの〝朦朧会見〟とのあまりの対比に、情けない思いをした日本人は多かったのではないでしょうか。

「酔って記者会見をするな」とは、「そんなばかな」と思うようなことですが、その「ばかな」が実際に起こってしまいました。何よりもまずかったのは、ヒラリー国務長官との会談で日本の中曽根弘文外務大臣は何を言ったのかが、まったく伝わってこなかったことです。連日、あらゆるTVチャンネルに出ているのは中川さんでしたが、報道されるのは記者会見の様子ばかりで、肝心の日米外相会談の中身は消し飛んでしまったのです。

記者会見がどんなに恐ろしいものであるか、誰もが悟ったはずです。中川さんには申し訳ないけれども、これを奇貨として記者会見とその言葉に、各界リーダーの注意が払われるようになって欲しいと切に思います。

●攻めて失敗した民主党・小沢一郎氏

自民党の政治家のみならず、民主党だって記者会見の拙さに関しては「五十歩百歩」です。西松建設から多額の違法献金を受けたとして公設秘書が逮捕された、民主党・小沢一郎代表（当時）の記者会見が、いい例でした。

西松建設が海外で裏金を作り、無届けで国内に持ち込んだという外為法違反事件が発端でしたが、小沢氏の資金管理団体「陸山会」には、四年間で二一〇〇万円が、西松建設のOBを代表とする政治団体が隠れみのになって献金されていました。

二〇〇九年三月四日、記者会見が始まると、小沢さんはいきなり「攻めの広報」を展開しました。「東京地検特捜部による大久保第一秘書逮捕を含む献金問題の強制捜査は、不公正な国家権力、検察権力の行使だ」と言って、真っ向から検察批判をしたのです。

さらに「政治資金規正法に違反する点はない」「何らやましいことはない」「遠からず

嫌疑は晴れる」と強気の攻めに出るばかりで、民主党とその支持者の有権者、国民への反省や謝罪の言葉はありませんでした。

二七歳で衆議院議員になり、田中角栄の元で薫陶《くんとう》をうけた小沢さんの経歴は、広く知られています。〝金権政治〟を学んだ、その最も〝優秀な後継者〟であったことは疑いようがありません。田中元総理が逮捕されたロッキード事件のときは、全部傍聴にいって忠誠心を示したのです。田中派からクーデターで独立した竹下派のドンとなった金丸信氏からも目をかけられていました。後に金丸氏が五億円の闇献金が発覚して政治資金規正法で起訴されたときも東京地検特捜部と闘ったのが、小沢さんでした。

ですから三〇年来の恨みが骨髄に及んでいるのもわからないではありませんが、秘書が逮捕された時点で、検察批判をするのは危機管理としてはまったくの失敗です。

あのときの小沢さんの取るべき姿勢は「守りの記者会見」でした。例えば、第一声として、こういう言葉があるべきでした。

「これから政権交代だとずっと言い続けてきて、自分の悲願でもある二大政党がいよいよ実現しそうになってきた今、秘書が政治資金規正法違反で、東京地検特捜部に逮捕されました。日頃から、違反は絶対にするなと言ってきたけれども、監督不行届でこういう不祥事になったことは、支持者の皆さん、国民の皆さん、有権者の皆さんに申し訳ありません。お詫びします」

ところが、小沢さんは守りの広報をすべきときに、強気の「攻めの広報」を選んだのです。

●お詫びにも反論にもノウハウがある

確かに、西松建設からは、与野党の幹部らに幅広く献金されていましたが、東京地検特捜部は小沢代表の資金管理団体への献金額が突出しているとして、逮捕に踏み切ったという背景はありました。

しかし何よりもまずかったのは、「正規な手続きなのだから、お金の出所を訊くことは、献金していただく皆さんに失礼にあたるので詮索しない」という旨の発言です。その金が暴力団、オウム真理教、北朝鮮、ＣＩＡの工作資金である可能性は考えなかったのでしょうか。手続きさえ整っていれば問題はないというなら、これはまったく不見識な発言です。

これを聞いて黙っていた記者団もおかしい。国会議員は特別職の公務員であり、まして小沢さんは政権交代を目指して、次は総理になると公言している野党党首です。記者側にも記者会見のノウハウが欠けていると言わざるを得ません。

どういうお金か詮索しないのが一般常識とは驚くべき発言でした。ここは「西松建設のお金だということは承知してました」と言うべきでした。

その上で「その法律に基づいて、迂回路を作ったのですが、それに問題があるというなら、私も改めなければならないけれど、もう一度、政治資金規正法を見直さなくてはなりませんね」と言えばよかったのです。

政治と金の問題が長年にわたって指摘されてきて、政治資金規正法も改正が繰り返されてきたことは周知の事実です。これは制度が悪いのだ、みんなで考え直しましょう、との方向にもっていくことができました。巻末講座で詳述しますが、これは「ホット・ポテト」という論争の技術です。「熱いジャガイモを渡されたら、相手に投げ返せ」というテクニックです。

それが三月二四日、六回目の記者会見では「国民の皆さまにお詫び申し上げます」と謝罪して、涙まで見せています。涙は記者会見のタブーです。まったくの失態でした。それでも総選挙に大勝して、カネと人事を握る民主党幹事長に返り咲きするのですから、そのしぶとさは大したものです。でも、それでいいのでしょうか？

記者会見の中で、小沢さんは「国民」という言葉を八回、質疑応答で一二回も使っています。おそらく前月のヒラリー・クリントン米国務長官の記者会見を分析して、振り付けした人があったのだと思いますが、白々しさを覚えた人も多かったのではないでしょうか。これは逆効果だったと思います。

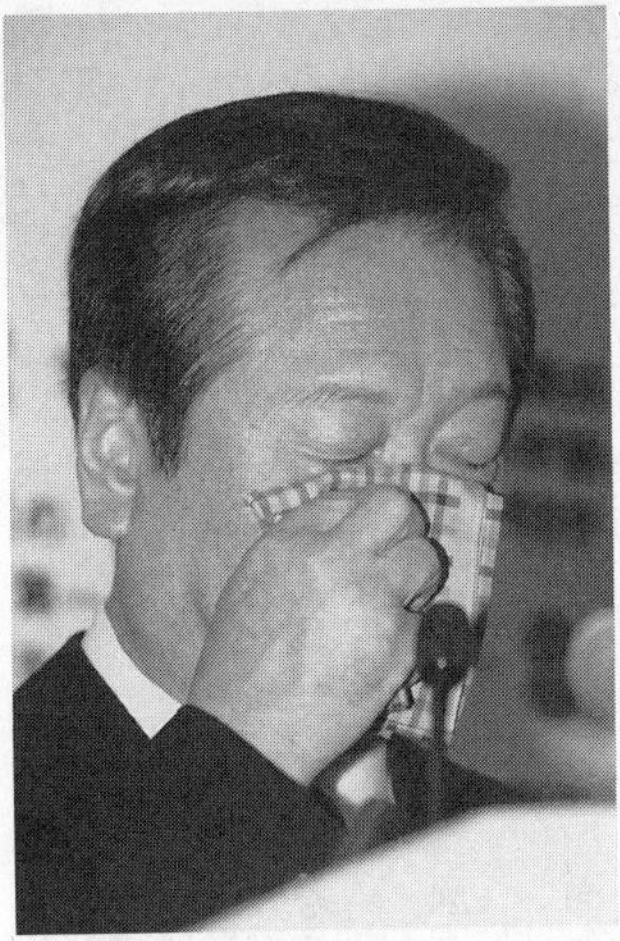
鬼の目にも涙？

当時、政権交代が確実かと思われていた民主党ですが、その後の統一地方選挙に苦戦しました。その原因がこの事件にあったことは誰の目にも明らかでしょう。

すると、五月一一日、小沢さんは〝わ

が身をなげうって〝民主党代表を辞任する意向を明らかにしました。政権交代という大目標のため、党内の結束を強めるための判断だということでしたが、街頭インタビューでは「遅すぎる」「辞めないと言っていたのに、どうなっちゃったの」など、拍子抜けしたという声や辛辣《しんらつ》な意見が目立ちました。

辞任を決断したのは「連休でゆっくり考える時間ができた時点」とのことでしたが、時期を逸した感は拭《ぬぐ》えませんでした。

しかし鳩山由紀夫代表に替わってから風向きが確かに変わりました。就任直後は小沢さんの傀儡《かいらい》だという批判もあったものの、世論調査での支持率や党勢が回復してきたのです。小沢さんは身の処し方一つで、局面を大きく変えてしまったことになります。麻生総理が日本郵政問題で鳩山邦夫総務大臣を辞任させたことも、民主党にとっては追い風でした。

それでも違法献金事件の初公判で、小沢さんの事務所が公共工事の談合の際に「天の声」を出していたことが明るみに出て、先行きはまた不透明になったのですが、時の流れは大きく、八月の総選挙では民主党が圧勝し、鳩山内閣が誕生しました。決断の内容とタイミング次第で、情勢は猫の目のように変わることを、民主党も、麻生氏も自民党も、痛感したことでしょう。

●見苦しい皇室の政治利用

ところが、その鳩山さんが「偽装献金スキャンダル」を起こし、政治資金規正法違反

マザー・ロンダリングに大失敗？

シナつくるチルドレン大好き？

で二人の秘書が在宅＆略式起訴されることになってしまいました。ご本人は嫌疑不十分で不起訴処分となりましたが、二〇〇九年一二月二四日の記者会見では「検察の判断を重く受けとめ、責任を痛感している。国民の皆さまに深くおわびする」と低姿勢に徹しつつも「私腹を肥やしたり、不正な利益を得たということは一切ない」として自らの辞任は否定しました。

　低姿勢で「守りの広報」に徹し、記者会見の場所を官邸にせず、あえてホテルを利用し、〝首相の犯罪〟ではなく〝一政治家の犯罪〟に縮小化しようとしている点は、なかなか〝戦略的〟ではありますが、小沢氏のスキャンダル以上に大きなダメージを残したといえます。

　その小沢氏にしても、「攻め」と「守り」の使い分けの失敗を、二〇〇九年一二月一四日にまたやりました。

　中国の習近平国家副主席のルール違反の天皇会見のときです。本来、あの記者会見は「習副主席の天皇会見は日中友好のため大切で、政治利用ではない」という「守り」の広報をすべきでした。それを、冒頭から怒りをあらわに「（記者に向かって）憲法を読んでるかね」「天皇陛下の行為は、内閣の助言と承認で行われる」「一役人が内閣の決定したことについて、方針をどうだこうだ言うのは、憲法を理解していない」「どうしても反対なら（羽毛田長官は）辞表を出したのち言うべき」などとのたまい、「1か月ルールなんて誰が作った」と、強気に、頭ごなしに、強権的に、傲慢に、〝上からの目線〟で「攻め」の記者会見をやってしまったのです。

しかし、憲法を読んでも、天皇の外国要人との会見は「国事行為」として規定されていませんし、「1か月ルール」は、前立腺癌手術後の健康状態への「行政上の」配慮であって、法律事項でもありません。小沢幹事長が宮内庁長官に公然と辞任を要求していいのでしょうか。民主党幹事長に役人の人事権はありません。

さらに、「体調が優れないというならば、それより優位性の低い行事はお休みになればいい」云々は、これも「暴言」でした。強大国中国にはルールに反しても会い、小国なら止めていいのか、両陛下の身体障害者の集い、施設などへの心優しい行事への行幸など止めろと言うのでしょうか。天皇陛下は一視同仁、相手国の強弱によって態度をお変えになることはありません。

それこそ、憲法をよく読むべきなのは小沢氏です。民主党三〇八議席の大勝は、小沢氏を傲慢な独裁者にさせてしまいました。

翌一五日、各紙は一斉に「政治利用？」という論評で一面で小沢氏を批判し、NHKも一四日夜のニュース解説で大きく報道しました。宮内庁には全国から「羽毛田長官支持」のファックス・電話などが千件以上あったそうです。

総勢六百人を率いての訪中、民主党国会議員一四三人をひとり一秒足らずで胡錦濤国家主席と握手させ、写真を撮らせた行為は、秦の始皇帝に対する倭国王の朝貢行為です。「私は解放軍の司令官です」と胡錦濤主席に言ったと伝えられていますが、これも不遜な発言です。

皇太子殿下が中国人民解放軍総政治部歌舞団の日本公演にお忍びで行かれたことが問題になりましたが、同公演の総監督はほかならぬ習副主席の夫人でした。

どうやら中国が天皇や皇室を政治利用しようとしていることは明らかです。そして小沢氏の言動は、パッケージ外交としての天皇の政治利用といわざるを得ません。

●小沢対検察に見る「記者会見」の攻防

二〇一〇年一月一三日、東京地検特捜部は、小沢一郎民主党幹事長の資金管理団体「陸山会」の四億円の土地購入疑惑事件について、ついに強制捜査に踏み切りました。大手ゼネコンの鹿島建設や小沢一郎事務所など、数カ所の一斉捜査が行なわれました。一月一八日の国会召集の直前の異例の強制捜査です。

一月五日から任意の事情聴取を要請されていたのに約一週間これに応じず、一月一二日にわざわざ自ら求めて記者会見を行なったものの、冒頭「同じ質問にはまとめて答える」と宣言して、八名の記者に質問させておいてから、慇懃無礼に「捜査継続中でもあるし、弁護士にすべて一任しているので個別のことを申し上げるのは差し控える」とコメントしたのです。幾ら丁寧な口調で語ったとしても、到底、心からの〝謝罪会見〟とはいえません。こういった「攻め」ではなく「守り」的にトーンを変えたものの、所詮は国民に対する説明責任の拒否の姿勢には変わりはなく、そのために、隠忍自重してきた東京地検特捜部をかえって奮起させたのではないでしょうか。

「政党助成法」による政党助成金は、まさに国民の税金そのものです。それで、法律上小沢一郎氏の個人財産となる不動産を誤魔化して購入されては、国民はたまったものではありません。この危機管理記者会見は、最悪の失敗例として、歴史に残ることでしょう。その後も、元秘書の石川知裕衆議院議員らが逮捕されたことについては「検察の権力の行使は納得できない」「毅然として戦う」と言い、鳩山総理もその小沢幹事長に対し「どうぞ戦ってください」と応じたり、「石川議員には起訴されないことを望む」など、不適切な発言を繰り返しました。

そして、遂に一月二三日、地検特捜部は「被告発人」小沢一郎氏に対し、四時間半の任意事情聴取を行ない、黙秘権を告げ、供述調書に署名を取りました。普通の参考人の任意調べとは違ったやり方で注目されます。小沢幹事長は直ちに記者会見を行ない、潔白であるとの説明責任を一応果たしました。しかし、四億円の調達方法はとても詳しいのに、使われ方については四回にわたって「分からない」と秘書のせいにしました。

一方、鳩山氏は「知らない」を徹頭徹尾繰り返す形で秘書への責任転嫁を行ないました。これまでの汚職の「忘れました」「記憶にありません」から進化した弁護団のニューバージョンでしたが、小沢氏は新たに「分からない」という手法を開拓したと言えます。

というのも、かつて、金丸信氏は五億円の政治資金規正法違反を「忘れた」で通し、「不作為」であるとして罰金二〇万円ですませたのですが、野党は「忘れた以上、一度は記憶したわけですね。審議ストップして時間を与えるから思い出して下さい」と予算委員会を止める戦術に出ました。そこで「佐川急便事件」では「記憶にありません」と変わりました。

今度の鳩山・小沢方式は「知らない」「分からない」です。知らないものは記憶することはなく、分からないことは分からないままです。困った話です。

手前味噌ですが一言。実は、事情聴取の前日の一月二二日、BSフジ夜八時からのプライムニュースに出演しました。その時点では、二三日の聴取の後、小沢氏の記者会見は予定されておらず、終了後、書面で聴取内容を公表するだけで済ませる予定だったのを、強く批判し、断乎直ちに記者会見を行なうべしと主張しました。その理由は、本書で詳述してきた通りですが、国民への説明責任を果たさないようではやましいところがあるからと思われて当然です。

ところが、その番組を見た小沢氏の弁護人側が「いい助言を貰った」ということで鳩首したのか知りませんが、翌日になって急遽記者会見を開くことになった模様です。その結果、彼の言い分（「疑惑関与を全否定」「神妙会見」等）が二四日付け朝刊各紙に出ることによって、傲慢な印象が若干薄れ、検察対小沢の対決が「五分五分」のように報じられたのです。本書の説く「記者会見の重要性」の実例でしょうか。

●率直に詫びた人気アイドル

毎日のようにさまざまな事件が起こり、ニュースとなって報道されます。政治家の大失敗報道の次はタレントの事件に話題を変えますが、桜の若葉が緑を濃くしてきた頃、珍事件が起こりました。

二〇〇九年四月二三日朝、国民的人気のアイドルグループSMAPのメンバーである草彅剛さんが、公然わいせつ容疑で警視庁に逮捕されたというニュース速報が、テロップで流れました。政治家トップの不祥事のあと、速報が流れるほどの芸能界トップが起こした不祥事でした。

逮捕の容疑は、その日の未明、酔っ払いが騒いでいるという近隣住民からの通報で警察官が駆けつけたところ、全裸になった彼がいたのだそうです。警察官の注意にも「裸になって何が悪い」などと聞き入れず、「公然わいせつ」ということになったとのことです。

SMAPは当代随一の人気グループと言っていいでしょう。そのメンバーの草彅さんは歌手や俳優としても活躍するほか、総務省が推進する地上デジタル放送のイメージキャラクターにもなって、お茶の間に毎日のように登場していました。

芸能マスコミだけでなく、一般紙やテレビの報道部も取材に走る大騒ぎになりました。地デジを推進する鳩山邦夫総務相は「めちゃくちゃな怒りを感じている」と憤《いきどお》り、降板措置やポスターなどの回収を指示する考えを表明したり、さまざまな番組、CMの放送中止など、人気アイドルだけに周囲への影響も少なからざるものがありました。

芸能界の薬物汚染が言われているだけに、薬物や大麻との関連も疑われたようですが、尿検査や家宅捜索まで行われた結果、酔っぱらっていただけだと判明し、翌日の午後には処分保留で釈放されています。

逮捕当日の夕刊には社会面に「深酒『裸　何が悪い』草彅容疑者、一人叫ぶ」（朝日新聞）などの見出しで大きく報道されました。最近は、携帯電話の速報でも芸能ニュースが流れるそうで、瞬く間に、多くの人が衝撃をもってこのニュースに接し、刻々と伝えられる状況の推移をファンは何度も確認したことでしょう。

釈放された日の夜、彼は、弁護士を伴って記者会見に臨みました。

「ファンの皆様、そして各関係者のみなさま、SMAPのメンバーのみんな、本当に迷惑をかけました。たくさん迷惑をかけてしまいました。本当にすいませんでした。僕はたくさん酒を飲みまして、自分でも訳の分からないくらいになってしまいまして、大人として恥ずかしい行動をとってしまいました。本当に反省しております。申し訳ありませんでした」

と、まず頭を深々と下げました。

●好印象を与えた謝罪の姿勢

弁護士が事実関係を説明した後、一問一答になると、長い時間、言葉を考えながら謝罪の姿勢を崩さずに答えていました。

酒は「百厄」の長？

「小さい子供からお年寄りまで応援してくださっているので、自覚はありますが、それ以上に、飲み過ぎてしまった僕の弱さだと思います」

「今はまったく飲む気はありません。だけど、僕がもっと成長して大人になったら、おいしいお酒が飲めると思います」

憔悴《しょうすい》した表情でしたが、質問にきちんと答えながら、繰り返し反省と陳謝の言葉を述べました。失敗の原因になったお酒についても「二度と飲まない」と言わなかったことも理にかなっています。「二度としません《ネバーセイネバー》」と言わないのは記者会見の鉄則です。

訳がわからなくなるほどお酒を飲んだ理由を、ストレスやプレッシャーではないのかと質問されたときには、

「ストレスもプレッシャーもありません」「もともと本当にお酒が好きだったので」

と答えています。これもよかったと思います。

理由や言い訳をあれこれ言い出すと、総攻撃になりかねません。本人がひたすら反省して、言葉を選びながら謝っている姿勢は、私の長い危機管理の経験から見ても及第点だったと思います。

ただ一点、なぜ裸になったのかという質問に対して、弁護士の「自分の家に帰ったような気になったのではないか」という横からの返答には引っかかりました。「家に帰るといつも裸になるんですか」という質問を引き出しかねないからです。黒子やプロンプターが記者会見の席上、余計な口出しをすると、思わぬ失敗につながる場合もあります。

「いままで全裸になったことは一度もありません。でもメンバーの（香取）慎吾と、以前自宅で飲んだとき、パンツ一枚になったことはあります」

という答に、それ以上追及されることはなく、この日の記者会見は結果として、うまくいったと思います。事実、しばらくの間は芸能活動自粛、謹慎になりましたが、六月にはテレビの画面に復帰できました。比較的短期間で、スムーズに戻れたのではないでしょうか。

事件の翌週の月曜日、朝のワイドショー「とくダネ！」（フジテレビ）では、記者会見の中で、最長二八秒の沈黙があり、五秒ほどの沈黙は一〇回あったと分析し、自分で言葉を選びながら誠実に答えていたことを改めて評価しています。

人柄の良さが救いだったのでしょうか。普通なら二八秒の沈黙は許されません。「何か言え！」「なぜ答えない！」と、野次や怒号に包まれてしまうものですが、そうではありませんでした。

また、「反省していて好感が持てた」「またいつかお酒を楽しみたいと言っていたのが正直でよかった」などという街頭インタビューも紹介されました。

彼のしたことは社会人としては感心しないことですが、真面目で正直そうな人となりに、好感を持った人も少なくなかったのです。泥酔状態でありながら、服をきちんとたたんでいたというのもどこか憎めません。

煮え湯を飲まされた形の鳩山総務相や広告業界は「許し難い」「もう信用できない」と一時は怒りましたが、ファンや一般の国民は「大騒ぎするような問題か」「もういいじゃないか」と寛容な態度を示したこともあり、怒っている方が悪いような世論ができあがりました。

私はSMAPの香取慎吾さんとはテレビ番組でご一緒したことがありますが、草彅さんには面識がありません。ですが、今回の一件で彼の誠実な一面を見たように思いますし、それは記者会見を通じて、全国の多くの人が感じた印象と同じでしょう。

四月二五日、その香取さんは、自身の番組「SmaSTATION!!」の中で、三分近く謝罪していました。前日、電話で草彅さんと話したことにも触れて「深く深く彼は反省していました。その言葉を僕は信じたい」と話し、「本当に申し訳ございませんでした」と深々と頭を下げたのです。

友情の尊さと思いやりが伝わってきて、素晴らしいと思いました。その後、テレビなど地上デジタル放送のアピールでも「復権」しているのは記者会見での対応があったからこそでしょう。

●酒井法子、美女の涙会見に男は弱い？

芸能人といえば、二〇〇九年は国際的にも話題になった酒井法子ことノリピー夫妻が大問題となりました。

夫と共に覚醒剤常用者だった酒井法子さんは、〝ノリピー〟とよばれる元アイドルで人気女優。夫の逮捕直後から、「一週間もすれば覚醒剤は体外に排出され、検査はマイナス反応になる」という関係者の浅知恵か、酒酔い運転のアルコール抜きくらいのつもりで行方をくらましたのです。

所属事務所から捜索願が出されたという発表もあり、折柄、自民・民主の政権交代という一大政治ドラマが進行していたのに、テレビはどのチャンネルも朝から晩まで「酒井法子狩り」。芸能番組の域をはるかに超えた、信じられないほどの大事件になりました。

その間、夫の高相祐一容疑者の取り調べと自宅へのガサの結果、ノリピーには逮捕状が出され、五日間に及ぶ逃走劇の末、彼女は八月八日警視庁富坂分庁舎に出頭して逮捕されました。

所属事務所からは解雇、所属レコード会社やコマーシャルなどは契約解除となり、芸能人としてはほとんど再起不能とも思われる大打撃を受けたのも、浅はかな逃亡劇への天罰でした。

そして九月一七日、彼女が保釈された時の記者会見の対応をここでは検討しておきます。

保釈時、勾留されていた警視庁湾岸署の前は報道陣約三〇〇人にファンなど約二〇〇人。それはいいとして、上空から彼女の車を追跡するヘリが五機とは、いささか過剰反

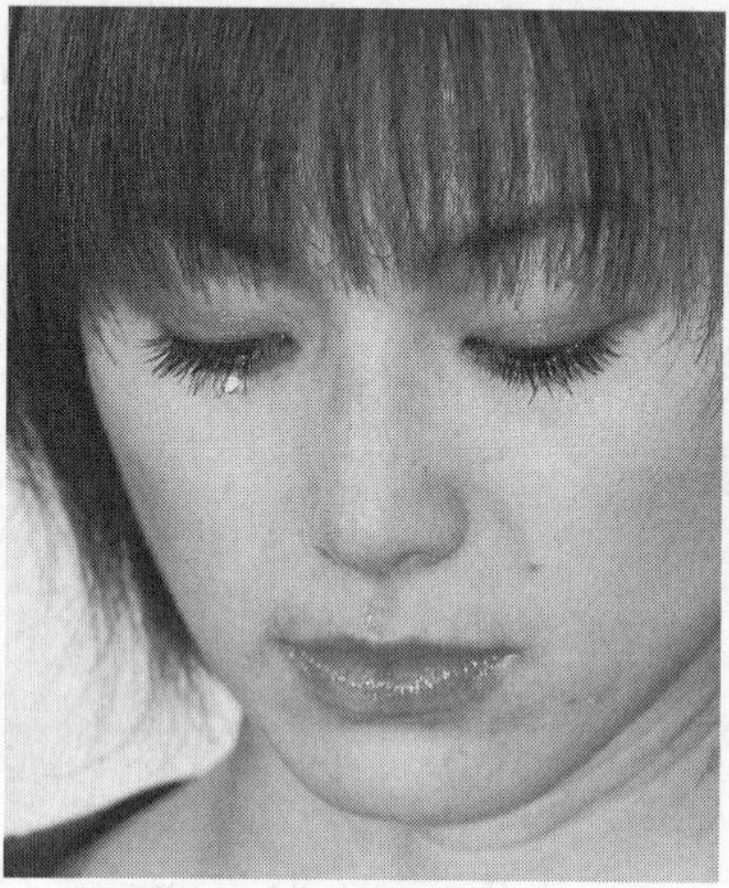

「美女の涙」は「復権」に効く？

応と言うべきものでした。

神田の如水会館に設けられた会見場に押しかけた報道陣の数、なんと五〇二人。うちカメラマン一一〇人、テレビカメラ四〇台、周辺警備の警察官約七〇人という有様で、それは総選挙で大勝した鳩山由紀夫新総理の初記者会見をはるかに凌ぐ〝盛況ぶり〟でした。

謝罪記者会見での言動はまああの出来でしたが、誤解をおそれずに言うなら、「女」の場合、男と違って「涙」は武器です。彼女の清楚な化粧と反省の涙は、あの記者会見を成功させたと言えるでしょう。保釈時と会見時で着る服を替え、タトゥーを隠し、メイクまで施してもらったというのですから、大したものです。

歌手の倖田來未さんは、「三〇歳を過ぎると女性の羊水は腐る」という大暴言で激しいバッシングを浴びました。しかし、彼女は涙ながらの謝罪が受け入れられ、しばらくして芸能界に復帰を果たしました。

「美女の涙」が女性の武器となる例のひとつといえましょう。

余談ですが、ヒラリー・クリントン現米国務長官も大統領予備選挙運動中に涙を見せて票を伸ばしたようです。

●海老蔵は「加害者」か「被害者」か

「酒井法子狩り」以上のフィーバーぶりを見せたのが、二〇一〇年一一月二五日未明、都内で顔などに怪我を負った市川海老蔵事件でした。深夜酒席でのトラブルでしたが、事件後一カ月経過した一二月二八日の記者会見では、トラブルの一因が自らの振る舞いにあったことを認め「深く反省し、陳謝する」と述べました。「自分が暴力を振るったとの記憶は今もないが、酒の場ということもあり、客観的に証明できない」として示談に応じたとのことです。当面舞台復帰を謹慎することも表明されました。

先述の草彅さんも酒に酔っての「一人芝居」でしたが、こちらは当初「被害者」と思われていた海老蔵さんが「加害者」かといった疑惑も生じたこともあり、喧々がくがくの議論が毎朝の芸能ワイドニュースで流れたものです。

●謝り抜いてトップへ

このように、事実関係を一刻も早く確認し、非があるとわかったら潔く謝ることが大切です。潔く謝って、グッドルーザー（良き敗者）になってこそ再起のチャンスも出てきます。

その「素直な陳謝」の好例として、触れておきたいのが〝謝り参事官〟こと金高雅仁警察庁刑事局長のことです。

〝謝り参事官〟こと金高局長

彼はお詫びの名人です。「責任は上にも横にも下にも取らせない」「自分が全責任を取る」「謝るときには一人で謝る」と言って、本当に一人で謝ってしまう。

警視庁の人事課長時代、常に一人で謝り通して、警官の不祥事などへの対応があまりに見事なので、不祥事が続く神奈川県警の警務部長に異動して、ここでも数十回は謝っています。

その後は警察庁人事課長、警視庁警務部長になって、立川署の警察官が女性に交際を求めた末に射殺した事件など謝り抜いて、今は警察庁総括審議官を経て刑事局長の職にあります。この職は、国会対策とマスコミ対策というコンプライアンスの要《かなめ》で、将来のトップ候補の一人です。

私は彼の人事異動をずっと横目で追ってきたのですが、謝り抜いて出世してきたまれなケースです。

金高氏は、コンプライアンスの達人で、この道一筋に謝り抜いてきました。いわばアメリカ型のコンプライアンス・オフィサーといえるでしょう。

つまり自分の組織の悪いところをすべて知っていて、誰もが嫌がるマスコミ対応を一手に引き受ける役目です。

警察庁は、嫌なことをやった人間をきちんと処遇するという、アメリカ型のいい部分を、彼を素材に体現してくれるのではないかと思っています。トップに立つところまで見てみたいなと期待しているのです。

●インターネットの時代、記者会見はさらなる鬼門に

これまでにも繰り返しテレビや新聞で、トップらが並んで頭を下げる姿が報道されてきましたが、私には、いくつかの失敗のパターンの中で、同じ轍《てつ》を踏むことを繰り返しているように思えてなりません。「広報」「記者会見」への認識と技術が欠けたままで、今日のメディア社会に対峙《たいじ》していることは、あまりにも危険です。

テレビや新聞で大きく報道されてしまうと、どのくらいダメージになるか、当事者になってから気づくのでは遅すぎます。土壇場《どたんば》での「謝り方」「問題の認め方」次第では、トップの辞任にとどまらず、組織・企業の存続すら危うくなります。

現代ではインターネットが発達しており、以前とは比べものにならないほど早く、大量に情報が伝わります。テレビは一瞬の画像ですから、まずみんな見ていないだろう、大したことはないさ、と思っていると、意外や意外、インターネット上ではその画像がアップロードされ、広くネット利用者の間で閲覧できるようになっていたりして、著作権法の網をくぐりながら繰り返し、繰り返し見られるのです。その波及マイナス効果は恐ろしいものです。

しかも一般の人は、当事者に直接取材している訳ではありませんから、ブログや掲示

板などに書き込まれた情報の精度は必ずしも高くはないのです。個人の印象レベルの噂が、事実のように広まったりする場合もあります。テレビや新聞の報道の印象で、味方にも敵にもなるのです。すなわち事実としての情報も、心証も記者会見から始まっているわけです。

また、本書の執筆に当たって、過去の記者会見の様子をユーチューブというインターネットの動画サイトで調べてもらったのですが、近年の話題になった記者会見の多くが見つかり、一〇万人単位の閲覧者のある会見もあったそうです。

以前、マスコミ批判がよく雑誌でされていた時、新聞相手なら「縮刷版」があるので、過去にさかのぼって、その予測や事実認識の過ちを検証することができるけれども、テレビ報道に関してはビデオでいちいち確認することもままならず、難しいとある雑誌編集者がこぼしていました。しかし、ネットの時代では誰かが記録した映像を簡単に検索することもできます。そのほか、テレビ番組を恒常的に録画している民間会社もあるようです。

インターネットの時代だからこそ記者会見は鬼門、あだやおろそかにできないことは、こうしたことからもおわかりかと思います。

●やはり人前での男の涙は禁物

一九九七年一一月二四日朝、山一証券は臨時取締役会で、自主廃業と営業の休止を決定しました。

昼前には、東京・日本橋兜町の東京証券取引所で行われた記者会見で、営業不振に加えて、飛ばし取引によって二六〇〇億円もの簿外債務があることを明らかにし、野沢正平社長は「深く深くお詫び申し上げます」と頭を下げました。

社員にどう説明するのかと質問された野沢社長は、

「私らが悪いんです。社員は悪くございません。どうか優秀な社員ですので助けてあげてください」

と号泣《ごうきゅう》しながら訴えました。朝、臨時取締役会で決定して、数時間後のことでもあり感情が高ぶったのでしょうが、企業のトップが女性芸能タレントのように泣いたことは失敗でした。すでに破綻しているので、泣いたことで企業の存続が危ぶまれたりするわけではありませんが、ＴＰＯとしてまずかったですし、社長の対応としてはいただけません。「だからどうした」と言われておしまいです。

その意味で「加藤の乱」のときの加藤紘一氏も失敗でした。

二〇〇〇年一一月、自民党の加藤紘一氏、山崎拓氏らは野党が提出した森喜朗総理への不信任決議案に乗って、第二次森内閣の打倒を目指しましたが、加藤派の議員が切り崩されて断念した〝政変〟がありました。敗北が決定的になって、党を除名になっても不信任票を投じに行くという両氏を側近が引き留めるという場面が、テレビで放映されたのです。「一人で突撃なんてダメですよ！　あなたは大将なんだから！」と必死に泣きながら説得する谷垣禎一氏に、涙をにじませて立ちつくす加藤氏の姿が全国に伝えられました。

「私が悪い」と泣いた野沢社長

「首相が悪い」と泣いた元幹事長

私はこの二日後、在英日本商工会議所の招きで講演会のためにロンドンへ出張したのですが、このニュースは、海外でも大きく伝えられたようで、元駐日イギリス大使をはじめ、イギリスの知日派が大勢集まっていた食事会の席でも話題となり、皆「なぜ泣くのか」と一様に怪訝《けげん》な表情でした。

イギリス人は、感情をコントロールできないのは紳士ではないと思っているのです。「ウィーク・カトウ・ウィープス（Weak KATO weeps）」「政治家は憎まれたり嫌われたりするのはいい。軽蔑されるのが一番まずい。イギリス人は泣くやつを軽蔑するよ。弱いから泣くんだ」と言うのです。

これから政権を取ろうという政治家は泣いてはいけません。加藤氏の政治的影響力が低下したのは「加藤の乱」がきっかけでしたが、「泣いたこと」もその理由のひとつになったことは否めません。それを戒めた「子分」の谷垣さんが、「野党」に転落中とはいえ、親分の加藤氏がなれなかった自民党総裁に二〇〇九年九月に就任したのも運命の悪戯《いたずら》かもしれません。

加えて「加藤の乱」で一緒に泣いた姿を見た視聴者たちに「谷垣という人は『ひよ

わ』な人物」という印象を与えたことは残念でした。新聞の論評に「ひよわ」という言葉が使われ、あのときテレビの前で泣いたことはあとあとまで尾を引くマイナス・イメージとなりました。

「美女の涙」はプラス広報になる場合がありますが、男の負け戦《いくさ》のときの涙は禁物です。

●空前の「マイナス広報」事件

二〇〇九年夏当時に、私が会う人ごとに「記者会見の失敗をテーマに単行本を書いて出す予定です」と言うと、全員が全員、「中川大臣のことですね」と反応しました。「いや、それだけではなくこの十数年の失言、暴言、不適切な振る舞いなども調べてるんですよ」と付け加えると、「雪印の『私だって寝てないんだ』がありましたねぇ」と、即座に返ってきます。

この一言は、二〇〇〇年六月〜七月に起きた「雪印集団食中毒事件」での一幕ですが、今も非常に多くの人が思い浮かべるほどの強烈な印象を残してしまいました。

事件は六月末に近畿地方で発生、原因は雪印乳業大阪工場が製造した低脂肪乳が黄色ブドウ球菌で汚染されていたことでした。

食中毒の発生後、最初の記者会見は七月一日に行われています。すでに製造工程のバルブから黄色ブドウ球菌が検出されており、「バルブになにか残っていたのか」という記者団の質問に、役員たちは「あったんじゃないか」という曖昧《あいまい》な返答を繰り返していました。

大阪工場長が「あったんです。一〇円玉くらい」と割り込んできたとき、「それは本当か」と驚いたのが石川哲郎社長でした。これには記者も驚いたようです。石川社長はこの日、工場の様子も見ずに会見に臨んでいました。

商品の全品回収を発表したのが七月四日です。この日の記者会見でも失態続きでした。

〈答えに窮したり、同席した役員から発言を修正されたりする場面が目立った。「正直言って、混乱している」「正確な情報が出てこない」。「辞める気はないのか」との質問には「進退うんぬんを考える心境になっていない」と強気に答えた〉（「朝日新聞」二〇〇〇年七月六日）

決定的な暴言が飛び出したのは、会見を終えた石川社長が、エレベーターに乗り込もうとしたときでした。追いすがる記者に、

「（そんなこと）言ったってね、私だって寝てないんだ」

もうあとは非難囂々《ごうごう》です。テレビで映像が全国に放送されて、それが顧客への雪印乳業の姿勢なのかと、この上なく「マイナス広報」してしまいました。

七月六日、石川社長は辞任を表明します。同年三月に就任したばかりの業界団体「日本乳業協会」の会長も辞任することになりました。商品回収の遅れや情報公開などの対応がきわめて拙劣だった責任をとった形ですが、その拙劣さが被害を拡大してしまいました。最終報告書に記載された有症者数は一万四七八〇名、戦後最大の食中毒事件とな

ったのです。

当然のことながら経営的にも大打撃でした。大阪工場の閉鎖だけでなく、信用失墜でスーパーやコンビニ、給食などから雪印製品は消え、ブランドイメージも深刻な傷を負いました。

●情報が上に伝わらない組織

この事例の問題点を整理してみましょう。

新聞やテレビの報道を見る限り、記者会見のお粗末さは類例のないほどでした。

七月一日の記者会見では、役員が歯切れの悪い答えに終始していると、工場長が突然、バルブに汚れがあったことを明かしました。役員たちは、その事実を社長に伏せて、隠そうとしていたことが明白です。工場にも立ち寄らず記者会見に臨んだ石川社長には、情報を集めて事実を確認しようという意志が見えません。

工場長の発言が飛び出した記者会見後も、工場に寄ることもなく東京に戻ってしまったそうですから、自ら陣頭指揮をとろうとする意欲の片鱗《へんりん》もありませんでした。

経営陣の個人としての資質もさることながら、組織として、悪い情報が上に伝わらなかったという大きな問題があります。

危機管理の鉄則は「悪い情報は上に上げなければいけない」ということです。一刻も早く、事実をつかむこと。情況判断も対応策もそこからスタートします。情況のわからない中で、中途半端な隠蔽を目論んだことがつまずきの始まりでした。

日を追うごとに事実が少しずつ判明する間、黄色ブドウ球菌に汚染された製品が流通し続けていたのです。

七月四日になってようやく製品回収を決定しますが、この段階での「正確な情報が出てこない」という石川社長の発言は、組織として致命的な欠陥を抱えていたことを窺《うかが》わせます。

社長が辞任して、経営陣が並んで頭を下げることになりましたが、共同連帯無責任の典型的な姿でした。情報の上がらない組織を作ってしまったことも、経営陣として責任を免れ得ません。

そうなってしまった最大の理由は驕《おご》りだと思います。

●驕りから始まった凋落《ちょうらく》劇

「信用を得るには多年の歳月を要するが、これを失墜するのは実に一瞬である。しかして信用は金銭では買うことはできない」

かつて同じ雪印乳業の佐藤貢社長が発した社長訓辞です。

雪印乳業は一九五五年にも、給食の脱脂粉乳が原因となって、大きな食中毒事件を起こしたことがありました。このときのトップ、佐藤貢社長は、原因となった八雲工場で陣頭指揮に立ち、この工場の操業停止と製品の出荷停止を即断しています。全国紙の謝罪広告や、被害者への補償、学校、関係者、風評被害を受けかねない同業者まで見舞い状やお詫び状を送り、謝罪しています。

雪印乳業の源流は明治政府の政策に発しています。日本人の体格が貧弱なのは、牛乳を飲まず、肉類を食べないためであり、これでは欧米列強に伍していけない。日本人の体格向上に牛乳が欠かせないということで始まった国家事業の最先端が雪印乳業でした。佐藤社長は「その輝かしい歴史に大きな汚点を残した。だから私が謝る。社を代表して謝る。だからみんなも謝ってほしい」と名訓示をしたのです。額装されて、掲げられているとも聞いていました。

このときの非常に適切な対応がきっかけになって、雪印乳業は粉ミルクの世界シェア一二％という一流ブランドに育ったのですが、そのためかなり驕り高ぶってしまったようです。

この事件の少し前、こんなことがありました。

私は日本国際救援行動委員会（ＪＩＲＡＣ）という民間ボランティア団体で、救援物資を政府機関を通さずに、弱者に手渡すという活動をしてきました。

救援物資として粉ミルクを寄付してもらうため、私が企業にお願いに回ると、明治も森永もみんな寄付してくれたのですが、雪印だけ「慈善事業のような売名みたいなことは一切やりません。全部定価販売です」と寄付を拒んだのです。結局、私たちは定価で買わされました。

そうやって入手した生活必需物資を、シベリアの極東で困窮している独居老人へ届けたときのこと。エレベーターのない建物に一〇キロくらいの物資を持っていくと、お婆さんが箱の中を探って雪印の粉ミルクを見つけ、大喜びしました。ロシア語でしたが

「SNOWブランドはすごい」と言うのです。

「一日ひとさじお湯に溶かして飲めば一日生きのびられる。それぐらい栄養価が高いから、ほかの贈り物はあとから隣近所にわけてやるが、これだけは誰にもわけない」と言って、ベッドの下に隠していました。

帰国後、その事実を持って、私はまた雪印乳業の総務部長へお願いに行きました。

「ものすごく評価が高いですね。今度、読売とNHKが同行取材をするというから、雪印が映るように仕向けるので、何とか寄付していただけませんか」

「そうでしょう、SNOWブランドはシベリアの老婆でも知っている世界のブランド。だから寄付をして宣伝をする必要は全くないのです」

そう言って慈善まがいのことはすべて断っているのだと拒否されたのです。

こうした一連のことがあったので、私は雪印乳業の副社長とも知己になっていましたから、石川社長の事件があったとき、副社長に「一度、記者会見で佐藤貢社長の名訓示をそのまま読み上げて、反省の姿勢を示したらどうですか」と電話しました。

「いや、いまあれ、ないんです」という返事に、唖然として「有名な社訓なんだから探してみては」としか言えませんでした。後日、倉庫で見つかったということでしたが、驕り高ぶって「こんなものいらない」と外したのでしょう。

翌年の二〇〇一年〜二〇〇二年にかけては、子会社の雪印食品で牛肉偽装事件が起きました。雪印食品は清算されて消滅。この事件が決定的になって、雪印グループは解体・再編を余儀なくされました。

●情報操作の愚

二〇〇五年四月二五日に起きたJR福知山線脱線事故は、先頭車両が線路脇のマンションに激突、死者一〇七名、負傷者五六二名もの大惨事になりました。交通災害史上に残る大事故だったこともあり、事故直後から激しい報道合戦となりました。

脱線の直接の原因は、二年後に出された最終報告書では、制限速度を大きく超えてカーブに入ったためと記されていますが、事故の直後は、乗用車の衝突や置き石の可能性なども取り沙汰されました。

その日の午後の記者会見でJR西日本は、現場近くで「置き石」を疑わせる石が砕けた跡が見つかったと発表しています。これに対し、当時の北側一雄国土交通相は「事故原因との関係が分からない段階で言うのはいかがなものか」と、JR西日本の姿勢を批判しました。

巻末講座の「記者会見の心得十カ条」のひとつ、「ミスリード」の一例です。

そのためか、この後は一転して、四月二七日午前の記者会見では、回答しなくなります。

〈JR西日本の村上恒美鉄道本部安全推進部長が「捜査に関わる事実を公表しないよう、兵庫県警と国土交通省鉄道・航空事故調査委員会に要請された」と明らかにした。

このため村上部長は大半の質問への回答を事実上拒否。「なぜ言えないのか」と詰め

二重の意味で〝脱線〟した山崎前社長

寄る報道陣との間で、約一時間半にわたり紛糾した。
　会見には村上部長のほか、三浦英夫運輸部長らが出席。三浦部長は「車掌は今日も事情聴取を受けている」などと述べたが、その後村上部長が「捜査にかかわることはご容赦頂きたい」と述べると、三浦部長も一転、「先ほどの話は取り消します」と打ち消した。
　同社が車掌から聞いている内容などについても「捜査に予断を与える可能性があり、言えない」の一点張り。「事故との関係は不明」としながら置き石の可能性をにおわせた事故発生直後の会見とは対照的に、質問をかわすのに終始した〉（「神戸新聞」二〇〇五年四月二七日夕刊）

　ＪＲ西日本からの発表がないからといって、報道が止むわけではありません。

　事故を起こした列車が、直前の停車駅でオーバーランしたため、遅れを取り戻そうとしていたことや、ミスを隠すことに必要以上にこだわっていたことが判明すると、組織的原因の追及に鉾先《ほこさき》が向かいました。

　営業政策を最優先した過密ダイヤだったことや、ミスをした運転士らに懲罰的「日勤教育」が行われていたことがつぎつぎと明るみに出たのです。

　また事故直後に、天王寺車掌区の社員がボウリング大会や懇親会を開いていたことなど、組織としてのモラルも問われました。

すでに詳述しましたが、緊急事態での記者会見では「ネガティブリスト」の作成が急務です。言ってはいけないことだけを、幹部ですりあわせして、その他は何でも答えるという姿勢が必要です。

大組織がゆえの官僚的な対応を繰り返したことは、記者会見からも見て取れます。

事故から一年以上経て、「示談済めば対象外」とばかり、事故の犠牲者の遺族と負傷者を対象に開く報告会の予定を、補償交渉で示談が成立した人には伝えていなかったことも発覚して批判を浴びました。

そして、さらに大きなスキャンダルが二〇〇九年九月に発覚しました。JR西日本の山崎正夫前社長が、航空・鉄道事故調査委員会の最終報告書案を山口浩一元委員から入手し、「ATSがあれば事故を防げた」という一文を削除するように要請していたというのです。他の委員たちの猛反対により、報告書は原案通り公表されましたが、あれだけの大惨事の検証結果が、あわやねじまげられるところでした。

また、JR西日本の幹部は、数次にわたって国鉄OBでもある事故調査委員会の鉄道部会長と接触していたともいいます。

山崎前社長は約二年にわたり山口元委員と接触を続け、報告書案を入手しましたが、二〇〇九年四月に行われた事故四周年追悼式で、「弊社は被害に遭われた方々への精いっぱいの対応と安全性向上の取り組み、企業体質の変革を経営課題の三本柱として取り組んでいます」など平然と発言しています。

山崎前社長は、九月二五日に記者会見を開き謝罪をしましたが、その後も、数人の人物に、事故調の公述人として自分たちに有利な発言をしてくれるように頼んでいたことも露呈し、身勝手で反省のない企業体質がまたまた浮き彫りになったのでした。

●ホリエモンの驕り

二〇〇五年、ホリエモンことライブドア社長の堀江貴文氏は、まさしく時の人でした。二月、ニッポン放送の株を三五％取得して最大株主となり、フジテレビとの間で、株の争奪戦が起こります。一連の騒動で堀江氏が連発した「想定の範囲内」は流行語になりました。

インターネットを駆使した新しい産業で、旧来の経済界に殴り込みをかけた形の堀江氏は、軋轢《あつれき》を引き起こしながらも、若い世代を中心に支持する人、快哉《かいさい》を叫ぶ人も多く、注目の的になりました。記者会見にいつもTシャツで臨む行儀の悪さも含めて、彼らしいと思っていた人も多いのではないでしょうか。

九月一一日投票の衆議院議員選挙では広島六区から出馬。落選の翌日、尾道市内のホテルで開かれた記者会見では、テレビカメラを締め出す騒ぎを起こしています。

〈記者クラブの加盟社で「テレビだから」という理由で会見への出席を拒否されたNHKの記者が「なぜ規制をするのか」と抗議すると「都合のいい報道をされた。自責の念はないのか。あなたたちは永久に取材をされる立場にならない」と敵対心をむき出しにした。

メディア対応の問題は一一日にもあった。地元記者クラブ以外の取材を完全拒否。広報が事務所の外にいる報道陣に「別に取材しなくてもいいだろ」と言い放つ一幕も〉（「スポニチアネックス」二〇〇五年九月一四日）

春先、ニッポン放送株をフジテレビと奪い合っていた頃は、何があっても「想定の範囲内」とうそぶいていた堀江氏ですが、今になってみると、このあたりから、彼を取り巻く情勢は変化してきたようです。

翌年一月、東京・六本木のライブドア本社などに東京地検特捜部による家宅捜索が入ります。M&A（企業の合併・買収）で関連会社の株価をつり上げた容疑です。そして一月二三日、証券取引法違反容疑で逮捕され、一審、二審ともに有罪判決が出、二〇一一年四月二六日、最高裁も彼の上告を棄却する決定をし懲役二年六月の判決が確定しました。

驕れる者か、溺れる者か……

記者会見に垣間見えた驕った態度は、やはり会社の姿勢に重なります。「驕れる者久しからず」という『平家物語』の一節を思い出す人も多いのではないでしょうか。

●「良き敗者」は再起できる

堀江氏の名前が登場する偽メール問題で、民主党の前原誠司代表（当時）が引責辞任に至った事件がありました。

二〇〇六年二月一六日、衆議院予算委員会で民主党の永田寿康議員が、「堀江貴文被告が、自らの衆院選出馬に関して、選挙コンサルタント費用として自民党・武部勤幹事長の次男あて、三〇〇〇万円の振込みをメールで指示した」と指摘したことが発端でした。

武部幹事長はその日のうちに会見を開いて疑惑を否定しています。東京地検も当日、次席検事の名で「指摘される事実関係は把握していない」と発表しました。普通なら検察は、捜査中の個別の案件についてコメントすることはありません。これは非常に異例のことでした。

二月一八日に民主党はメールの写しを公表しましたが、偽物の可能性は高まるばかり。それでも前原代表は「二二日の党首討論で新たな証拠を示す」と断言してしまったのです。結局、新しい証拠を出すことはできず、民主党の支持率も低下してしまいました。

心労のため入院していたという永田議員は、二八日の記者会見で、「信憑《しんぴょう》性について十分な調査が進まないまま質問に至った」「私の質問で迷惑をかけ、国会を混乱させお詫び申し上げる」と頭を下げました。

その一方で「金の流れについての裏づけ証拠はあるが軽々に話せば信頼を失うので控

えたい」とも発言、謝罪にも弁明にもならない会見になりました。

ここは間違いなく「守りの記者会見」をする場面です。必要なのは「率直なお詫びの言葉」しかありません。危機管理の記者会見としては失敗でした。

非常にまずかった点は、同席していたのは、鳩山由紀夫幹事長・野田佳彦国対委員長で、責任者のトップである前原代表はいなかったことです。

「確度の高い情報」「さまざまな情報がある」と、メールが本物であると断言してきたのは前原代表でしたから、こういう時の記者会見にはトップ自らが顔を出さなくてはダメです。これでは民主党が、発言の責任を曖昧にしようとしていると国民から判断されても仕方がありません。

前原さんは、私が非常に期待をかけていた政治家の一人であり、今もそれは変わりません。というのも、二〇〇三年、小泉内閣で有事関連法案を成立させたとき、野党第一党の民主党も賛同しましたが、そのときずっと働いていたのが前原さんでした。安倍さんや額賀さんが表に出ていましたが、陰で手伝ってくれたのが彼だったのです。

彼が代表になって、これで民主党はよくなるかもしれない、二大政党になるかも知れないと思ったのですが、若手議員をかばいすぎて躓いてしまいました。

メールが怪しいとなった時点で、率直に誤りを認める「守りの記者会見」をして、やはり「腐ったリンゴは樽《たる》から出せ」というルールに従って処断しなければならなかった。

ところがメールは本物だといって攻めてしまったわけです。

党のトップとして、議員をかばうのが義務だと考えたのでしょうが、後日、安倍さんが〝バンソウコウ王子〟をかばったのと同じ誤りでした。年若いトップゆえに、誰かが〝誤った帝王学〟を教えたのかもしれません。三月三一日、前原さんは代表辞任を表明、鳩山幹事長ら執行部も総退陣になりました。

失敗は失敗として認めて潔く謝ることで、再起のチャンスが出てきます。バッドルーザー（悪しき敗者）ではなく、グッドルーザー（良き敗者）として振る舞うことも、危機管理の記者会見では忘れてはならない点です。

しかし、あの時、辞任した鳩山さんが後に首相となりました。幸いなことに、前原さんも国土交通相、外務大臣として表舞台に復帰されました。実に喜ばしいことです。ただ、両者ともこれからは、「浪人時代」「野党時代」と違って、前回同様のさまざまな「罠《わな》」や「アクシデント」などに見舞われる確率は高くなります。同じ過ちを繰り返さないためにも、過去の失敗から学ぶことが必要ですと単行本刊行時に記したのですが、ご両者ともその後新たなスキャンダル（子供手当や外国人の政治献金）が発生し辞任を余儀なくされました。鳩山氏や彼と同じく辞任した小沢一郎氏の〝復権〟は望みませんが、少くとも前原氏には再起を期待したいものです。

●実績のために犠牲となった命

政財界ばかりではありません。医療の世界でも、こんなことがありました。

二〇〇二年末から二〇〇四年の初頭までの間に、東京医大の第二外科（心臓血管外科）で心臓バイパス手術を受けた患者四名が相次いで亡くなりました。

そのうち三件は、心臓外科チームの責任者である外科医が執刀、四件目の事例も、その外科医は助手。当時の東京医大はこの第二外科の実績が伸び悩んでいたといい、その外科医は第二外科統括責任者の石丸新教授によりこの病院に招かれたのです。石丸教授は、当時副院長でもあり、院内「リスクマネジメント委員会」の委員長でもありました。

これら四件の手術失敗事例は、二〇〇四年の一二月になってからようやく新聞報道によって世間の知るところとなりましたが、新聞社の取材に対し、石丸教授は外科医の執刀について「トレーニングとして経験を積ませようと思った」と言ってしまったのです。

この一言は、「患者を死に至らしめた上に、それをトレーニングとは何事だ」と、世間の大バッシングを受けました。

記者会見では「(患者の死亡は)不適切な医療行為が原因ではない」と発表し医療事故ではないと主張しましたが、学長、病院長はこのときまで事実を知らなかったことも明らかになり、この病院の危機管理体制の実態が露呈されたのです。

その後、外部調査委員会がその外科医の執刀について「技術不足」と断じ、石丸教授も「(執刀医に)技術がないことはすぐに気づいた」と認めました。結局、四件の手術の失敗はすべて医療事故と認定され、病院側も謝罪したのですが、執刀した外科医、石丸教授、理事長、院長は辞職ということになり、さらには東京医大自体が特定機能病院としての承認を取り消されるという、それぞれの医師にとってもこの病院にとっても、最悪の結末となったのでした。

●「金を儲けるのは悪いことですか？」

二〇〇六年六月五日、「物言う株主」として知られた村上ファンド代表・村上世彰氏は、逮捕が近いことを知って記者会見を開きました。

逮捕前の人物が、直前に記者会見を開くのも珍しいことですが、彼はニッポン放送株でインサイダー取引をしていたとして、東京地検特捜部の捜査を受け、調書にサインをしていました。ライブドアの堀江社長らから、ニッポン放送の株を大量に取得することを「聞いちゃったかと言われれば聞いちゃった」と、二〇〇四年一一月から翌年一月にかけての取引が、インサイダー取引に当たることを東京地検で認めて、会見に臨んだのです。

会見場は東京都中央区の東京証券取引所の記者クラブ（兜クラブ）です。「僕が一生懸命歩んだ兜クラブで皆様に話したかった」という村上氏、私もテレビで見ていましたが、記者会見史上に残る饒舌《じょうぜつ》な謝罪でした。

延々一時間二〇分にわたった会見は、立て板に水の演説会になりました。

〈ほとんどのトップの記者会見は、部下が書いた原稿を棒読みということが多いのですが、メモもなく立て板に水の説明と謝罪でした。

〈「今回のインサイダー疑惑は寝耳に水。（検察側が）何のことをおっしゃっているのか最初は分からなかった」

「証取法の構成要件に引っかかるかと言えば、引っかかるかも知れないし、引っかからないかも知れない」

「聞いたから買ったのではないんです」

「私はもうけようと思ったのではない」

「証券取引市場のプロ中のプロを自任する私が、万一でも法を犯していいのか。プロ中のプロとして認識が甘かった。罪を甘んじて受けようと」

「反省する必要がある。そうでないと自分の生き方に反する」〉（「朝日新聞」二〇〇六年六月五日夕刊から抜粋）

兜の緒を締め忘れた？

容疑を受けた経緯や釈明のほか、自らの生き方の主張まで交えてえんえんと喋り続けました。
「私が嫌われるのはたくさん金を儲けたからです。金を儲けるのは悪いことですか？」
マスコミはいつも決定的な一言を、鵜《う》の目鷹の目で探しています。この一言で、「インサイダー取引のことはよくわからないけれども、濡れ手に粟《あわ》で金儲けしている男はけしからん」という空気が醸成されてしまいました。民意を敵に回してしまった。東京地検も逮捕・勾留しやすくなりました。

その深慮遠謀から、東京地検は一時間もの記者会見を許可したのだという人もいます。長時間しゃべり続けることで、事実や証言との食い違いも出てきます。

頭の良さに自信があっても、ネガティブリストを用意していても、必要以上に長時間しゃべり続けることはひかえなくてはいけません。

「守りの記者会見」から反転攻勢に出ようとした失敗とも言えますが、守ると決めて臨んだら、守りに徹するべきでした。

●ささやき女将の失態

記者会見は、その企業の姿勢や体質をあるがままに反映します。

二〇〇七年一〇月、賞味期限切れや産地偽装問題が発覚した大阪市の料亭、船場吉兆は、つぎつぎとごまかしや不手際が発覚して、失笑を買いました。

偽装発覚の当初、賞味期限切れの総菜などを販売したことを、パートの女性らの独断によるものと責任を押しつけようとして、怒った彼女たちは一一月一四日に記者会見を開きました。福岡市のデパート地下の売店で働くパート女性の四名が「店長から直接指示を受けてラベルを貼り替えた」「全責任はパート女性にあるとする会社作成の事故報告書に署名・押印を求められた」などを明らかにしたのです。

農水省の調査も入り、さまざまな矛盾や九州産の牛肉を但馬牛と表示していたことなどが噴出して、一二月一〇日に記者会見が開かれました。

経営陣を身内で固めている同族会社では、力量とは関係なく記者会見に臨むことにもなるので、奇妙な事態も発生します。湯木正徳社長の妻で女将の佐知子取締役と長男、喜久郎取締役が臨んだ記者会見の様子は、テレビで放送されて失笑を買いました。

女将「取引先様、仕入れ先様、従業員、社会の皆々様に多大の不信と、ご迷惑をおかけし、食品の安全に対する信頼を裏切ったことを深くお詫び申し上げます」

冒頭、神妙に頭を下げた佐知子取締役でしたが、喜久郎取締役が質問を受けると息子の不甲斐なさにいてもたってもいられなかったのでしょうか。小声で指示し始めました。

女将「大きな声で、目を見て」

欺くという気持ちはなかったかという質問に対しては、

女将「ないです……、ないです……、ないです」

長男「申し訳ございません」

以前の会見で経営陣に責任がないと言ったのはなぜかと問われて、

女将「頭が真っ白になったと、頭が真っ白……」

長男「初めての記者会見という経験で、頭が真っ白になっていたというか……」

女将「責任逃れの発言をしてしまいました」

長男「自分でも何を申し上げているのか、わからなくなってしまいましたというのが事実です」

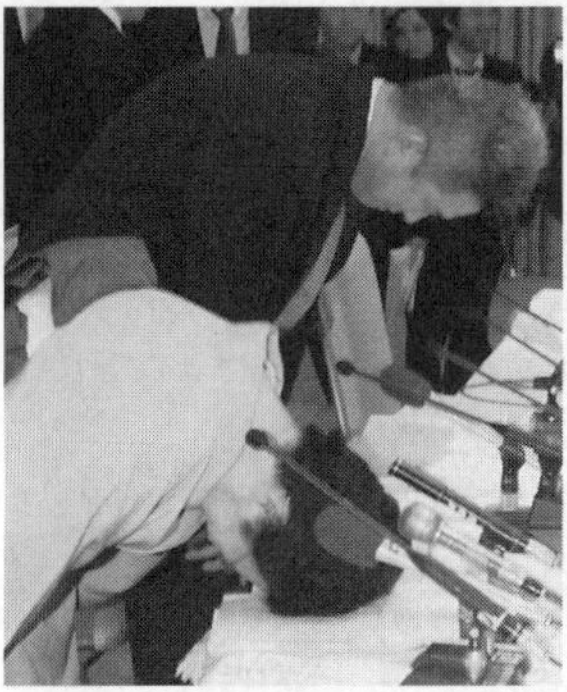

この会見で吉兆から凶兆へ

マイクに女将の声がすべて拾われていて、息子はそれをオウム返しに答えるという、世にも珍妙なる記者会見の失敗となり、〝ささやき女将〟と渾名されて佐知子取締役の恥の上塗り会見として、記憶にとどめられることになってしまいました。

プロンプターはマイクに注意すること。この一点は教訓になりました。

「過保護」「驕り」など同族企業の抱える問題が、記者会見にも表れていたようです。

●「お化けでございます」

同じような失敗が、かつて国会答弁でもありました。

一九八〇年代前半、鈴木善幸内閣のころ、航空自衛隊の主力戦闘機F４ファントムの空中給油装置が敵地攻撃用なのではないか、専守防衛に反しているのではないかと問題になったことがありました。

伊藤宗一郎防衛庁長官が答弁台に立ち、社会党や共産党の国会議員による厳しい攻撃質問に答えていたときのことです。

丁々発止《ちょうちょうはっし》のやりとりの途中で突然、社会党議員の質問者が、妙な質問をしました。

「ところでファントムというのはどういう意味ですか？」

不意をつかれて伊藤長官は立ち往生してしまいました。

と、そのとき説明員を務める防衛庁のＳ課長が、腰をかがめて小さくなった姿勢のまま、猛烈なスピードで答弁台に立つ伊藤長官に向かって走りました。目立たないようにしているのですが、背中を真っ直ぐに伸ばし、足だけ深く曲げた珍妙な姿勢でかえって目立ちます。何をするのかと思っていたら、長官の耳元で囁いたのです。

「お化けでございます。お化けでございます」

この囁き声がマイクに入ってしまいました。答弁台のマイクは、なるべく野次が入らないようにするために、一方向の音だけを良く拾うマイクが使われているのです。伊藤長官はオウム返しに「お化けだそうです」と答えて、国会内は大爆笑です。

〝ささやき女将〟のプロンプターぶりに、黒子であるべき政府委員（局長）や説明員（課長）が目立ちすぎた珍事を思い出しました。

●相次いだ県知事の「嘘」

二〇〇六年には、福島県と和歌山県と宮崎県で立て続けに官製談合事件が発覚し、各県で知事が逮捕されました。いずれも知事が特定の業者に、工事を落札させるように関与した容疑です。

一〇月に逮捕されたのは佐藤栄佐久福島県知事。県が発注したダム工事を受注させる見返りとして、実弟が経営する会社の所有地を建設会社に高値で買い取らせ、差額がわいろだとされました。

知事は「全く身に覚えがない」ことだとしながらも、九月、実弟や元県土木部長が逮捕された段階で記者会見を行い、「道義的責任を取り、一八年間の職務に自らの手で終止符を打つ決意をした」と言って、辞職してしまいました。

一一月には、木村良樹和歌山県知事が逮捕されました。和歌山県が発注した下水道工事の入札の受注に関与した疑いです。彼は記者会見の席で「やましいところはないが、県政の混乱の責任を取って退任する」と発言し、逮捕後に辞職しました。

一二月、安藤忠恕宮崎県知事が逮捕されます。東京の建設情報コンサルタント会社に、県発注の橋梁設計を落札させるよう、出納長らの県幹部に指示していた疑いです。

以前から疑惑が報じられていましたが、知事の不信任決議が可決されても、事件への関与を認めることになるからと議会の解散も辞職もしないと表明。しかし後日辞職し、その四日後に逮捕されました。

この三人の共通点は「談合はありません」と嘘を言ったことです。

談合の噂が広まって開かれた弁明の記者会見で、談合はない、知らなかったと胸を張っています。談合があることは公知の事実です。だから「日本のこの公共事業ではやむを得ない」という認識に立って、嘘を承知でかばったのでしょう。とはいえ、もはや「必要悪」などという考え方は通用しません。

佐藤、木村の両前知事はいわゆる「闘う知事会」の改革派として知られていました。事実を明らかにして、一掃への道筋についての考えを述べてもよかったのではないかと思います。談合は違法ですから、逮捕もなくお咎めなしとはいかなかったでしょうが、道義的には一定の宥恕《ゆうじょ》が得られたのではないでしょうか。

その後、和歌山県の木村前知事は、懲役三年、執行猶予四年、追徴金一〇〇〇万円が確定、福島県の佐藤前知事は、懲役二年、執行猶予四年とした東京高裁の判決を不服として上告しました。さらに、佐藤前知事は平凡社から反論の書である『知事抹殺』を刊行もしています。二〇一一年三月一一日以降の福島第一原発事故に関しても、知事時代に東京電力と原発の是非をめぐってやりあった事実を披露して存在感を示していました。

宮崎県の安藤元知事のみ、懲役三年六月、追徴金二〇〇〇万円の実刑判決となりましたが、無罪を主張して即日控訴しています。

嘘と言えば、元防衛次官が夫妻そろって収賄容疑で逮捕された事件がありました。

当初、報道されたのは、守屋武昌元防衛次官が、航空・防衛専門商社の元専務とゴルフに行っていたということでした。

なぜそれが問題になるのかというと、利害関係者とゴルフをすることが自衛隊員倫理規定で禁じられているからです。

報道された二〇〇七年一〇月の時点で彼は、小池百合子防衛相と後任人事を巡って対立して退職していましたが、現職時代の法令違反を問われたのです。

当初、彼は「コメントしない」と通していましたが、やがてゴルフに行ったことは認めたものの「お金は払っている」と嘘をつきました。

一〇月二九日に、衆院テロ防止特別委員会で行われた証人喚問で、約一一年前からゴルフ接待を受けていたことは認めましたが、「（接待相手から）一万円でいいと言われたので、一万円を出した」と証言しました。

早々にこれが嘘だとバレると、つぎつぎに接待の中身が判明し、収賄事件に発展しました。夫婦で二〇〇回以上ゴルフ接待を受けていたり、娘の海外留学の世話などを受けていたことなどが、露見して、夫妻そろって逮捕されたのです。これも嘘で自滅の典型でした。

●違法性の有無が問題なのではない

安倍内閣は危機管理の場面で、記者会見のまずさから何度も躓きました。まずは二〇〇六年一二月、政府税制調査会会長の本間正明氏の不祥事です。本間氏は、大阪大学大学院の教授でしたが、東京・原宿駅近くの豪華な官舎で、大阪・北新地のクラブホステスの女性と暮らしていたことが、週刊誌にスクープされたのです。

安倍総理は税制の抜本的な見直しに向けて、彼を政府税調の会長に任命していました。ところがあろうことか、民間のマンションなら五〇万円は下らないとされる物件を七万七〇〇〇円で借りて、愛人と同棲していたことがバレてしまいました。しかも小泉元総理時代に経済財政諮問会議の民間議員を務めていた三年ほど前からということでした。本間氏は一二月一三日の記者会見で、常勤の国家公務員ではないのに官舎に入居していたことを陳謝しましたが、愛人問題はプライベートな問題だし、誠実な交際であり妻とは離婚協議中だと釈明して、官舎から退去することで事態の沈静化を図ろうとしました。しかしこれでは国民がとうてい納得できるはずもありません。

安倍さんは当初、「職責を全うすることで責任を果たしてほしい」と本間氏をかばいました。離婚が進行中でいずれは結婚するのだし、婚約者を入れてはいけないと公舎使用規定にはないので違法性はない、などとも言っていましたが、違法かどうかの問題ではありません。不適切なのです。税制の将来を決める立場の人間が、税金で建てた豪華な官舎で特別扱いを受けているのですから。

私はすぐ、安倍さんに電話して進言しました。「この人が税制（消費税の税率アップ）のことを言っても何もできません。一刻も早く辞めていただくのがいちばんです」と。安倍さんは任命責任の問題になることを気にしていましたが、当時、担当大臣が「任命責任は私です」「この人に税制改革を進めさせたのがまずかった。適任者に替えます」と言えばそれでおしまいでした。

かばってはいけない人をかばってしまった。眼前の危機にどう対応するか、着地点はどこにするか。最初の方針決定のミスです。一二月二一日、本間氏は辞任しますが、この一件を皮切りに、安倍内閣ではさまざまな閣僚の不祥事、不適切、あるいは失言が続き弁明に追われました。

●間違った帝王学

一二月二五日、佐田玄一郎行政改革担当相の政治団体が、事務所はなかったのに、一〇年間で約七八〇〇万円の事務所費や光熱費を計上していたことが発覚しました。佐田大臣は二七日に辞任を表明しています。

翌二〇〇七年一月二七日、島根県松江市で開かれた自民党県議の集会で、柳沢伯夫厚労相は少子化問題に話題が及び、「女性は産む機械」発言が飛び出しました。

これは失言でした。前後の文脈をみれば字句通りに言ったわけではないのですが、そう受け取られる言い回しだったので「『女性は子ども産む機械』柳沢厚労相、少子化巡り」（「朝日新聞」）など、翌日の新聞の大見出しになってしまいました。

〈集会に出席した複数の関係者によると、柳沢厚労相は年金や福祉、医療の展望について約三〇分間講演。その中で少子化問題についてふれた際、「機械と言って申し訳ないけど」「機械と言ってごめんなさいね」などの言葉を入れながら、「一五〜五〇歳の女性の数は決まっている。産む機械、装置の数は決まっているから、あとは一人頭で頑張ってもらうしかない」などと述べたという〉（「朝日新聞」二〇〇七年一月二八日）

自民党内からも女性議員を中心に批判されて二九日に陳謝。野党は辞任を要求し、安倍総理の任命責任を問う声も上がりました。

ここも安倍さんが擁護したので、結局、辞任には至りませんでした。

安倍さんのまずかったところは、何よりも部下の失敗をかばいにかばったことだと思います。いわゆる帝王学を身につける前に、若くして総理になったため、誰かが誤った帝王学を吹き込んだのかもしれません。部下は守るもの、大切にするものであると。あるいは自分よりも年長者が多い部下の人心掌握のためだったのでしょうか。

平時であればそれでも通用したのでしょうが、危機管理の場面では、迅速な処断が何よりも大切です。事実関係を把握したら切るべきところは切っていかないと、組織は危うくなります。たとえ目先の問題は乗り切っても、緊張感がなくなって惰弱《だじゃく》になったり、無責任がはびこってしまう。「泣いて馬謖《ばしょく》を斬る」のは長たるものの務めです。

〝人身御供《ひとみごくう》〟を出さないといけない局面を、冷徹に見極めることも本来の帝王学のはずでした。かばったことが裏目にでて、このあとも不祥事や失言は止まりませんでした。

●擁護できないケースを峻別せよ

二〇〇七年三月、松岡利勝農水相の資金管理団体が、水道代や光熱費のかからない議員会館に事務所を置いているにもかかわらず、少なくとも五年間で二八八〇万円という高額の水道光熱費を計上していたことが判明して、激しく批判をされました。

〈「松岡氏は、同団体の事務所を議員会館にしか置いていないことを認めたうえで、「水道は『何とか還元水』とかいうものを付けている。暖房なりなんなり、別途そういうものも含まれている。必要な範囲で、確認したものがあれば答える」と述べるにとどまった〉（「朝日新聞」二〇〇七年三月六日）

ある年の水道光熱費は約五〇七万円だったそうです。議員会館では無料のはずなのにどういうことだと集中砲火を浴びて、一度は「確認してから答える」と言っていたものの、二日後には一転して「開示は現行制度が予定していない。差し控えさせていただきたい」と答えてまた騒がれました。安倍総理は、法令に沿って報告をしているので問題はないという見解を示して、ここでもかばってしまいました。

一本五〇〇〇円もするミネラルウォーターを飲んでいるとも詮索され、「今、水道水を飲んでいる人はほとんどいないんじゃないですか」と発言してしまいました。

これは大失言でした。水道水が飲めるか飲めないかは、開発途上国と先進国の見分け方です。バンコクではつい最近まで水道水は飲めなかったですし、バンコク以外のタイ国内ではまだまだです。水と食とを担当する農林水産大臣が、日本の水道水が飲めないとは、日本は開発途上国だといったに等しい暴言でした。水道局の幹部からも怒りの声があがっていました。毅然として解任すればよかったのですが、安倍さんは守り続けました。この騒動の中で、安倍内閣の支持率は、共同通信の調査では支持三九・九%、不支持四二・二%と発足後初めて支持率が四〇%を割り、読売新聞でも四三・八%、不支持四三・九%と初めて不支持率が上回っています。

何かと疑惑の多い松岡大臣でしたが、五月二八日、自殺に至りました。

六月三〇日には久間章生防衛大臣の「原爆しょうがない」発言が出てきます。


〈千葉県柏市での講演で、第二次大戦で米国が広島、長崎に原爆を投下したことについて、「あれで戦争が終わったという頭の整理で、しょうがないと思う」などと発言した。その後、与野党から強い反発が出たことを受け、「核廃絶と、広島、長崎への原爆投下は許せないという姿勢は微動だにしない」と釈明し、陳謝した。首相も久間氏を厳重注意したが、批判の声は収まらなかった〉(「読売新聞」二〇〇七年七月三日夕刊)

当初は更迭する考えはないとしてきた安倍さんでしたが、辞任を認めました。

●三者三様に発言した大失敗

続いて、〝バンソウコウ王子〟こと赤城徳彦農林水産大臣がやり玉にあげられます。

自殺した松岡さんの後任として農水相に就任した赤城大臣はさっそく緑資源機構の廃止を提唱して指導力を見せ、相次いでいた「食の安全」問題への対処にも期待をされていました。ところが、父親の自宅を事務所として届け出ていたことや、事務所水光熱費の問題など不祥事が報道されると、一転、窮地に追い込まれます。

安倍さんはここでもかばいました。赤城大臣と大臣の父親の発言が矛盾している点を「お父さんもお母さんもご高齢だからそういう印象をもったのかも」と擁護したり、事務所の水光熱費が格安であることなど数字を上げて説明していました。

七月一七日、閣議後の会見で赤城大臣は、事務所問題の領収証は適切に処理されているので、公開するつもりはないと改めて拒否しました。その際、顔に絆創膏を貼っていたので、その理由を聞かれたのです。

〈この日、赤城氏は左目上の額と左のほおにガーゼを張って会見に臨んだ。「けがをしたのか」などと質問が集中したが、赤城氏は「大したことはない」「ご心配なく」と繰り返し、理由を明かさなかった。会見終了後、報道室を通じて、「公務によるものではない。私は肌が弱いので、ちょっとかぶれたのかもしれない」とのコメントを出した〉（「朝日新聞」二〇〇七年七月一七日夕刊）

後日、テレビで「はれもの」とか「吹き出もの」という言葉を使いました。しかし本人が「自民党の吹き出もの」だった折に不用意にそういう言葉を使ったことは、女性有権者に「不潔感」を与えてしまったと思います。

一連の不祥事にきちんと答えていないという批判の中、説明をかたくなに拒むこのシーンは何度もテレビで放映されてしまいました。

七月二九日投票の参議院選挙で、与党が過半数を割って惨敗したのも、選挙期間中のこの不手際が原因だとも批判され、八月一日、辞任とも更迭ともつかない決着となりますが第五章で述べたように、このときのマスコミへの対応もひどいものでした。

しかも後任に起用された遠藤武彦農水相は、「農水大臣だけはなりたくなかった」と言ったとも伝えられ、組合長を務めていた農業共済組合が補助金を不正に受給していた問題で、就任後わずか約一週間で辞任してしまいました。

記者会見の重要性と、その恐ろしさの教訓となるような安倍内閣の一年でした。

●民主党代議士のお粗末すぎる妄言の数々

民主党も負けていません。そうした記者会見や講演会などでの「失言」以上に、槍玉に上げられるのは国会答弁です。過去にも多くの大臣や政治家が失言して追及されたことがありますが、「法務大臣はいいんですよね。二つ覚えておけばいいんですから。『個別の事案についてはお答えを差し控えます』。これはいい文句ですよ。分からなかったらこれを言う。これでだいぶ切り抜けてきました。あとは『法と証拠に基づいて適切にやっている』と。この二つです。何回使ったことか」と二〇一〇年一一月一四日の大臣就任祝いの会で語ったのが柳田稔法務大臣でした。

国会答弁をこう自嘲した柳田法務大臣が一一月二二日、辞任（事実上の更迭）したのも当然でしょう。

さらに民主党の土肥隆一議員は、竹島の領有権主張の中止を日本政府に求めた共同宣言文を韓国の国会議員と共に発表していた事実が二〇一〇年三月に発覚しました。「共同宣言の文面を十分に精査しなかった」「竹島は不法占拠されている」と釈明したとのことですが、そのため、党の常任幹事会議長などの要職を辞任し、離党しました。記者会見で速やかに謝罪したのは評価できるにしても、あまりにもお粗末過ぎます。

●財界の重鎮たちが犠牲に

二〇一一年三月一一日の東日本大震災以降の福島第一原発事故をめぐっての東京電力の不手際、不誠実な対応については第二章で詳述した通りです。

これに先立つこと、九年前の二〇〇二年八月に発覚した東京電力のトラブル隠しは、荒木浩会長、平岩外四相談役、那須翔相談役らトップ五名が辞任という大きな進退問題になりました。

今問題になっている福島県の福島第一、第二原子力発電所と、新潟県の柏崎刈羽原子力発電所で、一九八〇年代後半〜九〇年代にかけて実施した自主点検の際、軽微なひびや摩耗が見つかったけれども報告せず、記載をごまかしていたという不祥事です。そのひとつがシュラウドという、原子炉の内部で燃料集合体や制御棒を収納している円筒状の構造物のひびでした。致命的欠陥につながるものではなく、国が定期検査で点検する項目には含まれていないので、自主点検の記載をごまかしていたのです。

これも悪い情報が上に伝わらなかったという、大組織ゆえの失敗でした。

皮肉なことに事件発覚の直前、私が出講した危機管理をテーマにした勉強会に、東京電力のトップも参加していました。経団連と日経連が統合したときに、御殿場にある経団連のゲストハウスにそうそうたる人たち三五人が集まって開かれた勉強会でした。

私はそこで「悪い報告は真っ先に上げなければいけない、上は聞いたら叱ってはいけない」という、組織作りの基本的な話をしたのですが、懇親会で荒木さんと那須さんがそばにやってきて、「今日のは本当に役に立ちました。悪い報告は上げなきゃいけませんよね」と、言っていた直後の出来事でした。

トップは本当に知らなかった。実質的に問題がないトラブルを隠していたために、経団連会長や国家公安委員会委員などを歴任され、日本を今日あらしめた大功労者の平岩さんをはじめ、財界の重鎮たちが身を退くことになりました。残念なことです。

発電所が止まって電力危機にもなりました。悪い報告が上がらなかったことで、大きな犠牲を払った一例でしょう。

●最初に謝ればよかったのに

記者会見での傲慢な姿勢で反発を受けた事例があります。

二〇〇六年六月三日夜、東京都港区の公共住宅の一二階で、一六歳の高校生が、扉が開いたまま突然上昇を始めたエレベーターの床と天井に挟まれて死亡しました。

エレベーター製造元のシンドラーエレベータは、当初、非常に強気でした。記者会見が開かれることになったのは強制捜査のメスが入った、事件の四日後。しかしそれも中止になっています。かろうじてコメントは読み上げたのですが、自社エレベーターの優秀性を宣伝するばかりで、謝罪はありませんでした。翌日の新聞は、こう伝えています。

〈業務上過失致死容疑で警視庁の捜索を受けた東京・江東区のシンドラーエレベータ本社前では七日夜、同社幹部が、「世界でシンドラーの製品を毎日、七億五〇〇〇万人の人が利用しています。シンドラーの製品は業界の高い基準で設計されています」などとするケン・スミス社長の日本語のコメントを読み上げた。

シンドラー社ではこの日夕、事故後初めての会見が予定されていた。しかし、その直前、警視庁の捜索が入ったため会見は中止に。

この幹部は「私には何も答えられません」と繰り返し、報道陣から改めて捜索後に会見するよう求められても何も答えず、振り切るようにして本社内に入った〉（「読売新聞」二〇〇六年六月八日）

「同じ型のエレベーターは他にどこにあるのか？」という質問にも「警察に協力してい

るのでそちらを通してほしい」と、企業の社会的責任の希薄さが目立ちました。

マスコミの調査で、日本全国の少なくとも二〇カ所でシンドラー製のエレベーターがトラブルを起こしていたことが判明して、企業の姿勢に不満の声が沸き立ちました。

事実関係が明確になるまでコメントできないと、高飛車な態度をとってきたシンドラー社が一転して謝罪会見を開いたのは、事故から九日後の一二日のことでした。

新設事業本部の西村智行本部長のほか、日本法人のスミス社長、本社から来日したエレベーター・エスカレーター事業最高責任者のローランド・W・ヘス氏も出席して、日本式にようやく頭を下げました。

「被害者の冥福を祈り、遺族に哀悼の意を表します」「事実確認に重点を置きすぎたため情報開示が遅れてしまい、遺族や住民の皆さまにお詫び申し上げます」などコメントを読み上げ、ようやく謝罪したのです。

謝罪すると非を認めたことになり、裁判で不利になるという認識だったのでしょうが、あまりにも遅い。商売相手は建設業者などの法人や自治体で、消費者に直接売るわけではないとはいえ、企業イメージとしては致命的でした。

しかも頭を下げることは下げましたが、謝罪したのは「情報開示が不十分だった」という点で、「変な外国人が威張った記者会見をやっている」という印象でした。

三年近く経った二〇〇九年五月八日、同社のアルフレッド・シンドラー会長が来日して記者会見をしました。

シンドラー会長は、「心から哀悼の意を表したい」と遺族に詫び、ブレーキを制御する部品が部分破損していたとして初めて事故原因に触れました。また、事故直後の対応の拙さも率直に認めています。

〈同社は事故直後、遺族や港区などへの説明を拒んだ。同会長は「明らかに間違っていた。申し訳なく思っている」と謝罪。その後も沈黙を守ったのは「情報提供を始めれば継続しなければならず、中途半端に出来なかった」と釈明した〉（「朝日新聞」二〇〇九年五月九日）

最初に謝ってしまえばよかったのですが、日本法人の頼んだ弁護士が謝るなと言ったらしい。コンプライアンスにおいては、弁護士のアドバイスが必ずしも正しいとは言い切れないことを示す一例でした。

●同族企業の無責任体制

二〇〇六年七月に、発覚したパロマのガス湯沸かし器による一酸化炭素中毒事故は、直後の対応のひどさに憤りを感じた人も多かったのではないでしょうか。

七月一四日、経済産業省は、一九八五〜二〇〇五年までの間に、排気ファンの作動不良が直接原因となって一酸化炭素中毒事故が一七件発生し一五人が死亡していることを公表しました。これを受けてパロマでは小林弘明社長が記者会見をしました。

小林社長は、一連の事故は、サービス業者の不正改造が原因であるとして、まったく謝罪をしませんでした。器具の延命を使用者に頼まれて、サービス業者が安全装置を解除したため、排気ファンが作動せずに事故が起きたと主張したのです。「製品にはまったく問題ないという認識です」「(不正改造に)非常に憤りを感じる」と発言し、製品の名誉を傷つけた当社も被害者だとまで強調しました。

ところが四日後、強気が一転します。

機器の老朽化による事故があったことや、一五年前から事故発生を知っていたことなどを明らかにして、事故の責任を認めたのです。経産省の発表とは別に一〇件の事故があり、合計二七件、二〇名の死者に上ることが判明しました。

一八日の記者会見では、小林弘明社長とともに、父親で先代社長で会長でもある小林敏宏・パロマ工業社長と並んで頭を下げました。パロマが販売する製品は、子会社であるパロマ工業が製造しており、前年九月に現体制になった同族会社でした。

〈弘明社長は「事故について自社の問題であるという認識が薄く、あくまで不正改造の問題と考えていた。情報掌握のつたなさを反省している」と話した。(中略)事故当時のトップだった敏宏社長に関係部署から事故の報告がすべて上がっていたわけではないことを明かした。敏宏社長は「私が安全を強調しすぎたため、(事故の)報告が出しにくくなったかもしれない」と、同族会社としての弊害があったことを認めた〉(「朝日新聞」二〇〇六年七月一九日)

情報が上がってこない淀んだ組織であったことがわかります。

新たな事故が判明したのも散逸していた資料が見つかったからだと説明されました。事故の発生を把握していながら放置していた企業体質に、事なかれ主義が蔓延《まんえん》する同族会社の弱点をさらけ出していました。

事故が起きてからの対応において、第四章で紹介した松下電器とは対極にある事例です。

つまり事実を即座に把握し、こちらに非があった場合の徹底的な陳謝、謝罪、補償、再発防止に向けての取り組みなど決めていくべきところです。危機管理が必要なまっただなかで、何もできなかった無責任体制が暴露されたのでした。

●記者会見の席上、長男に諌められた社長

記者会見への対応は中小企業にとっても無縁無用のことではありません。

「食の安全」に注目が集まって、食品偽装や賞味期限切れ問題が、連日報道されましたが、突然、押し寄せた大勢の報道陣に、とんでもない発言をしてしまう事例が頻発しました。

二〇〇七年六月、北海道苫小牧市の食品加工卸会社ミートホープが、一〇〇％の牛肉ミンチに豚肉を混ぜていたことが発覚、元幹部が、腐臭のするような肉を使ったり、家畜の血を入れて牛肉に見えるよう赤く着色したこともあることなどを証言して、連日大騒ぎになりました。当初、田中稔社長は、過失で豚肉が混ざっていたと強調しました。

〈ミート社の田中稔社長は、「ごまかしはないが、間違いはある。結果的に間違った製品を入れてしまい、申し訳ない」。古い肉の利用については「ひぼう中傷だ。期限切れ四日前ぐらいの肉を仕入れ、殺菌処理して冷凍した。冷凍すれば二年間は持つ」と説明した〉(「朝日新聞」二〇〇七年六月二〇日)

翌日の、工場長や長男の取締役も出席した記者会見の様子はテレビでも放映されました。誰が豚肉を入れることを提案したのかという質問に、

社長「私、提案されたと思います」

工場長「社長が言ったと思います」

と、社長は言い逃れようとしますが、長男の取締役がいさめます。

取締役「社長、本当のことを言ってください。もう曖昧な表現はやめて、本当にやったならやったと認めてください」

社長「指示したことはあります!」

このやりとりが全国に放送され、嘘がバレました。

最初に「故意ではなく間違いだった」と言った嘘、これがいちばんまずかったのですが、それに加えて偽装のきっかけでも嘘をついて責められてしまいました。

記者会見の席で、正直に話すよう息子に説得される父親というのも前代未聞です。本来なら、方針を整理して記者会見に臨まなくてはいけません。

もっともこの会社の場合、豚肉だけでなく、鶏肉やパンの切れ端などで水増ししたり、血液を混ぜて発色をよくしたり、腐敗しかかった肉を混ぜたりと杜撰《ずさん》をきわめていたので、正直に偽装を認めて率直に詫びることもできなかったでしょう。それはもはやコンプライアンスのレベルではなく、犯罪でした。

実際、田中社長は不正競争防止法違反（虚偽表示）と詐欺の罪で、懲役四年の実刑判決を受けました。ワンマン社長と、縁故者で固めるネポティズムが体質となっている企業ゆえの閉鎖性を露呈した事例でした。

●些細な問題で自滅するな

産地偽装や原材料の偽装はともかくとして、賞味期限、消費期限を偽っていたという些細な問題が必要以上に大きく取り上げられることもありました。

もちろん賞味期限や消費期限をごまかすのは誉められたことではありませんが、だからといって、企業を崩壊させてしまうことはないでしょう。潔癖でヒステリカルなマスコミの追及は行き過ぎだと思います。

「消費期限」とは、生鮮食品や加工食品などが「安心して食べられる期限」、「賞味期限」とは、スナック菓子やインスタントラーメンなど、比較的保存の利く食品の「美味しく食べられる期限」だということですが、本来は消費者が自分で食べられるかどうか判断すればいいことです。これをごまかすのはＪＡＳ法等違反の形式犯です。擁護するわけではありませんが、凶悪犯ではないのですから組織の命運に関わるようなことでもないのです。

ミートホープや船場吉兆は、食品を扱う組織として〝腐って〟いましたが、日付を偽装しただけなのに、記者会見の失敗で自滅してしまうのは不合理なことです。

事実を把握したら率直に謝罪して、再発防止の方策を練ればいいのですが、変にごまかしたり逃げ回ったりして失敗するのが一つのパターンになっています。

躓くことはどのような組織にも起こりえます。その土壇場から危機管理に成功して立ち直ることが、コンプライアンスの目的なのです。

紙幅の都合もあり、大きな事件に絞って解説しましたが、中小企業においても考え方はまったく変わりません。記者会見の失敗で事態をさらに悪くする企業、組織が少しでも減ることを願ってやみません。

一敗地にまみれた企業や組織も、最大限の知力と胆力を振り絞ることで、磔刑《たっけい》から復活したイエス・キリストのごとく、奇跡は起こせるのです。

第七章　わが失言の収支決算——イスラエル大使からの「物言い」

●「言っていいこと、悪いこと」

以上、見てきたように、人にものを言うときには、気を付けなくてはいけません。「言葉」とは実に恐ろしいものです。〝口は災いの元〟とよく言われるようにTPOによっては「言っていいこと」と「言ってはいけないこと」があるからです。

「言ってはいけない〈時〉に」「言ってはいけない〈場所〉で」「言ってはいけない〈こと〉を」何気なく口にしたばかりに、人の心を傷つけ、怒らせ、わが身を滅ぼすことがあり、それは「暴言」とか「失言」と呼ばれます。

「ものは言いよう」という戒めもありますが、この本で問題提起してきたことは、いわゆる「言葉遣い」ではありません。「敬語」「謙譲語」を教える本から「卑俗語」「方言」などの辞典まで、言葉や言葉遣いの教養書はたくさんあります。

例えば、結婚式の場では「別れる」「割れる」「破れる」などは禁句で、これらは「忌《い》み言葉」といいます。今は離婚のことをバツイチなんて言いますが、昔は「破鏡《はきょう》」と言いました。だから「割れる」「破れる」という言葉を使うと「慎みがない」「デリカシーに欠ける」「大人としての作法、心得がない」と世の顰蹙《ひんしゅく》を買うのです。

現代でいう「KY」＝空気が読めない、鈍感な人ということになります。お葬式で悪い冗談を言ったり、ねじり鉢巻きの受験生のいる家で「落ちる」「滑る」とかの忌み言葉を使うと非常識な人、無神経な人との謗《そし》りは免れないでしょう。

ですが、この本で取り上げたのは「言葉遣い」「忌み言葉」「禁句」とも違う「ものの言いよう」だったのです。

「ＫＹ」ではいけません。空気を読んで、その場その場で「言ってもいいこと」「言ってはいけないこと」を賢く使い分けましょうという提案でした。

ごく親しい、心許しあった仲間同士の間では誰も咎《とが》めだてをしない話題や発言だったからといって、不特定多数の人たちに向かって言ってもいいというものではありません。「言っていいこと、悪いこと」の区別はＴＰＯによって千差万別ですし、辞書やマニュアルや教科書があるわけではありませんから、とても難しいことなのです。

おそらくそれは、集団的動物である人間社会で、長い間の経験則や成功・失敗例の中から、醸《かも》し出され、親から子に、先輩から後輩へと口伝てに語り継がれてきた生活の知恵なのでしょう。

それに歳を取るごとに、成長する自分の経験則や知識が加わって、常識とか良識となってそれぞれ身につけていくものだと思います。

「言葉」はすべての動物の中で人間だけが天から与えられた意思疎通の手段です。

平時における人間の闘いは「言葉の闘い」です。政治討論、外交交渉、法廷訴訟、テレビでのディベート、大衆運動のアジ演説、商談、不平・不満・苦情処理のコンプライアンス、国会答弁、記者会見、さらに夫婦げんか、友人との絶交、近隣関係の紛争、恋人同士の痴話げんかなどなど。朝野、官民、廟堂《びょうどう》の高きから市井《しせい》の低きまで、いたるところで「言葉の闘い」がくりひろげられています。

その「言葉の闘い」では、言葉は武器です。相手を傷つけ、倒す「剣」にもなり、身を守る「楯」にもなります。平和維持、平和回復の妙薬でもあれば、後世に恨みを残す毒薬にも凶器にもなります。人を説得するには「話術」も必要です。「言ってはいけない」ギリギリの一言というのもあります。国家間では「最後通牒《つうちょう》」と「宣戦布告」でしょう。これも言葉か文書で伝えられます。

身近なところでは「あっ、とうとう言ったな。それを言っちゃぁおしめえよ！」という映画『男はつらいよ』の寅さんの科白《せりふ》が耳に残っています。「言葉が過ぎる」という失敗の典型です。

●かつては厳しい規制があったが

「言っていいこと、悪いこと」の規範はない、と述べましたが、実はかつてはありました。

一九四五年八月までの軍国主義時代、厳しい言論統制が布《し》かれていました。戦後と違って「言論の自由」「表現の自由」などありえませんでした。新聞、出版物、ラジオ（テレビはありませんでした）を内務省特別高等警察（特高）という思想警察が厳しく見張っていて、「検閲」「発禁」（発行禁止措置）があり、講演や街頭演説は黒の制服にサーベルを吊った巡査が立ち会っていたのでした。

「言ってはいけないこと」は皇室・皇族に対する不敬罪、軍部の批判、「アカ」（共産主義）の思想普及、エロ・グロ退廃風俗、そしてだんだんエスカレートして英語禁止にまで及びました。野球の審判は「セーフ」「アウト」と言ってはいけなくて「よし」「だめ」と言わされたのでした。

　だからこの頃の若い人にまた読まれ始めた小林多喜二の『蟹工船』など、検閲を受けて×××と伏せ字だらけの虫食い本になって読めたものではなかったし、谷崎潤一郎の『痴人の愛』も伏せ字だらけでした。今のアダルトビデオのぼかしのようなものです。

　かつて宇野宗佑総理は自分のスキャンダルを掲載した週刊誌を見て激怒し、私たち警察庁から出向の側近に「なぜ『検閲』して『発禁処分』にしなかった！」と怒鳴ったことがあります。時代は平成になっているのに、その発想の古さ、その「ＫＹ」のひどさに居あわせた者一同、唖然として顔を見合わせたことがありました。

ＫＹ首相？

　昔は「集会の自由」も規制されました。立ち会い演説会や講演会は特高の刑事や制服の巡査の指定席があって、弁士が治安維持法や国家総動員法に触れる「言ってはいけない」言葉を口にしたときは、その警察官一人の権限で「弁士、中止ッ！　集会は解散ッ！」と叫ぶというひどい言論統制でした。

　そんな戦前、戦中に比べると今は国家が言論統制をすることなど許されません。

●「言葉狩り」による禁止用語

戦後、新憲法の下「言論・出版・表現の自由」が保証されました。「集会の自由」を謳歌する明るい時代が到来して、私たち戦中派は大いに喜んだのですが……。

マスコミが「第四の権力」にまで急成長し、とくにテレビがメディアとして覇権を確立するに至って、本来自由であるべきマスコミ自身による、逆の言論統制とも言われかねない「放送禁止用語」なるものが生まれました。

誰が、いつ決めたのかわからない、この放送禁止用語のために昔から広く使われてきた諺《ことわざ》や慣用句、戒めが使えなくなりました。私には神経過敏になっているように思えます。

例えば、『忠臣蔵』では松の廊下で刃傷《にんじょう》事件を起こした浅野内匠頭《たくみのかみ》のみ切腹という裁定が下ったことから残された家臣が憤《いきどお》るのですが、近年のテレビドラマでは、大石内蔵助は「片落ちでござる」と変な科白を言わされたり、勝新太郎の映画『座頭市』が上映できなくなったりしています。また「目の不自由な人、蛇に怖じず」と言わなくてはいけないようです。

こうした言葉狩りに憤った作家の筒井康隆さんが、筆を折ったことがあります。それは小林多喜二の『蟹工船』の裏返しで、自由民主主義国家日本にとって決して好ましいことではありません。

日本文化の混乱が起きているのです。それほど遠くない将来、マスコミ・言論界自身でこの行き過ぎた言葉狩りを止めないといけないなと思います。

●「暴言」「失言」——舌禍《ぜっか》の収支

それはさておき、本論に戻ります。

「暴言」や「失言」の結果引き起こされる紛争状態を「舌禍」と呼びます。英語では言葉の爆弾＝バーバル・ボンブシェル（verbal bombshell）といいます。

後から言わなきゃよかったと後悔する、たった一言の「失言」で取り返しのつかないことになるのは、政界・官界・財界の大立者ばかりではありません。

日常生活の中では夫婦げんか、親子げんか、兄弟・親戚の不和・友だちとの仲違い、上司同僚との不和、電車内での乗客同士の小競《こ》り《ぜ》合い、顧客の苦情処理、従業員の不平不満、労組の団体交渉、不祥事の対処などクライシスでいっぱいです。

「早くどちらかが、ひとこと謝ればいいのに」と周囲ではらはらしていても、双方が感情的になって破局へとエスカレートしていきます。後に尾を引く怨恨《えんこん》のタネにもなります。

よく言われるように「言った方は忘れても、言われた方は忘れてくれない」からです。

「暴言」や「失言」の特効薬は、「あんなこと言わなきゃよかった」という理性的な反省と、タイミングのいい素直な「陳謝」です。

「言い過ぎだった。騎虎《きこ》の勢いで言ってしまったが、あんなこと言わなければよかった。そして早く一言謝ればよかった……」

このつぶやきは寒々となった家庭で、気まずい空気になった職場で、友だちと絶交した校庭で、みんなの心に浮かぶ反省です。

反省と陳謝を口に出して言うのは一種の勇気が必要です。その勇気があるかどうか、それによってあなたの人生は左右されるのです。

●私のテレビ生放送での失敗

企業経営に収支決算があるように「失言」にも収支があります。大赤字のはずの「失言」が、やりようによっては収支トントンになったり、ときには黒字に転ずることがあります。

この本は、暴言、失言、説明不足、嘘などのために、各界のトップが「舌禍」を引き起こした事例を、ケーススタディとして紹介してきました。日々の仕事や円滑な人間関係の要諦を、そこから学ぶために筆を取ったのです。

ただ、他人の失敗ばかりを取り上げてきましたが、最後に私自身が引き起こした舌禍騒動の顚末《てんまつ》を記しておきたいと思います。

二〇〇九年三月二一日（土曜日）の朝、私は大阪の讀賣テレビの生番組「ウェークアップ！ぷらす」に出演していました。そして午前八時四五分ごろ、世界同時不況は誰が悪いのかというテーマで討論する中で、私は「こういうひどいことをやっているのは、ユダヤ人ですよ」と、口にしてしまったのです。

辛坊治郎キャスターが、すぐ「それはどうですかね。佐々さん、ちょっと言い過ぎだと思いますよ」と助け船を出してくれました。

一瞬、私は「あれ、とうとう言っちゃった。そうだ『ユダヤ人』という言い方は人種差別にあたる放送禁止用語だった」と悟りました。その時、一言、謝ればよかったのですが、時の勢いで「でも、僕はそう思ってるんだ」と言い返していました。

あらためて録画を見ると、辛坊キャスターが収拾させようとしていました。

辛坊「えーと、あのですねぇ。これ、佐々さんを前にしてこんなことを申し上げるのは何なんですが……。先ほど『ユダヤ人は』という発言がございました。番組としては、例えばアメリカ人はこういうもんだとか、日本人は、韓国人はこういうもんだとか、つまり民族がこういうもんというような決めつけは差別を助長する観点もありますし、これはちょっとあの、番組といたしましては申し訳ありませんでしたが、この点に関しては、その『何々人は、何だ』という決めつけ、言い方をして、それが放送されてしまったということに関しては、心からお詫びをさせていただきたいと思います。

これは、あの、佐々さんがというより、私の方からお詫びさせていただきますので、ご理解をいただきたいと思います。佐々さん、何か一言」

佐々「あっ、私が発言いたしました。責任はすべて私にございます」

辛坊「いや、そんなことはない。責任は番組にございます」

佐々「いつでも受けて立ちます」

辛坊「ちょ、ちょっ、ちょっと（苦笑）」

この討論の中で私は、資本主義の流れ、歴史の中での今回の経済危機について話していました。つまり、自由競争だけが正義だった原始資本主義が、二〇〇年かかって弱者保護のための社会保障が整うなどして、自由と経済的な豊かさとが両立してきました。それなのに今の金融資本主義は、トップが初任給の二六三倍も取ったり、ビッグスリーの経営者のように自家用ジェットを乗り回しながら政府の税金を使って助けてくれと言い張るのはどういうことだ、という悲憤慷慨《ひふんこうがい》の中で放送禁止用語に触れてしまったのでした。

コマーシャルになったとたんに、列席するコメンテーターたちが「ああ、佐々さん。とうとう言っちゃった！」とため息をつき、辛坊キャスターは「だから後期高齢者は怖いんだ。もう怖いもんなしだからね」と嘆いたのでした。

番組内では事態収拾のために、讀賣テレビ放送報道局解説委員長で老練な岩田公雄さんが調停役を買って出てくれました。

放送後、辛坊さんも岩田さんも「ああ、冷や汗かいた」とお疲れのようで、私はおふたりにはすぐにお詫びをしたのです。その後、思わぬ展開になるのですが……。

●初めての「失言」

私としたことが、千慮《せんりよ》の一失。「ソロモン」「ゴールドマン・サックス」「リーマン・ブラザーズ」などユダヤ系のアメリカ人億万長者の個人名かヘッジファンドの企業名、あるいは文豪・シェークスピアの『ヴェニスの商人』に登場するシャイロックのようにと、一枚オブラートを被せ、限定的、個別的な例示、さらにはユダヤ系以外にも資本家階層の中には強欲な人々が存在することをちゃんと話すべきであったと反省しました。

半世紀にわたって、警察を振り出しに、防衛庁、官邸と国の危機管理の最前線に携わってきた私は、記者会見やテレビ取材など、いわゆるマスコミ対応の経験はギネスブック級だと自負しています。「放送禁止用語」の存在自体は苦々しく思っていますが、一度も失言したことはありませんでした。

一言、答弁をミスすると予算委員会などが止まってしまい「役人の墓場」と恐れられる国会答弁も、一千数百回しながら、一度も答弁ミスで止まったことはありません。

その私としたことが、「放送禁止用語」「差別語」以前に、説明不足による不用意な問題発言をしてしまった……と臍《ほぞ》を噛む思いでした。

テレビ局関係者や友人たちが、みんな心配してくれました。

「抗議の嵐だよ」「当分テレビは干されるね」といった助言もありました。

かつて、一九七二年五月三〇日、日本赤軍によるあの凄惨なテルアビブ空港乱射事件が起きたとき、私は警察庁警備局の調査課長でした。このポストは情報を整理保有する資料課ですが、同時に警察庁記者クラブ担当の警備局スポークスマンでした。

それが事件発生と同時に佃泰外事課長が現地派遣となったため、イスラエル大使館とのリエゾン・オフィサー（連絡官）を特命されたのです。その時のイスラエルの怒りは、凄まじいものでした。

欧米各紙もこぞって「テルアビブ・マサッカー（大虐殺《ぎやくさつ》）」と報じ、カミカゼ特攻をした日本人の残虐性は一向に変わっていないと、激しい対日非難の嵐が巻き起こりました。一時期、日本人海外旅行者は、日本人だという理由だけで入国審査の際に別室に連れて行かれ、パンツまで脱がされるという状況でした。

PFLP（パレスチナ解放人民戦線）にけしかけられた日本赤軍の奥平剛士、安田安之、岡本公三の三人が、イスラエルのテルアビブ・ロッド空港でカラシニコフ突撃銃と手榴弾《しゆりゆうだん》で、空港ロビーに集まっていたプエルトリコ旅行団など、何の罪もない観光客を襲い、死者二四名、重軽傷者七六名という空港を血の海にする大量殺人を引き起こしたのだから無理もありません。

テロリストたちの指示通り、奥平と安田は顎の下で手榴弾を爆発させ、顔と指紋を吹き飛ばして自決し、岡本のみ逮捕されたのです。

日本政府は、都倉栄二駐イスラエル大使に発令して、ひたすら謝罪し犠牲者に損害賠償して、かろうじてイスラエルの怒りを鎮めたものでした。

ときの駐日イスラエル大使はエイタン・ロン氏、駐日イスラエル大使館とのさまざまな折衝の窓口として、警察庁、ひいては官邸のリエゾン・オフィサーを命じられた私も大変でした。カウンター・パートは強面《こわもて》の秘密情報機関として世界に名高いモサド代表のI参事官です。その要求の厳しく猛々《たけだけ》しいことといったら比類がありません。

ほとんど毎日、電話してくるか面会を求められました。要求事項も厳しかったのです。

「日本側は大使館を二四時間警備すると約束したのに、今朝、私がトイレの窓から覗いたところ警察官がいない。いったいどういう事だ！」

なんと、ロン大使から直々の電話でした。

あれれ、そんなはずはないのに、運悪く警備の交代時だったのかもしれない。

「わかりました。すぐ手配します」

また電話です。モサド代表でした。

「イスラエル大使館員と、東京在住のイスラエル国籍のユダヤ人は、正当防衛のために全員拳銃を携行することに決まった。警察は直ちに所持許可証を発給せよ」

「大使館には拳銃射撃の訓練場がない。ついては警察学校の射撃訓練場を我々に開放せよ」

次々とそんな苛烈な要求が飛んできます。

「拳銃取締の非常に厳しい日本では、それはとても無理難題。日本の警察が一生懸命警護しますから、それは勘弁してください」

と答えると、また電話がきます。

「アラブのテロリストはイスラエル大使館員の出勤退庁のコースを調べて待ち伏せするだろう。われわれ大使館員は毎日違うコースで出勤退庁することに決まった。ついては大使館員に『一方通行を逆行してよろしい』という特別通行許可証を発給せよ」

「そんなことしたら、東京のいたるところで日本人の車と正面衝突しますから、応じられません」

とお断りするといった具合です。

私の調査課長職は半年足らずで終わり、やれやれと思ったら次になったのは外事課長でした。この怒れるイスラエル大使館とのやりとりはその後二年も続いたのでした。

そうした経験もあって、今回のテレビ番組には何十万人という視聴者がいるわけですから、周囲が心配するように抗議殺到でまず一週間は大変だろう、特にユダヤ人の民間団体か何かから批判はあるだろうと覚悟していました。

ところが……。一本の電話もないし、一通のファックスも電子メールもありません。毎朝事務所に「何か抗議があった？」と訊ねますが、何ごともなく毎日が過ぎていきました。

大丈夫だったかな、と楽観しかけた四月中旬、放送から三週間ほど経ったある日、イスラエル大使館から私の事務所に電話がかかってきました。

「いつでも、どこでもよいからイスラエル大使と会っていただきたい。大使館まで来ていただいてもいいし、そちらの事務所に伺ってもいい。どこかのホテルでも結構です」

とのこと。妻や秘書たちは顔を見合わせて言いました。

「まさか、あのテレビのせいではないでしょうね？」

「まさか。あの放送からは時間が経ちすぎているよ。アルカイダやパレスチナゲリラのテロ活動が活発化してきたから、昔のように大使やモサド代表とのリエゾン（連絡）を、OBの私と再開したいというのじゃないかな」

と暢気《のんき》な私。とにかく手狭な私の事務所ではなく、ホテルのバーか会議室でも取ろうかと考えた末、「五月四日（木）、午前一一時頃、ホテルオークラではいかが」と返事をしました。

●イスラエル大使との対話

先方からの返事は「ホテルオークラでOKです。カフェテラスにニシム・ベン・シトリット（Nissim Ben Shitrit）大使と館員一名、通訳一名出席します」とのことでした。館員一名が同席？　そりゃモサド代表に決まっている。場所が一階のカフェテラス？　そんなオープンな場所で午前一一時？　ならばもちろん、この他に警視庁のSPが必ず傍らにつきます。

ではテレビでの発言の件ではないな、きっと。ホテルオークラのカフェテラスで論争になったらお互いにまずいことです。論争になりそうなテーマなら小会議室か、宿泊用の客室を予約するはずです。

この会見のTPOを考えてみても、テレビでの失言から三週間も経ってからの連絡で、そこからさらに一カ月ほど経っています。場所もオープンなエリアです。たとえ、テレビの発言の件だとしても、深刻な論争にはならないだろうと思いました。

当日の朝、私は八時半からホテルオークラ本館一階のコンチネンタルルームで、第二三七回の「危機管理研究フォーラム」の座長を務めたあと、同じ一階のカフェテラスに移動しました。「危機管理研究フォーラム」は私が退官後、三重県の理工産業会長（現・社会福祉法人太陽の里理事長）の鈴木齊氏が事務方を担当して、年一一回（八月は休み）二十有余年続いている、ホテルオークラの最長不倒フォーラムです。

私は脊柱管狭窄《きょうさく》症という腰椎の骨の加齢性変形による脊髄圧迫とそれによる激痛と下肢麻痺という老人病に悩まされ、やむなく内視鏡手術によって痛みと麻痺は消えましたが、間欠性跛行《はこう》となり、カフェテラスに向かうときも鈴木会長の息子さんの腕を借りました。

燦々《さんさん》と五月の陽光がさすカフェテラスに入ったとき、私は三～四人の外国人たちのテーブルを探して、眩しい店内を見回しましたがそれらしいグループは見あたりません。ボーイに「イスラエル大使さん、来ている？」と聞くと「ハイ、先ほどからお待ちかねです」と、窓際で逆光になっているテーブルに一人で座っていた外国人の席に案内されました。驚いたことにその人が、シトリット駐日イスラエル大使だったのです。

もちろん警視庁のＳＰと日本人の通訳が侍立《じりつ》していましたが、当然来ていると思ったモサド代表はいませんでした。

私は一瞬、戸惑いました。腕を貸してくれた青年は、身長一九〇センチはあろうかという堂々たる体格です。イスラエル大使が単身で会おうとしているのに、私が屈強なボディガードを連れてきたと思われてはいけない、と思ったのです。

初対面の大使は、イタリア人の人気タレント、ジローラモさんにちょっと似た中肉中背の紳士で、満面にあふれるような微笑みを浮かべて立ち上がると、握手を求めてきました。目は鋭いが当たりの柔らかい、ソフトな印象です。

私はヘブライ語ができません。大使は日本語ができません。時間節約のため通訳を抜きで、共通語の英語で、当たり障りのない自己紹介や四方山《よもやま》話で会見に入りました。どうもこれは「ユダヤ発言」の件ではなさそうだと気を緩めた矢先、大使からもの柔らかに切り出してきました。

「今日、こうしてさしでお目にかかりたいと申し入れたことについて、佐々さん、何か思い当たることがありますか？」

「大使、まさか讀賣テレビの『ユダヤ発言』のことではないでしょうね」

「まさにそれなのです。本国でも在外ユダヤ人たちの間でも、あなたの発言は『人種差別だ』と問題視されていまして、私がこうしてお目にかかることになったのです」

やはりそうだったのか！　私は心の中で身構えました。

「私の発言は、録画ビデオをお見せしてもいいですが、今回の一〇〇年に一度と言われる世界金融経済危機を引き起こしたのは、アメリカ、とくに金儲け至上主義のヘッジファンドのユダヤ系億万長者たちのグリーディ（強欲さ）にあると言ったのです。今でもそう思っています」

内心、もし、お前はナチスのホロコーストを忘れたのか……云々と言われて、カフェテラスで言い合いになったりするといやだな……と思った矢先、大使が柔和に口を開きました。

「ちょっと違います。あなたのような影響力の大きい人に『ユダヤ人』と一括して批判されると誤解を招きます。日本人にもいい人と悪い人がいるように、ユダヤ人にも悪い人がいますが、いい人もいます。ホロコーストで千数百万人に減ってしまったけれども生き残ったユダヤ人たちは、生きるために必死で頑張っています」

「私はナチスのホロコーストの証拠、ポーランドのマイダネック収容所も弔問しました。カンボジアのポルポトによる大虐殺の跡、キリング・フィールドも、人道支援活動で十数回訪れました。ホロコーストが人類最悪の犯罪だという認識では、私は大使と価値観を共有しています。わずか三百数十万の人口で、周囲を一億二〇〇〇万人のアラブ諸国に包囲されて、四回の中東戦争を戦い抜いたイスラエルの勇気には、私は敬意を抱いています」

「失礼ですが、イスラエルに関する佐々さんの知識を訂正させていただきます。今、イスラエルの人口は五〇〇万人です。それを包囲しているアラブ人は二二カ国、二億五〇〇〇万人です。そういう苦境を必死で生きているユダヤ人たちを理解してください」

「私は日本赤軍のテルアビブ事件を担当した警察庁警備局の調査課長でした。アラブ・テロリストによって懸賞金を首にかけられたダヤン将軍訪日時の身辺警護を務めた警備課長です。そして〝決断するペシミスト〟と名付けられたレビン首相の決断の下、ウガンダのエンテベに人質にされたユダヤ人救出作戦を指揮したショムロン准将、そしてただ一人戦死したネタニヤフ中佐のことも『わが上司　後藤田正晴』という本――後日、お渡ししますが――で勇敢な指揮官として日本人に紹介しています。包囲網が二二カ国、二億五〇〇〇万人とは知りませんでした。記憶を訂正します」

「そのネタニヤフ中佐の弟が、今の首相で私の友人です。本人の回顧録に署名した本を、後日お贈りします」

「私はソロモンとか、リーマン・ブラザーズ、ゴールドマン・サックスとか、個人やヘッジファンド企業の名前で批判すべきでした。もし私の発言が大使にご迷惑をおかけしたとするならば、私の失言のせいで、大使の抗議（プロテスト）はお受けし、不適切発言について陳謝（アポロジィ）いたしましょう」

そう言ったとたん、大使は中腰になって手を振りました。

「違います、違います。私はあなたに抗議しているのではありません。陳謝を求めているのでもありません。私がこうして一人であなたに会うために、ご指定の場所に来たのは、あなたの理解（アンダスタンディング）と友情（フレンドシップ）を求めに来たのです」

私は仰天しました。何という〝物言い〟なのだろう。完全に肩透かしをくって、土俵に這った思いでした。

満面に微笑みをたたえていますが、眼光炯々《けいけい》として私の目を直視し、まったく意外な角度から懐《ふところ》に入ってきて、「ユダヤ発言」をした私を味方に取り入れようとしているではありませんか。

「普通ですと外務省に正式に抗議なさって、外務省が私に『言葉を慎め』と注意してくるのが常道と思っていましたが？」

「私は外務省には抗議していませんし、これからもする気はありません。それをしたらあなたはきっと態度を硬化するだろうと思ったから、外務省も日本イスラエル親善協会も一切介在させず、あなたの理解と友情を求めてこうしてやってきたのです。これですべて氷解です。あなたの『ユダヤ人発言』は過去のものです。すべて忘れましょう」

初対面なのに、すっかり「私」という人間を読み切っています。確かに外務省が何か言ってきたら、私は反発したに違いありません。

通訳氏は懸命に私たちの対話のメモを取っています。たぶん、本国政府に報告するのでしょう。私たちの対話は、まことに和気あいあいとしたもので、とても国際問題になりかねない深刻な問題を論じているようには見えなかったでしょう。周りのお客さんたちは、まったく気づいていません。

「佐々さん、イスラエルに行かれたことは？」

「一度、政府からご招待をいただいたことがあります。退官してまもなくでしたから九〇年代の初めだったと思います。喜んでお受けして外務省に渡航申請したら、ほかのヨーロッパ、地中海諸国の許可は下りましたが、イスラエルだけ却下されました」

「それはまたどうして？」

「私が逮捕した日本赤軍などのテロリストを、日本政府がハイジャック犯の要求に屈して超法規的措置で釈放しました。中東にはそのうちの何人かが潜伏していますので、私が行くと事件が起きてイスラエル政府と日本大使館に迷惑をかけるからと、私はトラブルメーカー扱いです」

「それは残念なことです。イスラエルの治安は大丈夫ですが」

と言って、大使は右手の人差し指を立てる仕草をして言葉を続けました。

「レバノンにはあなたは行かない方がいい。岡本公三が釈放されてレバノンにいますから」

何でも知っているんだ、この大使は、と密かに私は感心しました。

●トップ会談による紛争の早期解決

私は仕事上、イスラエルのモサドと付き合いがあり、アラブ・テロリストは私たち治安機関の共通の敵でしたから協力し合いましたが、一部のユダヤ系アメリカ人の超億万長者たちは嫌いでした。確かにユダヤ人といってもさまざまな人がいます。話し合っているうちに私は、このニシム・ベン・シトリットという外交官が好きになってきました。

わずか五〇〇万人の人口で、二億五〇〇〇万人の敵性アラブ二二カ国に囲まれ、四回も大戦争をして必死に生き延びているイスラエルという国は、驚嘆すべき国です。

第二次世界大戦後、ナチスのホロコーストから生き残ったユダヤ人たちが、今のイスラエル共和国を独立させた苦労も並大抵のものではなかったことでしょう。

ちなみに「イスラエル」という国名は、一九世紀の英国の大宰相、ベンジャミン・ディズレーリの名にちなむと言われています。小説家としても活躍した彼は、現代に至るまで英国首相になった唯一のユダヤ人でした。なるほどディズレーリ（Disraeli）の最初のDと最後のIを除くとイスラエル（Israel）になります。

「これで私たちは友達です。近くご招待しますので、夫妻でおいでください。晩餐を共にしましょう。佐々さん、あなたは近いうちにまたテレビに出演するでしょう？　あなたのような影響力の強い人に、ユダヤ人にも日本人と同様、よいユダヤ人と悪いユダヤ人はいると、イスラエルのことをよく言っていただけると嬉しいのです」

見事な交渉術！　取り消して謝って、新聞やテレビに謝罪広告を出せと来たら、叛骨隆々の佐々一族の一員として私は、間違いなくイスラエルの敵に立ったことでしょう。シトリット大使の巧みな話術と〝物言い〟の付け方、相手の自尊心をくすぐって、闘う気でいた私を友達にしてしまったしたたかな外交手腕に、私は戦意をそがれ、すっかり〝洗脳〟されてしまって、イスラエルの肩を持つ修正発言を要請され、うまく使われてしまうことになっていました。

この「言葉による闘い」の勝者は、間違いなくシトリット大使でした。

本章の冒頭で、「失言の収支決算」と述べました。私の「ユダヤ発言」は、勿論失言でしたが、駐日イスラエル大使が直接〝物言い〟を付けてきて、二人、さしで対話した結果、無事和解したことはトップ会談による紛争の早期解決というコンプライアンス手法の事例の一つになりました。

〝物言い〟を付けるにしても〝物の言い様〟によって局面は一転することがあるのです。私の「ユダヤ失言」の収支は、本来は大赤字でしたが、現役のイスラエル大使という友人を得たとすれば、もしかすると黒字に転換という決算になったのかもしれません。災い転じて福となすわけです。

事務所に戻った私は、さっそく私のイスラエル観を裏付ける著書数冊に付箋を貼り、署名して「日本語の通訳さんに訳読してもらってください」と手紙を附して献本したところ、お返しにエフライム・ハレヴィ著『モサド前長官の証言「暗闇に身をおいて」』の和訳本（光文社）が送られてきました。

巻末講座

「記者会見の心得」十カ条
&
武器としての「ソフィスト的詭弁術」十カ条＋α

危機管理の記者会見や答弁を私は、数千回受け持ってきました。新聞記者の夜回りからテレビ、ラジオのコメント取材なども含めると一万回近いマスコミ対応をしています。そこで蓄積したノウハウを、以下に「記者会見の心得十カ条（記者会見十戒）」としてまとめました。すでに本書の中で、あるいは既刊の拙著でも触れてきた部分もありますが、整理する意味でも、以下に挙げます。

記者会見の心得十カ条（記者会見十戒）

第一条＝嘘は禁物

絶対に嘘はついてはいけません。意図的に嘘をつくことは論外、事件の進展につれ必ず矛盾が出てきて発覚するものです。バレてしまうと事態はさらに悪化します。

新聞記者たちは嘘を許しません。一回でも嘘をついてそれがバレると、何を言っても信用されません。また嘘をついているに違いないと、痛くもない腹を探られます。

記者会見の場はもちろんですが、個別な取材のときも、苦し紛れにその場逃れのいい加減なことは言ってはなりません。

国際的に嘘をついて許されるのは「宣戦布告」「議会の解散」「平価切り下げ」の三つ

だけだという英国人のジョークがあります。

一九六七年一一月一八日、英国は、前日まで絶対にやらないと公言していたポンドの切り下げを行いました。当時、香港の領事館にいた私も、この約一四・三％の切り下げで大損害を被りました。その前日、同僚の領事が香港政庁の財務長官から「絶対に切り下げない」という確約をとって、総領事に報告して外務省にも電報を打っていたのです。「政庁は嘘をついた」と言って怒った記者団に、その財務長官の科白《せりふ》がこれでした。即興の英国式ジョークでしたが、組織防衛の最前線においては通用しません。

嘘は絶対につかないこと。これを第一戒としてください。

第二条＝言えないことは「言えない」と言う

その時点では、政策判断上あるいは守秘義務上、まだ言えないことを記者から追及されるのは辛いことです。しかし、その場合は「知らない」とは言ってはいけません。後から知っていたことがバレてしまうので、結果として嘘をついたことになります。社員規則でも公務員法でも守秘義務を楯にとって「言えない」と答えます。責任のある立場の人間がクラムアップ・オーダー（箝口令《かんこうれい》）を発して、その責任者が一元的に取材を受けるようにすること。少なくとも「ノーコメント」と答えます。

その仕組みが非常によくできているのがアメリカです。第四章に述べたように、ケネディ暗殺事件の調査の際、ピエール・サリンジャーという報道担当官は閣僚として情報開示などの一切を仕切っていました。

第三条＝知ったかぶりは禁物

専門家にありがちなのですが、虚栄心のためか「知らない」と言えなくて、知ったかぶりをする人がいますが、これも最悪です。

ここから記者のミスリードが始まります。例えば自殺か殺人事件かが判然としないケースで、記者が「いろいろな観点から見ると殺人の可能性が大きいと思いませんか？」とカマをかけてくることがあります。

その際「そういうこともあるだろうね。いい勘してるね」と、余計な専門的知識を披露してしまうと、ミスリードにつながっていきます。あとから文句を言っても、報道された内容は容易に取り消せません。

専門家ほど「知らない」と口にするのが恥だと思うのか、知ったかぶりをする傾向がありますが、本当に知らないことは「知らない」と明言することです。

第四条＝ミスリード的相槌を慎む

記者は見当違いのカマをかけてくることも少なくありません。その際、相槌の打ち方を誤ると、相手は勘違いして間違った方向に突っ走ってしまいます。

よく、ノッディング（うなずくこと）が癖の人がいます。「あなたの言葉の意味は理解（アクノリッジ）しましたよ」というつもりでうなずいているのはわかりますが、危機管理の記者会見では厳禁です。敵性の質問に対してうなずいてはいけません。

相手の目を見ていると気圧《けお》されたり疲れたりするから、私はネクタイを見ろという指導をしてきました。ネクタイの柄を見たり「誰に買ってもらったのだろう」とまるで違うことを考えたりしながら、絶対にうなずかない。取り囲まれて追及されていると苦しくなってくるのが人間です。そうなると少しでも迎合しようという気持ちにもなってきて、うなずいてしまいます。

これの典型的な実例が、前に述べた麻生内閣時の漆間《うるま》官房副長官でした。朝日新聞の記者の問いかけに、相手の言うことを理解したよという意味のアクノリッジメントが「自民党には捜査が及ばない」と発言したとして報道されてしまったのです。

官房副長官が捜査の進展について具体的な政党名や政治家の実名を挙げて「捜査はそこまで及ばない」などと発言することは絶対と言ってもいいほどありえません。

第五条＝逃げない、待たせない

記者会見は、公人としてのリーダーの務めです。民間企業であっても、社会的公器なのですから、きちんと対応しておくことが今後のためにも非常に大切です。

トップをはじめ、組織の首脳部が記者会見を嫌がって逃げ回っているという印象を与えてはいけません。かといって、四六時中さまざまなメディアからバラバラに会見を求められても、本来の危機管理の業務に支障をきたしてしまいます。

事態が進行中である場合、望ましいのは、広報担当官による定期的記者発表方式を取り決めておいて、トップの記者会見は一日一回などと時間を決めておくことです。

定刻がきたら必ず記者会見に応じ、記者たちを無駄に待たせないこと。これも大切な心得です。経済部や文化部といった、平時に付き合いのある記者たちには分秒を刻むような締め切りはありません。しかし、社会部の記者にとって締め切りは命といっても過言ではありません。広報担当者がそのことを理解していないと、彼らは激しく苛立ちます。

「隠してるな」「わざと遅らせてるな」と、悪意に受け取ってしまうのです。

第六条＝締め切り時間への配慮

事件が大きければ大きいほど、締め切り時間直前の深夜の記者会見は、一触即発、爆発寸前の危険な状況にあることを、危機管理責任者は肝に銘じておかなくてはなりません。空腹と疲労で苛立ち、本社のデスクからの督促を受けていきり立っている記者団を相手にすることになるので、慎重な言動で臨みます。

あさま山荘事件のとき、こんなことがありました。現地には新聞、テレビ、雑誌など百何十というメディアが来ていましたから、とてもいちいち応対などできません。どうしても発表時間や回数、発表場所など日刊紙とテレビが中心になります。四九社と協定を結びましたが、週刊誌や月刊誌は後回しになりがちでした。

あるとき一人の激高した記者が「締め切りがあるんだー」と騒ぎだしたので「締め切りはわかりますけれども、お宅どこ？」と訊いたら「中央公論」と答えたのです。

今度はテレビや新聞が怒り出して「お宅のところは月刊誌で締め切りは月一回じゃな

いか。我々は毎日分秒争ってるんだ。間抜けなこと言うな！」と怒鳴りつけて、喧々《けんけん》囂々《ごうごう》の大騒ぎです。

発表側に締め切りの大変さがわかっていない人がいると、往々にしてみんなを怒らせてしまうことがあるので要注意です。

ちなみに総理官邸では、官邸記者クラブとの長い間の協定があって、午前一一時と、午後四時に記者会見が行われています。午前一一時なら夕刊に間に合う時刻であり、午後四時は翌朝の朝刊まで十分な時間があるからです。

逆に新聞記者がいちばん嫌なのが、午後一時過ぎと深夜の一時過ぎです。私たちは重大事項の発表を、その時間を選んでしていました。取材に動き回って、悪い話を書き足そうと思っても、直後の締め切りに間に合わせようとすると送稿するだけで精一杯になってしまうからです。ただしこれは、記者たちが怒ってものすごい苦情が来たりするので、ベテランの危機管理官でないとできません。

そしてもう一つ、発表のタイミングも非常に重要です。

大きく報道されたくないことは「オバマ圧勝」とか「北朝鮮がテポドンを撃った」などという大事件が起きたときに記者会見を開くのです。例えば「巡査部長の酔っぱらい運転」が報道されたとしても、小さな扱いになります。

しかし世に何も事件がなくて、マスコミが暇をかこっているとき、同じことが起きると大変です。まして隠していてスクープされたとなると「巡査部長泥酔運転」が新聞の第一面に載ってしまうでしょう。

不祥事の場合は、タイミングを選べないので運・不運の要素も大きいのですが、発表のタイミングの選び方でダメージはコントロールできるのです。

第七条＝オフレコの活用

山本五十六《いそろく》提督は海軍次官の時代、このオフレコ方式の記者会見の名人でした。「何でも聞け。答えられないことは答えない。オフレコで話したときはオフレコの約束をしてくれ」と明言した上で率直に見解を述べ、正しい世論の形成に貢献したといわれています。

山本五十六次官は、そのきっぱりした姿勢で記者たちに人気があったらしく、記者たちも、山本次官の信頼を裏切らず、オフレコの約束を厳守したといいます。

旧海軍省の記者クラブはそうだったのでしょう。しかしながら現代の官邸や省庁の記者クラブが、その信義則を守るかどうかは、はなはだ疑問です。

第八条＝資料は先手を打って配布する

写真の焼き増し、統計数字の資料などは必ず要求されます。早めに準備し、会見の席上で配布するなど、積極的な気働きが必要です。

あらかじめ想定問答を作っておいて、すぐ記事が書けるような統計数字や過去の事例を三件ほど用意しておくなど、気前よく発表する。今はパソコンもあるので、こうした資料作成は短い時間でも困難ではないでしょう。

先手を打って出していくことで、報道に協力的で開放的であると思われて印象がよくなります。つまらない資料を隠しているイメージを与えないようにしましょう。

第九条＝素直な陳謝

放言や失言、明らかに当方に非のあるミスなどについては「すまん、すまん」「申し訳ない」とあっさり謝ってしまったほうがいいのです。そのために事実関係を一刻も早く確認し、攻守どちらの記者会見なのかという決断が重要です。人の噂も七五日、いっときの恥に耐えるのもリーダーの務めなのです。面子《メンツ》にこだわって謝らないでいると、状況がさらに悪化して派生的な危機がふくれあがり、本物の危局が訪れてしまうことにもなりかねません。

雲門文偃《うんもんぶんえん》という唐の禅僧による「我ニ大力量アリ、風吹カバ即チ倒ル」という偈《げ》を第四章でも紹介しました。

本当に力量のある人は、謝ることも平気である、という教えです。自分の失敗、部下の失敗、ちょっとした不祥事など平気だよ、風が吹けばさっさと謝ってしまう。風吹カバ即チ倒ル、です。

先にも述べましたが、石原慎太郎東京都知事が、三選に出馬する記者会見の冒頭で頭を下げたとたん、それまで反石原だった空気が一変しました。その結果が、二八一万票という大勝でした。

第十条＝解禁条件付き（エムバーゴ）の発表方法

「嘘をついてはいけません」と言われると、本当のことをしゃべってしまう人がいます。しかし、嘘をつくことと、本当のことを言うことは裏表の関係ではなくて、間にはさまざまの段階があるのです。

具体的にはオフレコにするとか、エムバーゴといって発表の期限を段階的に区切るといった方法があります。あるいは、スポットという動態情報を出していく。

少し詳しく解説すると、情報は動態と静態とに分類できます。静態情報とは、過去にどんな事例があったかとか、これに対する予算はどうなっているといった背景や関連する周辺の資料のことで、記者会見では猛烈に資料請求されます。静態情報とは資料配布を意味すると言っていいでしょう。

それに対して、動態情報とは「一七時三五分現在こういう状況である」などと刻々と変わっていく情報です。スポット情報を出していくことで、嘘をつくことなく、言ってはいけないことを言わない記者会見も可能になります。

どの段階で、どこまで発表するかということは危機管理責任者の政策判断の問題です。守秘義務、人権尊重、人命に関わる事案での配慮など、相当の理由がある場合には洗いざらい発表する必要はありません。

警察が誘拐事件でそうしているように「解禁条件付き＝エムバーゴ」の形で発表することもひとつの方策です。

そして蛇足的な第十一条として、「酔っぱらって記者会見をするな」を付け加えなければなりません。そんなことはない……と思って、本書を書くまで戒めとしては取り上げていなかったのですが……。

武器としての「ソフィスト的詭弁術《きべん》」

国際交渉の場にかぎらず国内の討論でも、実際に人を動かしているのは「理外の理」であり、ソフィスト的詭弁術であることがよくあります。

言葉の闘いにおいて不覚を取らないため、詭弁術の手法を以下で分類、考察してみましょう。

①〈論点変更の誤謬《ごびゅう》（Mutatis Elenchi　ムタティス・エレンチ）〉

相手が何か主張してきたら「ソウ・ホワット？」「それが何か？」と、相手の用意した土俵に上がることを拒否し、自分に有利な別な土俵を作って、逆に相手をそこに引っ張り込む弁論術です。

これはギリシャ正統派の形式論理学では「論点変更の誤謬（Mutatis Elenchi）」と呼ばれる、ルール違反の詭弁術のひとつですが、これが武器になるのです。

例えば、一般論に対しては各論で、各論に対しては一般論で返すのが「論点変更の誤謬」です。

以前、防衛研究所で駐日ソ連大使を講師に招いての講演会が開かれたことがあります。どういう経緯で招くことになったのかわかりませんが、防衛上のいわば〝敵〟の大使です。応じる方も応じる方だと思ったのですが、その講師トロヤノフスキー大使はなかなかの傑物でした。

聴講者の一人が「公表されたデータを見ても、民需よりも軍事予算が多い。意図不明の巨大な軍事予算が世界を不安に陥《おとし》れているのだから、もっと民需に予算を回せば世界も安心するし、国民も幸福なのではないか」と質問しました。

大使はこの総論的な批判に対して、具体論で答えるという鮮やかな論点変更でかわして見せたのです。

「消費部門については予算も増額されて、民需もうまくいっています。例えば二億六〇〇〇万人の人口に対して、穀物生産は二億トン。ひとりあたり八五〇キログラムです。食肉も年間にひとりあたり五八キログラムですが、日本人はどうですか？　こんなに肉を食べていますか？」

見事に各論で答えておしまいです。ソフィスト的詭弁術を目の当たりにして、達者な大使だなと感心した記憶があります。

あるいは目先の話をしているときに、急上昇してしまうのも「論点変更の誤謬」です。例えば、二〇〇一年九月、アメリカ同時多発テロ事件の直後、小泉総理がいち早く「憲法の枠内で国際協力」を打ち出したときのことです。対テロ戦争の一環として、日本が国際貢献しようとするにはどうするかという議論になりました。自衛隊法違反だとか、海外派兵禁止の国是に反するとか、いつもの手近なところでの議論が続いていました。私は官房副長官だった安倍さんに助言しました。「日本国憲法の前文でいきましょう。小泉総理は『憲法の枠内で国際協力』とおっしゃっている。これですよ」

憲法前文にはこうあります。

〈われらは、平和を維持し、専制と隷従、圧迫と偏狭を地上から永遠に除去しようと努めてゐる国際社会において、名誉ある地位を占めたいと思ふ〉

〈われらは、いづれの国家も、自国のことのみに専念して他国を無視してはならないのであつて、政治道徳の法則は、普遍的なものであり、この法則に従ふことは、自国の主権を維持し、他国と対等関係に立たうとする各国の責務であると信ずる〉

安倍さんはすぐに小泉総理に取り次いでくれて、論点はそれまでの自衛隊法の次元から、憲法前文に急上昇したのです。一〇月、テロ特措法の法案が提出されて、国会審議がはじまり、同月二九日に成立しました。

②〈突き放し論法—So what?　その2〉

福田康夫総理は、二〇〇八年九月一日の辞任表明会見で、記者から「総理の会見はいつも人ごとのようだ」と言われたとき、「私は自分自身を客観的に見ることができるんです。あなたとは違うんです」と答えて、話題になりました。擁護する人もあれば批判する人もいましたが、私はこれは弁論術の一つとしてとても評価しています。

これも「論点変更の誤謬」による逆襲です。相手の土俵に乗らないで「私は立場が違います」と突き放してしまえば、それでおしまいです。

実際、この発言で記者会見が終わりました。福田さんは記者会見での受け答えがあまり上手ではありませんが、最後の段階でうまくやったなと印象的でした。

討論や記者会見では、発言に対して揚げ足取りをされることがよくあります。言葉尻をとらえたり、言葉とがめなどに満ちています。

これに対しては「突き放し」が有効です。すなわち「あなたのご意見は承りました」「あなたの主張は理解しました。私は責任者としてこう考えて処置します」「では、さようなら」と返してしまえば、そこでピリオドが打たれます。

この点で、福田さんの「あなたとは違うんです」は、けだし名言でした。

安倍総理はしばしば「見解の相違」と言い、小泉総理はよく「人生観が違う」「人生いろいろだ」などと言っていました。これは討論術の中で「あり」です。

企業のトップも、問いつめられたとき、自分がどんなに苦しい想いをしているかをいくら説明しても埒《らち》があきません。

「自分が経営者なのでこうします」「あなたは評論家、新聞記者だから批判をなさい」とピリオドを打たなければいけません。延々と言葉尻の説明をしていると、非常に苦しいことになってしまうからです。

③〈両刀論法（Theory of Two Horns セオリー・オブ・トゥ・ホーンズ）を見破れ〉

別名を「子供をさらった鰐《わに》の論法」と呼ばれる詭弁術です。

鰐に子供をさらわれた母親が、鰐に「どうぞ子供を返してください」と懇願する。すると鰐は「もし子供を返して欲しかったら、もう子供はいらないと言え」と迫る。

母親は返してもらいたい一心で、心ならずも「子供はもう返してもらわなくていいです」と答えてしまうと、鰐は「お前は今『もう返してもらわなくていい』と言ったから返さない。もしそれが本心でないというなら、私に向かって嘘をついた罰に子供は返してやらない」と言うのです。

つまり、どう返答してもダメというずるい論法ですが、いたるところで使われます。言葉の闘いに強くなるには、この「両刀論法の罠《わな》」を見破る眼力が必要です。

例えば旧ソ連時代の北方領土問題。鰐をソ連に置き換えてみるとよくわかります。日本が「日ソ間に領土問題は存在しない＝子供は返してくれなくていい」と言わない限り、交渉のテーブルに着かないというのですから。日本側が「日ソ間に領土問題はない」と言い、「はい、言いましたよ、では交渉のテーブルに着いてください」と言うと、「歯《はぼ》舞《まい》・色丹《しこたん》両島は日ソ平和条約締結の暁《あかつき》に返還する」↓「北方領土問題を議題とする平和条約交渉には応じない」↓「ゆえに歯舞・色丹両島は返さない」という理屈です。

うっかり答えると、引っかかってしまう質問形式をとる場合もあります。

例えば「君、このごろ奥さんを殴るのをやめたの？」という質問。「ノー」と言えば、今もワイフ・ビーターであることを認めることになるし、「イエス」と答えると以前は殴っていたことを認めることになってしまいます。

厚生大臣や内閣官房長官、外務大臣などを歴任した園田直《すなお》さんが、官房長官の時代に秘書を厳しく叱ったことがありました。来客から「このごろ先生の体調はよくなりましたか？」と聞かれた秘書が、「おかげさまで、このごろ体調はいいようです」と答えたからです。

隣室でやりとりを聞いていた園田長官は「このごろ調子がいいと言ったら、前は悪かったことになるだろう！」と烈火のごとく怒りました。政治家は健康問題が取り沙汰されただけで失脚してしまうこともあるので、こうした場合「ずっと体調はいいようです」と答えなくてはいけなかったのです。

なるほど政治家というのはこういうふうに気を遣うのだと、感心したことをよくおぼえています。

④〈不当仮定の虚偽（Hysteron Proteron　ヒーステロン・プロテロン）に負けるな〉

北方領土における旧ソ連の主張は「不当仮定の虚偽」にも当てはまります。

「日ソ間に領土問題はない。ゆえに……」という議論は、領土問題があるかないかの前提自体が議論されるべき争点です。

これを論証しないまま、自明であるかのように押しつけて議論を自分に有利にしようという詭弁術です。

「ソ連は平和を愛好する国家なので、アフガニスタン問題は軍事侵攻とは言えない」「○○という問題にはどなたも異議はないようですので、○○から議論を始めたいと思います」などという設定も「不当仮定の虚偽」です。論証を要する命題が、論証されないまま前提になっているからです。

あるいは「今、ここがアメリカなら」と切り出しても、これは前提にならない不当な仮定です。日本なのですから、実のある議論にはなりようがありません。

例えば、第五章で述べたように金日成が金正日に暗殺されたというデマが流れて大騒ぎになったような場合、「もし事実だったらどうしますか」という質問が来るものです。私は、後藤田官房長官に「午後三時現在真偽不明」「午後五時現在真偽不明」とネガティブ・リポートしながら、「記者からの仮定の質問には乗らないでください」と言い続けました。

うっかり答えてしまうと、「もし」という仮定の部分はすべて省略されて、官房長官の発言が一人歩きして大騒ぎになってしまいます。

不当な仮定に対しては「仮定の問題には答えません。回答を差し控えます」が、最善の答です。

⑤〈不可知の論証（Argumentum ad Ignorantiam　アルグメントゥム・アド・イグノランティアム）〉

相手の無知につけこんだり、あるいは知り得ないことを持ち出して、相手の論証を遮るやり方です。

「みんな、君の悪口を言っているからやめたほうがいい」「評判悪いよ」などという日頃よく聞く議論もこの一種です。反証しようのない批判ですから。

言われるまま、相手の前提を認めないで、「みんなって誰と誰ですか？」「どんな悪口ですか？」と、曖昧《あいまい》になっている主語を具体的にしつこく確かめることが大切です。

「官邸の意向です」「上層部はこう言っています」「アメリカの考えではこうです」など、集合名詞に隠れた言い方もよく使われます。

この場合、官邸とは誰なのか、総理の意向なのか官房長官なのか、あるいは官邸詰めの記者の意見かもしれない。「守衛さんが言っていた」のかもしれません。会社の上層部というと社長なのか、重役なのか、それも誰かたった一人の意見かもしれないし、誰かの上司が言っただけとも考えられます。もしかするとそう告げた本人だけが言っているのかもしれません。

総称や集合名詞が出てきたら固有名詞を問うことが鉄則です。裏を返すと集合名詞に逃げ込むこともできるのです。

さらに「あなたは知らないだろうけれども、専門の世界ではこうです」「あなたが知らないだけですよ」と専門知識や学術用語などをまくし立てて煙に巻こうとする論法もあります。

これに対しては躊躇《ちゆうちよ》なく「私は知らないんです。説明してください」と問わなくてはいけません。議論の前提としての知識を共通にすることを要求すればいいのですが、自分の無知を恥じてひるんでは議論に負けてしまいます。

得てしてインテリには、知らないことを恥とする弱点があります。知ったかぶりは大けがの元ですから、「いや、申し訳ない、知らない」「それはどういうことですか？」と素直に尋ねる勇気が必要なのです。

⑥〈尊敬の誤謬（Argumentum ad Verecundiam　アルグメントゥム・アド・エレクンディアム）に惑わされない〉

「小沢一郎さんがこうおっしゃいました」「オバマ大統領が演説の中でこう言っていました」など、有名人、著名人、学識者など衆人が認め尊敬している人の言葉を援用して、自分の論理的根拠の薄さをごまかす論法です。かつては「東大の南原総長によると」「哲学者の三木清先生の意見では」と言うと、反論できなくなってしまうようなカリスマ的な学者もいました。

「朝日新聞の論説によれば」「みんなが言ってます」などという言い方も、マスコミや弱者連合の多数決原理に頼ろうとするずるい議論です。

また、戦後間もない頃であれば「ＧＨＱの方針です」、今なら「社長のご意思です」

など、尊敬の誤謬に検証のしようのない「不可知の論証」が組み合わさったタイプもあります。

対抗策は①の「だから、どうしました?」「So what?」と返すことです。

「それがどうしました? 小沢一郎と今この案件とどう関係があるの」

「So what? オバマの演説と今の問題は違うでしょう、あなたは何が言いたいの」

と返せば、相手の詭弁術をそこで断ち切ることができます。

日航ジャンボ機墜落事故の後、日本航空の会長として中曽根康弘総理が抜擢したのが、経営危機のカネボウを立て直したとして注目を集めていた伊藤淳二さんでした。

彼は中曽根さんに揮毫《きごう》してもらった大きな額を会長室にかけていました。

そして「私の発言は中曽根総理の発言である」と部下に言っていたと聞きます。多数の組合が乱立し、パワーバランスも複雑怪奇だった社内で、総理の肝いり人事であることを示し、「尊敬の誤謬」を期待してのことでした。

もっとも、この額をかけたことが中曽根総理の不興を買ってしまい、早々に下ろすことになってしまったのですが。

⑦〈感情に訴える誤謬（Argumentum ad Populum アルグメントゥム・アド・ポプルム）〉

第三章の竹田五郎統幕議長の一件で、大出議員が追及を止めたのも、感情に訴えたからでした。

二・二六事件の際、香椎浩平中将率いる戒厳軍司令部が反乱軍の下士官兵士に投降を呼びかけた有名な伝単には「オ前タチノ父母兄弟ハ国賊トナルノデ皆泣イテオルゾ」とありました。これなども「感情に訴える誤謬」です。

政治は論理で動いているのではありません。感情の世界であり、集団心理の問題ですから、精緻な論理よりも民衆の感情を揺さぶった者が勝利することは珍しくありません。

古典として残るもっとも典型的な例が「ブルータスとアントニーの論戦」です。

紀元前四四年三月一五日、ジュリアス・シーザーは元老院で暗殺されました。市民の支持を受けた善政であっても、共和制の伝統を守ろうとする元老院にとっては、独裁官のシーザーが許せなかったのです。

暗殺者の中に、信頼していたブルータスの姿を見つけたシーザーは「ブルータス、お前もか」と言って抵抗を止め、二三カ所の凶刃を浴びて、息絶えたとされています。

シーザーの死が伝えられ、驚き騒ぐローマ市民を前に、ブルータスは雄弁を振るって、暗殺の理由を語りました。

「私は誰よりもシーザーを愛し、敬愛していた。しかし彼は帝王になって、市民を奴隷化する野心を抱いていたゆえに、ローマを愛する私は最愛のシーザーを刺した。諸君が奴隷になることを望まないなら、シーザーを刺した私を咎《とが》めることはできない」

当代随一の徳望の持ち主で、人格高潔なブルータスの理路整然とした三段論法は、ローマ市民の理性に訴え、押し寄せた市民も静まりかけました。

その次に、酒飲みで女好き、肥満体で陽気な武人のアントニーが弔辞を述べたいと言って登場しました。

「高潔の士、ブルータスはシーザーに野心があったと言う、私はそれを反駁《はんばく》しようとは思わない。ブルータスがそう言ったならそうかもしれない。

だが私は事実だけを語る。シーザーは生前、三たび王冠を退けた。ここに彼が残した遺言状がある。彼は私有の荘園などをローマ市民共有の娯楽場として寄付し、さらにローマ市民ひとりあたり七五ドラクマを遺贈すると言いのこした。

そのシーザーは無二の心友、ブルータスに刺された。こんな不人情な話があるだろうか。シーザーを愛慕する私の心は、彼の亡骸《なきがら》とともに棺に入り、ブルータスのように雄弁には語れない。ものの哀れを知る武士の心あるものは、私とともに不世出《ふせいしゅつ》の英傑シーザーを哀悼する涙を流せ」

涙声で語って感情に訴えるアントニーの演説に、ローマ市民の態度は一変します。暗殺者たちは謀《む》反《ほん》人だと騒ぎ始め、天下はアントニーの手に帰したのです。

⑧〈循環論証（Circulus in Probando　シルクルス・イン・プロバンド）〉

「日ソ間に領土問題は存在しない」「それを存在するような議論をしている日本政府の態度は反ソ的である」「北方四島への部隊配備は内政問題であり、また反ソ的な日中友好条約を締結したことに対する軍事的防衛措置である」

と、どれひとつ論証されることなく、ぐるぐると話が回っていきます。

先述の不当仮定が組み合わさっていることもあります。

「もし日本が侵略されたとしましょう。日米安保条約が発動されるでしょうか」「されないとすれば日米安保条約は無用です」「これに大変な駐留経費がかかっています」と、話はぐるぐる回って、不当な仮定がいくつも入り込んでいることもわからなくなっている場合すらあります。

⑨〈禁反言の原則（Estoppel　エストッペル）〉

英米法の観念で、取引の安全を保証するため、印章、表示、記録など、あることをいったん表示したなら、それを信じて他人が行動を起こした場合に、後になってその信じ込ませた事実を否定したり、前言と違う申し立てをすることを禁じる、証拠法上の大原則です。

ごく簡単に言えば、約束をしたら翻《ひるがえ》してはいけない、ということですが、交渉ごとにおいて前言撤回で踏みにじられることがしばしばあります。

この紳士協定ともいうべき原則は、日本ではあまり守られません。賞味期限や食材の産地表示などの誇大広告や詐欺商法が横行しています。

いま、最大のエストッペルは、「民主党のマニフェスト」ではないでしょうか。撤回したり先送りしたり、マニフェストを信じて民主党に投票した有権者の信頼を裏切る行為で感心しません。

⑩〈熱いジャガイモ論（Theory of Hot Potatoes セオリー・オブ・ホット・ポテイトゥズ）〉

熱いゆでたてのジャガイモを渡されたら直ちに投げ返せ、ホット・ポテトというテクニックです。

「あなたならどうします？」と投げ返すのです。相手に気づかれないようにうまく投げ返すと、質問者は基本的に対案もなく責め立てているので、攻撃を止めることができます。記者会見で、ときどき効果的に使っている人がいます。

別の見方をすれば、「論点変更の誤謬」を意図的にこちらがやることです。繰り返し申しますが、「誤謬」というのは、ドイツ観念論の正統派形式論理学上、してはいけないとされているから「誤謬」なのです。英米式価値観からいえば、これは弁論術の武器なのです。

国会答弁でも、老獪な政治家はこれを使います。何かの法案に対する攻撃的批判が、野党議員から出されると、「それでは貴方の対策、代わりの方法を教えてください」と切り返す、あのやり方です。

「委員長一任！」と叫ぶのも、それです。

「トップたちの墓場」にしないために

さまざまな失敗例や起死回生の成功例、記者会見のノウハウ、弁論術と述べてきました。これは、半世紀近く危機管理の記者会見にがっぷりと組み合ってきた私の体験から、抽出し理論づけたものです。

記者会見についてここまで網羅的に述べた本はこれまでになかったと自負しておりますが、これがセミナーなどであれば、「事が起きたとき、具体的にはどうすればいいのだ」と質問の声が上がるかもしれません。

具体的な実践方法を最後に示しておきましょう。

①「記者会見研究会」を発足させよう

まず、非常事態における記者会見の研究会、研修会を、それぞれの企業や組織、団体などで開くことをおすすめします。

本書では歴史に学ぶ手がかりとして、九〇例を載せましたが、ここからそれぞれの業種や職域で、参考になりそうな事例を取捨選択して研究するわけです。製造業、サービス業、政界、官界など、それぞれにニーズや問題点は大きく違います。

近しい事例について事件の原因、経緯、記者会見の様子、発言の内容、事態の進展と結末など、当時の新聞などでわかりますから仔細に調べてみましょう。

その上で、本書で述べてきた総論や考え方を参考にしていただいて「わが社における危機管理用記者会見マニュアル」を作ってはどうでしょうか。

コンプライアンス・オフィサー、あるいはスポークスマン（総務部長なのか広報担当重役かはそれぞれに委ねますが）を中心に、各部門から選りすぐりを集めた「記者会見マニュアル検討会」によって、こういうときはどうするか、検討・作成していくのです。

こうしてできあがったマニュアルは危機への備えとして、たいへん有効です。企業や組織はメンバーも違えば抱えているリスクや問題点はそれぞれに異なっていて千差万別です。具体的な対策がまったく同じということはありえないので、既製品では役に立ちません。しかしこの方法によれば過不足のないマニュアルができあがり、危機に対応するための人材も育てられます。

事例を研究して、独自の記者会見マニュアルをつくること、これがまず具体的な対策の第一です。

②どのレベルでどう食い止めるかを明確に

この「わが社における危機管理用記者会見マニュアル」では、危機の重大度によって誰が対応するか、どの段階で止めるかというリストを作っておきます。

支店長で止める。あるいはコンプライアンス・オフィサーで止める。こういう場合だけ社長に出てもらうといった段階を明記しておきます。いわば、本丸を守る出城や砦《とりで》をつくって守備隊長を決めておくのです。

どのくらいの問題が起きたら誰が出て行くと決めておくことが重要です。そうしないと権限の範囲が曖昧になるので、「ちょっと私の一存では……」「お前じゃわからん。社長を出せ！」と雪崩《なだれ》を打つように問題が大きくなってしまいます。

企業の場合、お客の命や健康、財産に関わる問題など重大な案件では、トップが対応しないわけにはいきません。これは機を見て早めに記者会見に出た方がいいわけですが、些細な問題でトップが出て行く体質、責任と事務処理を簡単に上に委ねてしまう組織にしてはいけません。

こうした組織では、当然、ネガティブリストもないでしょうから、自分の感情に負けて何か発言してしまい、記者会見の失言、暴言として火に油を注ぐ結果になるわけです。

一九七四年のフォード大統領の来日は、アメリカ大統領として初めてのことでした。本来は、一九六〇年、アイゼンハワー大統領が訪日する予定でした。ところが、直前に全学連の阻止闘争によってハガティー大統領特別補佐官の乗った車が羽田で取り囲まれた事件があったため大統領は訪日を断念し、マニラから帰米したのです。

私はフォード大統領警備のとき、警察庁警備第一課長でした。第二次安保闘争が続いている頃でしたから、フォード大統領が極左暴力集団に襲われることを想定し「謝りのプロトコール」と「記者会見者の段階的整備」をマニュアル化しました。

万が一「暗殺」されたら「天皇がアメリカに謝罪」、「重傷」は内閣総理大臣、「暴行」なら外務大臣と国家公安委員長、「車列の遅れ」は私、警備第一課長という具合です。記者会見や談話発表もこれに対応して作成しました。

「何でも総理大臣」というのはいけません。

③問題は自分で食い止める

サラリーマン川柳の近年の入選作に、「指示待ちの上司の下で指示を待ち」という句がありました。さもありなんという情景が目蓋《まぶた》に浮かび、思わず苦笑を誘われる作品ですが、コンプライアンス・オフィサーにこれは許されません。

悪いニュースはありのままをトップに伝えて、自分で処理をする。ダメになったらまた来ます、という立場を明確にすることで、トップの信頼も増します。

ここで重要なことは、コンプライアンス・オフィサーは「問題は自分で食い止める」と強い決意を持っていることです。

危機管理官としての私の仕事は「防波堤」でした。ファイヤーウォールで、トップを出さないのが仕事だったのです。

「責任は上にも横にも下にも取らせない」とは本文で紹介した〝謝り参事官〟こと金高雅仁警察庁刑事局長の言葉ですが、問題はコンプライアンス・オフィサーが楯になって片づけることを原則にしておくことが大切なのです。

「悪いことは必ず上に報告する」という危機管理の鉄則がありますが、これは悪い事実を報告する、情報を伝えるということであって、事件の処理を上役にお願いするという意味ではありません。組織の中に、「上に報告したから自分の仕事は終わった」「悪い情報を上げたからこれで免責」という体質を作ってはいけません。

例えば私が内閣安全保障室長だった当時、中曽根さん・竹下さん・宇野さんの三人の総理大臣に仕えたのですが、総理が替わるたびに、こんな挨拶というか口上を述べました。

「ご在任中、ハイジャックをはじめとして何かとんでもない事件、事故、不祥事など起きるかもしれません。万が一発生したときは、ありのままの事実を私が総理にお伝えします。深夜、早朝かもしれません。ご承知おきください。

ただ、ご報告するのは指示伺いではありませんよ。総理、何とかしてくださいとすがっているのではございません。悪い事実を承知しておいてくださいと報告しているのであって、事件の処理は私がいたします。私でどうにもダメになったら、官房長官へ、それでもどうしてもダメだったらこの総理大臣室に参りますから、そのときご決断とご指示をいただきます」

こう言って、状況だけ正確に把握して見ていてくださるようにお願いしたのです。

高松城を水攻めしていた羽柴（豊臣）秀吉は、勝負がついたという段階で織田信長の出陣を要請しています。準備万端整えてから、信長の手で高松城を落城させ、主君に花を持たせようとしたともいわれています。信長は安土城から中国に向かう途中の本能寺で、明智光秀によって斃《たお》されてしまうのですが。

その光秀ですが、かねてから「自分たちの功績だ。われわれは苦労した」という態度でした。それ故、信長は激怒して衆人の面前で面罵《めんば》したり足蹴《あしげ》にしたわけでしょう。結果として、それが謀反までつながったのだとも伝えられています。

片付けてしまってから、手打ち式のときだけトップに渡すというのが上級管理職の務めです。非常時のコンプライアンス・オフィサーは、トップを出さないよう、自分の段階で処理するのが仕事です。

それぞれの職種、職域、特殊なニーズ、業種の特性にあった方法論を作成すること。どのレベルでどう食い止めるかというシステムを構築すること。そして、コンプライアンス・オフィサーがしっかりと処理すること。この三点を、改めて確認していただきたいと思います――記者会見をトップたちの墓場にしないために。

不祥事によりトップ等が記者会見した主な事例（90事例）

	発生／発覚	企業など	会見した人	起こした不祥事	辞任	問題点の分類	本文で例示
1	1997.11	山一証券	野沢正平社長	経営破綻		失言・暴言 涙の記者会見	○
2	1997.11	北海道拓殖銀行	河谷禎昌頭取	経営破綻			
3	2000.6	雪印乳業	石川哲郎社長ほか７名	集団食中毒	2000.7	失言・暴言（「寝てないんだ」発言）	○
4	2002.1	雪印食品	吉田升三社長（2002.4解散）	国産牛肉偽装	2002.1		○
5	2002.8	日本ハム	大社義規会長 鈴木茂雄副会長 大社照史副会長 大社啓二社長 ほか２名	国産牛肉偽装	2002.8	悪い情報が伝わらなかった 同族企業	
6	1980年代 1990年代 （発覚は2002.8）	東京電力	荒木浩会長 南直哉社長 榎本聰明副社長 平岩外四相談役 那須翔相談役	原発トラブル隠し	2002.9	悪い情報が伝わらなかった	○
7	2004.4	西武鉄道ほか	堤義明会長（2005.3逮捕）	有価証券虚偽記載	2004.10		
8	2000頃〜発覚	三菱ふそうトラック・バス	宇佐美隆会長（2004.5逮捕）	リコール隠し	2004.4	悪い情報が伝わらなかった	
9	2004頃〜発覚	ＮＨＫ	海老沢勝二会長	制作費横領・企業協賛金要請など	2005.1		
10	2005.4	ＪＲ西日本	井手正敬相談役 南谷昌二郎会長 垣内剛社長	福知山線脱線事故	2005.6	対応の悪さ・横柄な振る舞い	○
11	2005.12	みずほ証券	鶴島琢夫東証社長	株式誤発注	2005.12		

	発生／発覚	企業など	会見した人	起こした不祥事	辞任	問題点の分類	本文で例示
12	2004.10頃？（2006.1発覚）	ライブドア	堀江貴文社長兼ＣＥＯ	証取法違反容疑での本人逮捕	2006.1	対応の悪さ・横柄な振る舞い	○
13	1985〜1992製造品（発覚は2005.1）	松下電器産業	中村邦夫社長（引責ではない？後進に道をゆずり、会長に就任）	石油ファンヒーター事故	2006.6		○
14	2005.9〜	損保ジャパン	平野浩志社長ほか３名の副社長	保険金不払い	2006.6		
15	2004.11〜（2006.6発覚）	村上ファンド	村上世彰代表	証取法違反容疑での本人逮捕	2006.6	対応の悪さ・横柄な振る舞い	○
16	2006.2	日本航空	新町敏行社長	内紛	2006.6		
17	2006.2	民主党	前原誠司代表	永田寿康議員偽メール（ライブドア問題）	2006.3		○
18	2006.7	福島県	佐藤栄佐久知事（2006.10逮捕）	官製談合	2006.9	嘘をついた	○
19	2006.11	和歌山県	木村良樹知事（2006.11逮捕）	官製談合	2006.12	嘘をついた	○
20	2006.11	宮崎県	安藤忠恕知事（2006.12逮捕）	官製談合	2006.12	嘘をついた	○
21	2006.6	シンドラーエレベータ	ケン・スミス社長	エレベーター事故	2006.12	対応の悪さ・横柄な振る舞い	○
22	1999（2006.10発覚）	中国電力	高須司登前会長（当時社長）白倉茂生前社長（当時常務）多田公熙元会長（当時会長）	ダム測定データ改竄	2006.12	悪い情報が伝わらなかった	

	発生／発覚	企業など	会見した人	起こした不祥事	辞任	問題点の分類	本文で例示
23	2006.12	日興コーディアルグループ	有村純一社長 金子昌資会長	不適切な会計処理	2006.12	悪い情報が伝わらなかった	
24	1985〜（発覚は2006.7）	パロマ工業	小林敏宏社長	ガス湯沸かし器事故	2007.1	対応の悪さ・横柄な振る舞い 同族企業	○
25	2003〜（発覚は2006.12）	政府税制調査会	本間正明会長	公務員官舎の不適切使用	2006.12		○
26	1990〜2000（発覚は2006.12）	内閣	佐田玄一郎行政改革担当大臣	政治資金収支報告書不正処理	2006.12		○
27	2007.1 2007.1発覚	内閣	柳沢伯夫厚生労働大臣	「女性は産む機械」発言 年金記録不備	×（辞職せず）	失言・暴言	○
28	1999〜2006（発覚は2007.1）	不二家	藤井林太郎社長	期限切れ原料使用	2007.1	悪い情報が伝わらなかった 同族企業	
29	2005〜2007（発覚は2007.1）	関西テレビ	千草宗一郎社長	健康情報番組での検証データ捏造等	2007.4	悪い情報が伝わらなかった	
30	2007.2	国務大臣	伊吹文明文部科学大臣	「人権メタボ」発言	×（辞職せず）	失言・暴言	○
31	2007.3発覚	国務大臣	松岡利勝農林水産大臣	事務所光熱費問題、緑資源機構談合疑惑等	2007.5自殺	失言・暴言（「ナントカ還元水」発言）	○

	発生／発覚	企業など	会見した人	起こした不祥事	辞任	問題点の分類	本文で例示
32	2005.11 入札（発覚は2007.5）	大林組	大林剛郎会長 脇村典夫社長 大林芳久副社長	公共工事をめぐる談合事件で顧問・社員逮捕	2007.6		
33	2006.12～発覚	コムスン	樋口公一社長	介護報酬の不正請求、事業所指定の不正取得	2007.6 2008.3 清算消滅	嘘をついた	
34	2007.5発覚	ブックオフ	坂本孝会長	売り上げ高水増しの不正経理	2007.6		
35	1983頃～（2007.6発覚）	ミートホープ	田中稔社長	牛肉ミンチ偽装	2007.7 自己破産申し立て（2007.10逮捕）	嘘をついた	○
36	2007.1 2007.7	内閣	久間章生防衛大臣	「アメリカのイラク開戦判断は間違い」「原爆投下はしょうがない」発言	2007.7		○
37	2007.7	内閣	赤城徳彦農林水産大臣	事務所費不透明、政治活動費二重計上　ほか	2007.8		○
38	2006頃～（2007.8発覚）	石屋製菓	石水勲社長	賞味期限偽装、黄色ブドウ球菌混入秘匿　ほか	2007.8		

	発生／発覚	企業など	会見した人	起こした不祥事	辞任	問題点の分類	本文で例示
39	2006.10 頃〜	フルキャスト	平野岳史会長	違法派遣繰り返し	2007.9 代表権返上		
40	2007.5 発覚（2007.7 逮捕）	枚方市	中司宏市長	清掃工場談合	2007.8		
41	2007.9発覚	内閣	遠藤武彦農水相	理事をつとめる農業共済の政府補助金不正受給	2007.9（在任８日）		○
42	2007.9発覚	内閣	坂本由紀子外務政務官	政治活動費二重計上	2007.9		
43	2007.6	大相撲時津風部屋	時津風親方（元小結双津竜）	新弟子リンチ・死亡事件	2007.10 解雇 2008.2 逮捕	嘘をついた	
44	2001頃〜	Ｌ＆Ｇ	波和二会長	出資法違反（「円天」商法）	2009.2 逮捕	嘘をついた	
45	1973〜（2007.10 発覚）	赤福	浜田益嗣会長	商品製造日付改竄、売れ残り再利用ほか	2007.10		
46	2007.10	ボクシング　協栄ジム	亀田大毅選手 亀田史郎トレーナー	世界タイトル戦での反則行為繰り返し	2007.10（大毅：ボクサーライセンス１年停止、史郎：セコンドライセンス無期限停止）	対応の悪さ、横柄な振る舞い	

	発生／発覚	企業など	会見した人	起こした不祥事	辞任	問題点の分類	本文で例示
47	2007.10発覚	防衛省	守屋武昌前次官	特定業者の接待受容（ゴルフ、次女留学世話ほか）	2007.11逮捕	嘘をついた	○
48	1997頃〜（2007.10発覚）	比内鶏	藤原誠一社長	原料偽装、消費期限改竄	2007.10事業所廃止届提出		
49	2005〜（2007.6一部業務停止命令）	ＮＯＶＡ	猿橋望社長	長期契約解除金トラブルでの一部業務停止命令による経営不振	2007.10解任、2007.11破産手続き開始 2008.6逮捕	対応の悪さ、横柄な振る舞い	
50	2007.10〜発覚	船場吉兆	湯木正徳社長	賞味期限改竄、地鶏・牛肉産地偽装、食材使い回し	2008.1辞任、民事再生法申請 2008.5廃業		○
51	2007.3（2008.1発覚）	ＮＨＫ	橋本元一会長ほか理事２名	報道局記者による株式インサイダー取引	2008.1		
52	2007〜2008発覚	グッドウィルグループ	折口雅博グループ会長 川上真一郎グループ社長 神野彰史社長	違法給与天引き、不正派遣、労災隠しなど	2008.3辞任 2008.7廃業		
53	2008.3〜4（2008.6発覚）	魚秀 神港魚類	中谷彰宏社長	うなぎ産地偽装 賞味期限改竄 禁止合成抗菌剤使用		嘘をついた	

	発生／発覚	企業など	会見した人	起こした不祥事	辞任	問題点の分類	本文で例示
54	2008.6発覚	丸明	吉田明一社長	飛騨牛偽装 消費期限改竄	2008.6辞任表明	嘘をついた 同族企業	
55	2008.6発覚	居酒屋タクシー	各省庁、タクシー業者	タクシー利用者にビール、金券提供		嘘をついた	
56	2006.7（2008.7発覚）	山形屋	奥山芳雄社長	給食用鶏肉産地偽装	2008.7書類送検		
57	2008.6発覚	大分県教育委員会	二宮政人元教育審議監 江藤勝由義務教育課参事 矢野哲郎義務教育課参事 ほか3名	教員採用試験にかかわる贈収賄	2008.6～9　逮捕		
58	2005～（2008.7発覚）	エツヒロ	森敏一社長	ふぐ産地偽装	2008.7廃業		
59	2008.8	日本相撲協会	北の湖敏満　理事長（北の湖部屋　親方） 間垣親方（元横綱　2代目若乃花幹士）	ロシア人力士大麻問題（露鵬、白露山）	2008.8～9		
60	2003～（2008.9発覚）	三笠フーズ	冬木三男社長	事故米不正転売	2008.9全従業員解雇		
61	2003～（2008.9発覚）	内閣	太田誠一農林水産大臣	事故米不正転売	2008.9		2009.8落選
62	2003～（2008.9発覚）	農林水産省	白須敏朗農林水産次官	事故米不正転売	2008.9		

	発生／発覚	企業など	会見した人	起こした不祥事	辞任	問題点の分類	本文で例示
63	2008.9	内閣	中山成彬国土交通大臣	日教組発言、成田「ごね得」発言など	2008.9	失言・暴言	
64	2009.1	日本相撲協会	尾車親方（元琴風）	力士大麻問題（若麒麟）	2009.2（降格）		
65	2009.2	内閣	中川昭一財務大臣	G７記者会見での醜態	2009.2	失言・暴言	○ 2009.8落選
66	1988～2006（2009.2発覚）	（財）少年の船協会 学校法人国際開洋学園	井脇ノブ子理事長（衆議院議員）	債務の不明朗簿外処理	2009.2（議員辞職はせず）		
67	2009.3発覚	民主党	小沢一郎代表	西松献金事件	2009.5（代表辞任）	対応の悪さ 横柄な態度	○
68	2009.3	内閣	漆間巌官房副長官	西松献金事件を巡る発言			○
69	2009.4	ジャニーズ事務所	草彅剛	公然わいせつ罪	2009.4～5 活動自粛	誠意ある記者会見	○
70	2006～07（2009.2発覚）	（財）日本漢字能力検定協会	大久保昇理事長 大久保浩副理事長	多額の不正利益計上、架空業務委託による背任	2009.4（2009.5逮捕）		
71	2004.6（2009.6発覚）	厚生労働省	村木厚子元雇用均等・児童家庭局長	障害者郵便悪用事件	2009.6村木厚子局長逮捕（後無罪確定）	冤罪	
72	2009.8	サンミュージック	酒井法子	覚醒剤取締法違反	2009.8逮捕	涙の記者会見	○

	発生／発覚	企業など	会見した人	起こした不祥事	辞任	問題点の分類	本文で例示
73	2009.9発覚	ＪＲ西日本	山崎正夫取締役（元社長） 土屋隆一郎副社長	福知山線脱線事故調査報告書情報漏洩、公述人への依頼働きかけ	2009.1	対応の悪さ	○
74	2009.6（2009.12発覚）	内閣	鳩山由紀夫総理大臣	故人献金、母親からの献金未申告	2010.6	対応の悪さ	○
75	2010.1	民主党	小沢一郎幹事長	陸山会土地取得資金疑惑等	2010.6	対応の遅れ	○
76	2010.2（事故は2009.8）	トヨタ	豊田章男社長	アクセルペダル不具合等		敵地攻撃成功	○
77	2010.5	日本相撲協会	武蔵川理事長	野球賭博	2010.8	対応の悪さ	
78	2010.5	日本振興銀行	木村剛会長	検査妨害	2010.5	当初記者会見拒否	
79	2010.9	最高検察庁	大林宏検事総長 伊藤鉄男次長	大阪地検郵便不正事件証拠捏造	2010.12	証拠改竄	
80	2010.11	内閣	柳田稔法務大臣	国会軽視	2010.11	失言暴言	○
81	2010.11	歌舞伎	市川海老蔵	酒席での暴行	舞台出演謹慎	対応の悪さ	○
82	2010.11	内閣	仙谷由人官房長官	尖閣問題等暴言等	2011.1事実上の更迭	国会軽視	○
83	2010.11	内閣	馬淵澄夫国土交通相	尖閣ビデオ流出	2011.1事実上の更迭	国会軽視	
84	2011.2	日本相撲協会	放駒理事長	八百長問題		対応の悪さ	

	発生／発覚	企業など	会見した人	起こした不祥事	辞任	問題点の分類	本文で例示
85	2011.3	内閣	前原誠司外務大臣	外国人献金疑惑	2011.3	法律違反	○
86	2011.3	東京電力	清水正孝社長他	福島第一原発事故		対応の悪さ	○
87	2011.3	内閣	菅直人首相 枝野幸男官房長官他	福島第一原発事故等		対応の悪さ	○
88	2011.3	みずほ銀行	西堀利頭取	システム障害	2011.6	対応の悪さ	○
89	2011.4	フーズ・フォーラス	勘坂康弘社長	ユッケ生肉中毒死		対応の悪さ	
90	2011.4	ソニー	平井一夫副社長他	個人情報流出			

解説

高山正之

日本の新聞を読んでいて常々不思議に思うことがある。よその国の政府は、それがたとえ人攫《さら》いの北朝鮮でも紙面で詰《なじ》ることはない。万景峰号が出入り差し止めになると「そこまでやらなくとも」とか同情までする。

そのくせ自分の政府となると豹変《ひょうへん》する。本書第五章にあるように閣僚が顔に絆創膏を貼っただけでも叩いて政局にする。

ちょっと前に佐藤栄作について戦争で取られた沖縄を戦争もしないで取り返した。世界史にもそう例はない。大した宰相だと褒めたら、旧知の新聞記者から「栄作を褒めるなど新聞人として狂気の沙汰。許せない」と絶縁状が送られてきた。

日本には政治家は貶《けな》すもの、政府は叩くものみたいな伝統がある。根をたどると新聞が生まれたころの明治維新政府との確執にまで遡れる。

あのころの新聞は旧幕藩の知識人が担った。対して維新政府は長州の足軽小者が占め、彼等は官費で鹿鳴館を建てて乱痴気騒ぎし、尾去沢鉱山で私腹を肥やした。醜聞まみれの政権に新聞は「だから足軽どもは」という論調で冷笑し、批判した。維新政府はそれに讒謗律《ざんぼうりつ》で応じ、政府を批判する新聞人を片端から牢屋に放り込んだ。

ことが鹿鳴館ぐらいならともかく、国家の安全保障が絡めばこの対立は深刻な事態を生む。実例がある。ワシントン軍縮会議だ。

海軍主力艦を米・英・日が5・5・3としたことは知られるが、第二幕があった。米国は日英同盟を取り上げ「この軍事同盟が存続するなら米は英5日3の和の8とする」と言い出した。それが嫌なら日英同盟を破棄しろと。

結局、日本は丸めこまれ、英国の庇護を失う。それはそのまま白人国家群対黄色い日本という分かり易い構図になって、日本を仮想敵とする米国の思うままに日本は孤立していく。しかしこの日英同盟をどうするかという国家の大事を新聞が真剣に論じ、その先の図を考え世論に訴えた気配はなかった。

随員の一人加藤寛治海軍大将は、これを巡って英米代表は自国新聞人と膝を交え、それぞれの新聞も自国の国益の観点から自国政府案を支持した。しかし我が国はこうした陣立てはなく、米紙には「米国の不利になる記事は会議中一本もなかった。しかし我が国はこうした陣立てはなく、我々も言論界によい種をまいておかなかった結果は実に惨めだった。つくづく世論の後援のない苦痛を味わった」（朝日新聞「その頃を語る」）と語る。

米国でも英国でも新聞は国益を考え、それを世論に訴える役割を担っている自覚がある。対して日本の新聞は国家にとって何が重要かを世論に問いもしない。逆に自国政府を批判し、このときはむしろ米国案に同調した。「惨め」とはそういう意味だ。

日本の不幸は戦後、政府と新聞の対立がますます強められたことにある。マッカーサーは新聞を第四の権力とおだて、一方で憲法の前文に「政府が再び戦争の惨禍を招かないよう監視せよ」と対立を命じるくだりを入れた。明治以来の政府に対する冷笑的な姿勢にマッカーサーがお墨付きをつけたようなものだ。

かくて新聞は米国製憲法を押し戴き、政府を攻撃することが新聞の役割と信じ、だから佐藤栄作を褒めるなどジャーナリズムの恥と思い込むのだろう。

そういう異常が行きつくところまで行って、気がついたとき無能を絵に描いたような民主党政権を新聞が生みだしていた。それだけで十分な国難なのに、震源域四百キロというとてつもない大震災が日本を見舞った。

日本人なら乗り切れるはずの国難を、無能政権ゆえに乗り切れなくなるのではという不安がいま国を覆っている。

本書は日本が直面する「いまそこにある二つの国難」をいかに克服するかの処方を説いている。著者は佐々淳行。「危機管理」を日本語にした人だ。そのキャリアはなまじではない。あの東大安田講堂攻防戦から連合赤軍の「あさま山荘」を指揮し、さまざまなハイジャック事件処理にも関与し、サイゴンのテト攻勢や香港暴動にも立ち会っている。まるでキスカ撤退といわれた大島全島避難もこの人がやった。

現場を踏み、感覚もいい。そこらの新聞記者三〇人分以上のものを持つ。それが本書にもちりばめられている。

例えば福島原発の炉心冷却に放水をという話になったとき菅は即座に「警視庁の高圧放水車を」と言った。それがダメと分かると次に「ヘリから放水しろ」と命じた。事態を悪化させた成算もない思いつきがどこからきたか。「あれは安田講堂攻めの機動隊の作戦。放水と聞いて全共闘時代のあのシーンを思い出したのだろう」（第一章）と分析する。確かに原発の上から放水する自衛隊ヘリは安田講堂のあの日の絵とダブる。なるほどと思う一方で、いま国難を指揮する男がカビの生えた見識しか持ち合わせない悲しい現実を見事に伝えている。

孫子に風林火山がある。今の民主党政権はその逆をいく。のろく、評定だらけで何も決まらない。本書の引用を使えば八岐《やまた》のナメクジだ。それで法的根拠もなしに住民を立ち退かせ、その補償もしない。支那の強制立ち退きを笑って見ていたのが、いま日本で現実に同じことが起きている。

どこがダメか。著者は豊富な体験を通して諄々とその手順をあげる。憲法を停める、あるいは安全保障会議を立ち上げて日本人の力を引き出せと。法に則ることの重要性も説く。現代の秋山真之を思わせる。

本書では国家の危機管理に加え、もう一つの視点がある。この醜悪な政権を生み出した新聞への直言だ。「社会の木鐸」を言い、二言目には正義を語りながら菅の失政を「内閣記者会見でなぜ問わないのか」と質す。

菅は己への批判をかわすために東電をスケープゴートにした。東電に無限責任を負わせ、被災民の不幸はすべて東電のせいにした。ついでに風評を口実に浜岡原発も停止させた。政権への批判の矛先を原発に振り向けた。

しかし社会の木鐸はその菅の性根も見抜けず東電の記者会見を「声高に感情的に追及

する人民裁判法廷」にしてしまったと。

原子力エネルギーを除けば日本のエネルギー資源の自給率は四％しかない。菅は自然エネルギーへの転換をいうが、これも「警視庁の高圧放水車」と同じ。何の成算もない。にも拘わらず朝日新聞の主筆若宮啓文は「脱原発の国造りをG8サミットで」と原発廃止に乗る。

加藤寛治は日英同盟破棄の先も見通せない新聞の危うさを嘆いた。今の新聞もまた日本の明日を見ていない。なのにそれをさっぱり忘れ、危機感も持たない。著者の憂いは加藤寛治のそれとぴったり重なるように見える。

（ジャーナリスト）

本書の無断複写は著作権法上での例外を除き禁じられています。
また、私的使用以外のいかなる電子的複製行為も一切認められておりません。

文春文庫

「危機管理《ききかんり》・記者会見《きしやかいけん》」のノウハウ
東日本大震災《ひがしにほんだいしんさい》・政変《せいへん》・スキャンダルをいかに乗《の》り越《こ》えるか

定価はカバーに
表示してあります

2011年7月10日　第1刷

著　者　佐々淳行《さっさあつゆき》
発行者　村上和宏
発行所　株式会社 文藝春秋

東京都千代田区紀尾井町 3-23　〒102-8008
TEL 03・3265・1211
文藝春秋ホームページ　http://www.bunshun.co.jp

落丁、乱丁本は、お手数ですが小社製作部宛お送り下さい。送料小社負担でお取替致します。

印刷・凸版印刷　製本・加藤製本

Printed in Japan
ISBN978-4-16-756017-1